"十二五"国家科技支撑计划项目：村镇建设用地再开发关键技术研究与示范（2013BAJ13B00）资助

中国村镇建设用地再开发：
政策探索与广东实践

宁晓锋 田光明 臧俊梅 著

ZHONGGUO CUNZHEN JIANSHE
YONGDI ZAIKAIFA
ZHENGCE TANSUO
YU
GUANGDONG SHIJIAN

人民出版社

序

　　改革开放 40 年，中国经济社会发展已经站在了一个新的历史起点上。转型发展成为时代特征，也是当前和今后一个时期经济社会发展的大逻辑。实现"两个一百年"奋斗目标，实现中华民族伟大复兴的中国梦，需要创新引领，需要基础要素的支撑，需要资源要素的重新配置与整合，需要治理体系和治理机制的不断调整优化，需要进一步提高资源利用效率，需要创造更多的社会福利和总价值。

　　应对转型发展的历史机遇和现实要求，广东先行先试，2008 年国土资源部（现自然资源部，下同）与广东省合作共建节约集约用地试点示范省，并探索形成了"三旧"改造创新举措。"三旧"改造，即对使用效率低下、布局不合理、配套不完善的存量建设用地进行再开发、再利用。广东"三旧"改造在优化土地资源配置、拓宽建设用地空间、促进节约集约用地和保障经济社会可持续发展等方面均取得了显著成绩。自 2008 年以来，广东累计投入"三旧"改造资金 1.28 万亿元，实施改造项目 10 232 个，面积 64 万亩（1 亩≈666.7 平方米），其中已完成改造项目 6 113 个，面积 36 万亩，节约土地约 16.8 万亩，节地率达到 46%。2016 年，在总结广东"三旧"改造实践经验的基础上，从国家层面对城镇低效用地再开发进行的顶层设计和总体部署，由国土资源部印发《关于深入推进城镇低效用地再开发的指导意见（试行）》，标志着广东"三旧"改造经验上升为国策，在全国予以复制推广。

　　为总结广东"三旧"改造经验，2013 年由科技部立项、国土资源部组织，广东省土地开发储备局（现广东省土地开发整治中心）牵头，联合 16 家单位共同开展"十二五"国家科技支撑计划重点项目《村镇建设用地再开发关键技术研究与示范》，包括基础数据调查、产业发展指引、土地市场预测调控、专项规划编制、全程监管及政策体系建设等内容研究。本书正是在政策研究专题成果基础上进行提炼总结而成。

20世纪80年代末，随着家庭联产责任承包制改革带来农业生产效率的提高，大量劳动力得以释放，珠江三角洲地区逐步形成"乡镇村企业齐发展、六个轮子一起转""香港前店，珠三角后厂"的发展模式。经过近40年的发展，早期无序扩张、分散低效、环境恶化、产业低端、产权模糊等问题的暴露和凸显，已经成为急需解决的重要社会经济问题。进入新常态，规模倒逼、产业升级倒逼、环境控制倒逼等，整个珠三角地区建设用地再开发已经成为常态化工作。

由于是村镇企业发展的转型升级，村镇建设用地再开发成为研究的主要对象，并具有自身特性。主要表现为：一是农村集体建设用地再开发涉及利益关系复杂；二是开发成本高，社会融资与政府收储矛盾难以均衡；三是涉及面广，审批程序复杂；四是受市场环境与政策调控影响较大。与新增建设用地开发相比，在土地占有（产权）关系、土地开发模式、土地处置和土地收益分配等方面都有很大的差异性。

面对现实困境，广东创新土地制度，建立了"三旧"改造政策体系，为珠三角地区转型升级拓展了新的发展空间。本书从广东省"三旧"改造演进历程及政策实践创新入手，从转型理论分析、产权制度设计、规划管理、市场机制和公共决策机制等方面展开深入分析，并结合广东省各地的实际案例，全面系统地剖析村镇建设用地再开发的难点、痛点、创新点、运作机制、实施模式等，深化了理论分析，梳理了大量实际案例经验，对全国低效用地再开发相关工作开展具有重要的参考借鉴意义。

此项研究成果，最大亮点在于从实践工作角度出发，结合实际工作开展过程，总结提炼现实存在的问题和困境，并将现实问题理论化、体系化。特别是在案例收集和分析过程中，由于作者主要为实践工作者，很多项目能够深入一线，并切实参与项目推进的操作程序、每个环节的痛点、难点，能够做深入调研、反复研讨。经常参与国土资源部、广东省国土资源厅、各地级市对政策拟定、出台、实施、效果评价等方面的研究、讨论，也会了解县（区）级、镇街乃至村集体不同层面对政策解读、政策运用、实际操作等不同认识和看法。书中很多观点和认识均来自实践工作。

新时代，以土地利用方式转变助推经济转型升级，建设用地再开发将是有效的工具和抓手。当然，不可否认，面向全国建设用地再开发的理念创新、理论架构、技术方法、政策体系和模式探索等方面的研究、应用、推广都正处于从量的积累向质的飞跃、点的突破向系统体系全面提升的重要时期。本书出版之后，期望能有更多的人参与该领域的研究，继续深化有关技术、理论、政策、模式等方面的研究，并有更多来源于实践总结的著作问世。

黄贤金

南京大学国土资源与旅游学系教授

2018 年 6 月 21 日

目　录

第一章　村镇建设用地再开发：缘起与界定

第一节　珠三角经济腾飞与村镇企业发展

一、珠三角发展历程

根据珠三角①历年 GDP 总量及增速，并结合改革开放在珠三角的纵深推进及其对珠三角社会经济的影响程度，可将珠三角的发展历程划分为起步期、发展期、腾飞期，以及调整、转型期共四个阶段。

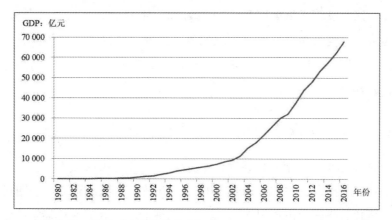

数据来源：根据《广东统计年鉴》整理。

图 1-1　珠三角 1980—2016 年 GDP 总量

---

① 广东省政府于 1994 年正式确立珠江三角洲经济区，因此本研究中珠三角地区 1994 年之前的相关数据，由珠三角地区各市经济数据加总而得。

（一）第一阶段（1979—1983 年）：起步期

1979 年改革开放以来，珠三角由于毗邻港澳等自然地理位置，而率先成为改革开放的试验田，被允许在对外开放中实行特殊政策及灵活措施。1980 年随着农村经济体制改革的实施及深圳、珠海经济特区的相继建立，珠三角的发展迎来了重要转折点，经济开始起步。农村体制改革的成功试点，有效地调动了农民的生产积极性，推动了农业生产的大发展，也使得大批农业劳动力得以从第一产业中解放出来，促使村镇企业、集体经济得以迅速发展，为珠三角的工业化道路奠定了基础；深圳、珠海经济特区的建立，不仅为探索由计划经济向市场经济的改革积累了经验，而且更成为引领整个珠三角对外开放、解放思想的先行示范。该阶段珠三角经济发展的特点是经济开始起步但是发展相对缓慢，其三次产业结构和 GDP 总量变化幅度小，主要原因是其尚处于改革开放初期，且经济体制改革也主要集中在农村，同时对外开放程度低，对外开放区域仅限于深圳、珠海两个特区，城镇化建设处于初始阶段。该阶段发展以内向型经济为主，并呈不均衡态势，广州及深圳、珠海经济特区的经济发展速度高于珠三角的整体发展速度。该阶段珠三角年均 GDP 总值为 138.38 亿元，年均增长率 9.83%。虽然经济发展较为缓慢，但是积累的发展经验、特区的示范效应，以及香港的试探性投资，均为珠三角在下一阶段启动工业化和发展外向型经济奠定了良好基础。

（二）第二阶段（1984—1993 年）：发展期

1984 年邓小平到南方视察后，广州与其他 13 个沿海城市一起，获得了更大的外贸和投资自主权。1985 年珠三角开放区的批准建立，表明区域开发和开放政策开始"由点到面"，珠江三角洲的经济开放区格局被确定，改革由局部改革转向全面改革，改革的重心开始由农业转向工业、由农村转向城市、由试点转向全面推广。这一阶段，珠三角在继续完善农村改革的前提下，进行了一系列的以市场经济为取向的经济体制改革，大力发展商品经济，大办村镇企业，放手发展个体、私营经济和"三资"企业等多种经济成分等。经济发展由内向型为主转向以外向型为主，对外开放程度大为提高，港资开始大量涌入，香港在珠三角的投资已由前一阶段的试探性投资转变为大规模、全方位的进入，大量中小型的香港制造企业将劳动密集型生产或工序大规模迁入珠三角。香港与珠三角"前店后厂"发展模式即在此阶段形成，最终实现了地方经济从农业社会向工业社会的初步转型，村镇企业开始蓬勃发展，城镇化迅速发展。以东莞、顺德、南海、中山等为代表的一批中小城市迅速崛起，区域经济总体上趋于均衡发展态势。这一时期，珠三角进入初期工业化阶段，工业总产值保持着年均 30% 以上的增长速度。该阶段珠三角年均 GDP 总值 612.70 亿元，年均增长速度33.25%，高于广东省和全国的平均水平，外贸出口额迅速增长，利用外资大幅提高，所有制结构也由 1978 年的公有经济为主演变为国有、集体和非公有经济"三分天下"的格局。

（三）第三阶段（1994—2002 年）：腾飞期

1994 年，广东省决定建立珠三角经济区，珠三角外向型加工工业开始由探索试验阶段进入全面发展阶段，开始由承接简单加工装配、贴牌生产的劳动密集型产业逐渐向承接高加工度、技术密集型产业转变，传统的劳动密集型主导产业的比重迅速下降，电子信息制造等高科技制造业迅猛发展，工业经济素质和实力得到明显提升。珠三角的发展达到了前所未有的新高度。这一阶段，珠三角经济的快速发展有两股强大的推动力：一是民营经济迅猛发展。各级政府纷纷采取措施鼓励民营经济的发展，使民营经济在 20 世纪 90 年代得到迅速的发展壮大；二是高新技术产业开始起步并迅速发展。20 世纪 90 年代中期以来，珠三角尤其是东莞抓住国际 IT 产业转移的契机，采取优惠政策，大力吸引台湾 IT 企业投资设厂，发展外向型 IT 硬件制造业的配套加工，形成了分工协作、上下联动、配套完善的 IT 产业集群。珠三角在这一阶段形成了两股区域经济发展的产业基地：以深圳、东莞为代表的珠三角东岸的电子信息产业基地和以佛山市、中山市为代表的珠三角西岸的先进制造业基地。珠三角区域经济实现了巨大腾飞。该阶段珠三角年均 GDP 总值 6 038.81 亿元，是发展期的 9.87 倍，年均增长速度

15.71%。该阶段主要特征是外资大量涌入，仅 1994—1997 年四年间，珠三角实际利用外资达 384.82 亿美元，是前四年的 2.96 倍。城镇建设空前高涨，但经济泡沫也开始出现，"房地产热""开发区热"是这一阶段早期城市经济发展过热的最明显表现。

（四）第四阶段（2003 年至今）：调整、转型期

2003 年以来，珠三角地区抓住经济全球化进程加速的机遇，进入一个由产业转移推动的转型升级的新阶段，并于 2003 年 7 月提出了"泛珠江三角洲地区"概念，促进了生产要素的流动和优化配置，为珠三角的产业转移及转型升级提供了坚实的保障。这一阶段，广东省陆续对珠三角基础设施建设、信息化和城市化等进行重新规划，政府以快速轨道交通系统等重大基础设施建设来构筑珠三角协作大平台，以高新技术产业和现代服务业带动珠三角的产业整合。珠三角各城市基本上都将高新技术产业作为今后经济发展的重点，兴建了各类工业园区，开始重视创业环境的营造。它们根据自身优势，分别采取了不同的经济发展战略，电子信息高端产品制造业、金融、物流、科技服务和文化创意等现代服务业逐渐形成规模。同时，珠三角逐渐开始承接香港的部分服务功能，对香港的依赖程度开始减弱，传统的"前店后厂"模式逐步形成"店厂合一"的局面。该阶段珠三角年均 GDP 总值 37 492.44 亿元，年均增长速度 14.97%，增速较上一阶段有所放缓，该阶段主要特征是经济发展的国际化水平不断提高，产业结构更新和升级加快，但同时土地、能源和劳动力等生产要素成本不断攀升。

二、珠三角经济腾飞的原因

（一）突出的区位优势

珠三角地区毗邻港澳地区，拥有广州、深圳和珠海等优良港口，地理环境优越，区位优势突出，交通运输条件十分便利，为珠三角的经济腾飞奠定了良好的先天基础。一是位于珠江河口，地形较为平坦开阔，利于城

市的建设，同时向内有珠江水系，由京广、京九铁路及京广高铁大动脉等连接广大的内陆腹地，利于内陆地区劳动力等各项资源的输入；二是毗邻港澳地区，靠近东南亚，有利于引进外资、对外出口及国际经济合作，使得本地区得以充分发挥劳动力丰富、地价低廉等优势，就近接受港澳产业的扩散，利用港澳贸易渠道，大量出口商品，参与广泛的国际分工。

（二）有利的政策条件

珠三角的经济起步先于我国其他地区，得益于其有利的政策条件。一是珠江三角洲是我国对外开放最早的地区。早在 1980 年，珠三角的深圳市、珠海市就被国家批准为首批的经济特区。1985 年珠三角又被中央批准为经济开放区，在改革开放先行一步的政策下，以开放促改革，以改革促发展，吸引大批港澳台资企业的入驻；二是珠三角在早期的发展过程中得到了国家在税收和发展非公有制经济方面的政策支持。改革开放后，广东省在全国最早获得了中央对地方分权的优惠政策。1979 年以后，国家给予了广东省大量的特殊政策，例如，中央对其实行的财政大包干制就使广东省的财政收入大幅度增长，即"划分收支、定额上缴、五年不变"。大量的特殊、优惠政策扩大了其地方政府的自立性和自主权，为促进区域经济发展提供了良好的政策环境。

（三）低廉的土地、劳动力资源

改革开放初期的农村经济体制改革为珠三角的工业化发展提供了最为基本的资源——土地和劳动力，加上大量的外来劳动力，形成了珠三角各生产要素的丰富储备。土地资源是珠三角从乡村转变为城市、实现村镇经济快速发展的重要资本。珠三角地区的广大乡村地区，在 20 世纪八九十年代通过出售土地获取发展集体经济的资金，一边开发，一边出租或出售土地给前来投资的老板，获取资金后又进一步开发，以此推进乡村工业化和都市化发展，产生了大量的村镇企业；大量低廉的劳动力是珠三角早期经济发展的另一个重要贡献因素。随着内地的改革开放，珠三角低廉的劳动力成本吸引了香港地区的制造企业向珠三角地区大量转移，逐渐发展为

"三来一补"的企业形式，大力发展外向型经济，吸纳大量本地及周边地区的农村剩余劳动力。另外，蓝印户口、暂住证、警务责任制等一系列土地和劳动力管理方法相继出台，在客观上保证了珠三角工业化模式的持续发展。珠三角经济急速发展的1976—2003年，广东省年均迁入人数101.39万人，年均迁入率达16.33%，而这部分迁入人数主要迁往珠三角地区，构成珠三角地区丰富的劳动力资源。另外，珠三角经济发展较快的1978—1980年、1985—1995年，正是广东省人口大量迁入的时期，对应人口迁入率的三个波峰期。

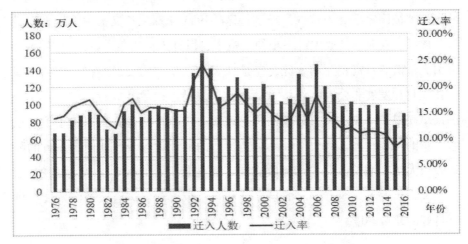

数据来源：《广东统计年鉴》。

图1-2　广东省1976—2016年户籍人口迁入情况

（四）外资的大量涌入

珠三角依靠毗邻港澳的独特地理位置，发挥其信息优势、侨乡众多的人文优势及改革开放前沿阵地的政策优势，以较低的土地价格和充足的廉价劳动力吸引了大量外资的直接进入，尤其是吸引了港澳台地区制造业的大规模转移，使"三资"企业在珠三角城乡迅速发展起来。20世纪80年代，外资的大量涌入，以"三来一补"（来料加工、来样制作、来件装配、补偿贸易）为主要贸易形式的外向经济企业遍及珠三角城乡地区，而"三来一补"的企业中，属于港资兴办的占了90%。根据第一次经济普查的数据显示，广东的港澳台地区投资企业吸收了当地从业人员的 29.7%，占当地资产总额的 12.7%、营业收入的 20.6%，远高于非港澳台地区外商投资企业所占比重。经济急速发展的 1990—2003 年，珠三角年均实际利用外资总额 96.11 亿美元，年均占全国各省市实际利用外资总额的 26.59%。

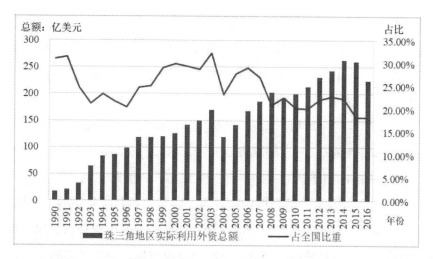

数据来源：根据《广东统计年鉴》《中国统计年鉴》整理。

图 1-3　珠三角 1990—2016 年实际利用外资总额

（五）现代企业制度的建立

在经济发展的初期，珠三角地区存在着"企业负盈、银行负贷、政府负债"的现象，村镇企业"产权不明、责权不清、政企不分、管理欠善"等问题也摆在地方政府面前。针对这些问题，1992 年广东省出台了《股份有限公司规范意见》和《有限责任公司规范意见》，这意味着我国开始现代企业制度的探索和尝试。从 1993 年起，珠三角地方政府采取了股份合作制、股份制、拍卖、出让股权、租赁与承包经营、赎买等多种形式的产权制度改革，试点现代企业制度，组建工业企业集团，并不断壮大非公有制经济的力量，不断造就推动产业增量扩张的生力军，同时通过多种方式进行企业转制，有效地重组了产业存量，激发了企业的活力和动力。1997 年亚洲金融危机爆发，作为珠三角主导产业的家电行业进入微利阶段，珠三角地方政府又开始对家电企业实行政资分离和政企分开的制度安排，致使政府从一般竞争性领域果断退出，现代企业制度不断健全和完善。

（六）村镇企业的有利推动

改革开放初期，村镇企业在珠三角县域经济中异军突起，并在广东省县域经济中发展壮大，有力地促进了珠三角经济的增长。进入 20 世纪 90 年代以后，村镇企业持续火爆，又再次推动乡镇建设，出现了"村村点火、户户冒烟"的现象。自 1980—1993 年的这 13 年间，珠三角村镇企业由 3.1 万个猛增至 40.4 万个，就业人数从 79.8 万人增加到 462.5 万人，村镇企业总收入由 22.98 亿元增加到 1 589.35 亿元。在珠三角村镇企业最为发达的"四小虎"，即南海市（今广东省佛山市南海区）、东莞市、中山市和顺德市（今广东省佛山市顺德区），1993 年乡镇工业总产值已达到工业总产值的 58.36%，创造了县域经济发展的奇迹。回顾珠三角县域经济的发展历程，从某个方面可以说，珠三角经济的发展，首先由县域经济推动，珠三角经济的奇迹，首先由县域经济创造，县域经济曾为珠三角经济的腾飞做出了巨大的贡献。

三、珠三角经济社会发展的主要特征

（一）劳动密集型产业为起点

随着改革开放的推动和以劳动密集型产业为主的世界产业转移，珠三角依靠改革开放先行一步的政策和毗邻港澳的独特的区位优势，凭借其优越的自然地理环境、天然海道良港、对外贸易方便及其自身廉价的劳动力价格和较低的土地价格，吸引了大量劳动密集型的"三来一补"企业的直接进入，尤其是吸引了港澳台制造业的大规模转移，使以劳动密集型的"三来一补"企业在珠江三角洲城乡迅速聚集起来，并与港澳台地区形成了"前店后厂"的经济发展模式。在珠三角早期的发展阶段，家电、IT 产品组装、鞋类、制衣、陶瓷纺织、玩具、家具和五金等用工量大、技术门槛较低的劳动密集型制造业占七成以上，逐渐发展成世界制造业的重要区域，并形成以劳动密集型为主导的制造业产业群。

（二）外向型经济为基本特征

珠三角早期的发展，建立在"三来一补"的外向型经济之上，随着对外开放的纵深推进，珠三角依靠市场的作用，不断提高与国际接轨的程度，发展外向型经济，使其经济的外向度不断提高。珠三角在制造业发展初期的基本模式是"技术在外、资本在外、市场在外、只有生产在内"，主要表现为所生产的产品以外销为主和发展经济所需资金来源以外资为主。珠三角地区产业发展呈雁形态势推进，尤其是以国际市场供求为导向，以对外加工业为突破口，在招商引资、发展村镇企业和"三来一补"企业等方面取得了显著的成效。珠三角在 1990—2016 年，年均出口总额达 2 395.64 亿美元，年均出口总额占全国总出口总额 28.25%。

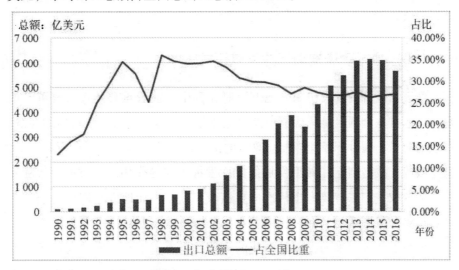

数据来源：根据《广东统计年鉴》《中国统计年鉴》整理。

图 1 - 4　珠三角 1990—2016 年出口情况

（三）小城镇、小城市为主导的城市化

改革开放初期，由于国家对于集体土地的使用没有过多的限制，所以珠三角地区的集镇政府开始着手处理集体土地的开发，以获得更高的利润。

村镇企业因为使用自身土地无须成本，所以促进了村镇企业的发展。1985年，中共中央、国务院发出《关于进一步活跃农村经济的十项政策》，正式对小城镇镇域内建设用地的使用做出规定，同意集体设立开发公司进行开发，进行商品化的经营。对于乡镇建设用地内的房屋可以按照自己的需要对外出租，也可以自己经营。该文件极大地促进了集体土地开发，集体通过房地产的经营，逐步完成土地城镇化的过程。据统计，到 20 世纪 80 年代末，珠三角地区约有三分之一的城镇建立镇级的开发公司来进行房地产开发。同时获得利润供集体所用，其收入多用于办厂、办企业所用。这一时间段是村镇快速建设的阶段，同时在商业物流业的带动下，珠三角地区的专业镇成为某一行业的专业生产及货物集散区域，城镇规模在不断扩大，而沿国道等一些原本的农业用地也不自觉地转化成建设用地。进入 20 世纪 90 年代以后，村镇企业持续火爆，又再次推动乡镇建设，出现了"村村点火、户户冒烟"的现象，催生出了数以千计的"小城镇"，加速了珠三角的城市化进程。

（四） 地方政府推动下的发展模式

珠三角经济的发展初期，地方政府在其中扮演着重要角色。改革开放后，广东省在全国最早获得了中央对地方分权和优惠政策，政府借助经济、行政的力量，通过积极加强配套政策的出台及支持项目建设，在招商引资、技术吸收、战略制定和转型发展等方面发挥了主导作用。一方面，伴随着中央的放权，广东省政府也依次向乡镇政府放权，让地方政府作为经济主体直接参与经济活动，许多村镇企业都是由地方政府直接投资或由其担保贷款而发展壮大起来的，三资企业的蓬勃发展也离不开地方政府给予的大量特殊优惠政策支持；另一方面，在经济发展初期，珠江三角洲工业化的实现依赖的是地方政府的主导力量，生产性投资、规划和兴建各种开发区都是由政府提供支持的，20 世纪 80 年代中后期，地方政府又开始着力发展一些基础产业，如通信、能源、交通和教育等。另外，地方政府对经济发展的作用还体现在产业结构调整、基础设施建设、招商引资、要素市场建设、国企改革、各类开发区的建设，以及区域经济合作等方面。地方政府的推动为珠三角发展模式的成功运行奠定了重要基础。

（五）产业集群度高

产业集群度高是珠三角经济社会发展的又一突出特征。首先是"三来一补"的外向型加工贸易企业的集聚。在其带动下，推动了珠三角逐步形成"一村一品""一乡一业"的专业村、专业乡、专业镇的集群经济。20世纪80年代，珠三角各级政府就开始实施一系列科技发展计划，如实施"星火"计划、建立"星火"技术密集区、高新技术开发区，建立"火炬"计划特色产业基地、成果转化基地、软件产业园、大学科技园、民营科技园和三高农业试验区等，促成各种产业集群的形成。其次，随着改革开放的不断深入，珠三角各级政府积极利用国际产业结构转移和新技术革命的机会，不断调整产业结构，积极融入国际产业分工之中，推动产业集群的层次不断提高。在珠三角的404个建制镇中，以产业集群为特征的专业镇占25个，而在广东省的6个省级产业集群中，珠三角则占了大部分。

第二节　珠三角村镇土地利用特征

一、20 世纪 80 年代的土地管理

（一）国家层面的土地管理

1. 家庭联产承包责任制

家庭联产承包责任制的建立，是我国土地管理上的一次重大改革，奠定了土地所有权（归集体）和土地承包经营权（归农户）两权分离的制度框架。1978年，小岗生产队决定把生产队的土地分了，实行包产到户。1980年5月，邓小平与中央负责同志就关于农村改革问题发表了重要谈话，公开支持农民实行包产到户。1980年9月，中共中央75号文件《关于进一

步加强和完善农业生产责任制的几个问题》规定："在边远山区和贫困落后地区，集体经济长期搞不好的生产队，群众要求包产到户的，应当支持，也可以包干到户。"这是肯定包产到户的第一个中央文件。1982 年 1 月，中央批转了《全国农村工作会议纪要》，第一次正式肯定了包干到户也是一种生产责任制，指出包干到户是建立在土地公有制基础上的，是社会主义农业经济的组成部分。1983 年 1 月，中共中央印发《当前农村经济政策的若干问题》，进一步对家庭联产承包责任制做出高度的评价，它标志着家庭联产承包责任制作为农村改革的一项战略决策的正式确立。1984 年年底，全国范围内的农村生产队基本实行了包产到户、包干到户。

2. 土地利用管理法制化

改革开放后，家庭联产承包责任制和乡镇企业兴起，工业蓬勃发展，城镇快速扩大，但由于土地管理缺乏统一的法令，造成诸多问题。1986 年 6 月 25 日，第六届全国人民代表大会常务委员会第十六次会议，通过《土地管理法》，同日公布并定于 1987 年 1 月 1 日起施行。该法分总则、土地的所有权和使用权、土地的利用和保护、国家建设用地、乡（镇）村建设用地、法律责任和附则七章，共五十七条。至此，对于土地管理始有法律的依据。土地管理法公布实施后，内地的土地使用管理才有法律基础，使各级政府在处理土地使用问题时，可以依循这些法律规定，作适当的处理。《土地管理法》的出台结束了我国土地权属混乱、制度和政策无法推广的尴尬局面，从而使我国土地利用管理开始步入法制化轨道。

3. 城市土地有偿使用

1978 年以前，国家对城市用地实施了行政划拨、垄断征地和无偿划拨等行政举措，基本上确定国有土地产权后供公共部门和单位无偿、无限期、无流动地使用。1979 年 7 月 1 日，第五届全国人民代表大会第二次会议通过《中华人民共和国中外合资企业经营法》，规定"中国合营者的投资可包括为合营企业期间提供的场地使用权。如果场地使用未作为中国合营者投资的一部分，合营企业应向中国政府缴纳使用费"，明确了城市土地使用权及费用，我国开始有了城市土地使用权的有偿使用。1982 年 5 月 14 日，国家颁布《国家建设土地征用条例》，规定"国家的经济、文化、国防建设和社会公共创办事业、征用农民集体所有的土地时，必须符合条例。禁止任何单位直接向农村社队购地、租地等。"1987 年 7 月，国务院特区办起草了《关于选若干点实行土地使用权有偿转让的建议》报告，提出在上海、天津、广州和深圳 4 个城市作为土地有偿出让的试点城市。按照土地使用权与所有权相分离的原则，国家可以在保留土地所有权的前提下，通过招标、拍卖和协议等方式将土地使用权以一定的价格、年限及用途出让给土地使用者，出让后的土地可以在用地者间再次转让、出租、抵押，1988 年国务院颁布了《城镇土地使用税暂行条例》，从而把城市土地使用权逐步纳入了市场经济运行的轨道。1988 年 12 月，第七届全国人民代表大会常务委员会第一次会议根据《宪法修正案》通过了关于修改《中华人民共和国土地管理法》的决定，明确规定"国家依法实行国有土地有偿使用制度"。

（二）珠三角地区土地利用的先行改革

1. 农地股份合作制的先行探索

20 世纪八九十年代，珠三角地区的农村工业化和城市化进程不断加快，各村镇经济高速发展，许多农村集体经济组织在自有集体土地上开发建设厂房、商业场地，出租或自主经营，或者利用集体土地与其他资本，如国企、私企、外企等合作，或自办企业等，大力发展集体经济。为明确农民对集体资产的所有权和收益权，广州、深圳、佛山等经济发达区率先进行了农村土地股份合作制，通过将集体土地全部作价、折股，使实物土地货币化，并按照综合因素评定应享有土地股份权的人员及应享有的股权份额，在留出部分公股后，将其余部分土地股权无偿分配给社员个人，并参与集体收益分红，村集体经济组织通过对集体内土地自主经营、开发建设厂房，或者向外出租企业，经营所得或者土地出租所得以股金的形式对股员进行分红。农地股份合作制随后在珠三角地区迅速蔓延，发展迅猛，同时农地股份合作制也刺激了农村集体建设用地的大量开发。

2. 城市土地有偿使用的先行尝试

1987 年，深圳特区作为改革开放的先行者，其市场体系逐步形成，其中有生产资料市场、劳务市场、资金市场、信息市场和外汇调节市场等，但由于没有土地市场，作为基本生产、生活要素的土地不能进入市场，生产力发展受到阻碍，市场功能存在较大的缺陷。1987 年 9 月，深圳率先将一块 5 321 m² 的地块，采用协议的方式出让，共收入土地出让金 106 万元，试用期为 50 年，同年 11 月又将一块 46 355 m² 地块以招标方式出让，12 月 1 日又将一块 8 588 m² 的土地以拍卖方式出让。该年深圳以协议、招标、拍卖三种方式共出让（批租）了 5 宗国有土地使用权，出让收入总计 3 500 万元，是当年土地使用费收入的 2.3 倍。深圳特区由此开创了我国土地出让的先河，从而将国有土地使用制度改革推向一个新的阶段，引入了市场机制配置土地资源，把单一行政划拨分配土地变为协议、招标、拍卖出让等多种分配方式，把长期无偿、无限期的使用土地变为有偿、有限期使用，这是我国城市土地使用制度的根本性变革。

二、珠三角村镇土地利用特征

（一）城乡建设用地边界模糊

改革开放以来，珠三角地区通过大力发展村镇经济，极大地促进了工业化进程和农村城市化的发展，一大批小城镇得以产生并不断强化自身发展，用地规模不断扩张。但由于缺乏规范的管理及统一的规划，村镇建设用地呈现出无序蔓延的状态。随着规模的扩大，一些地区的建制镇之间越来越靠近，已呈相连态势，并逐渐蔓延、渗透进城市周边。珠三角地区同时出现两条城镇化路径，一条是由政府主导，通过土地征收，城市扩张推进的城镇化；另一条则是农民自主自发，利用集体土地建设开发推进的城镇化。自上而下的政府主导与自下而上的村镇集体主导对发展空间和权益的争夺、对土地的争相开发和建设，最终导致城乡边界模糊，城乡相互交错融合。近年来，许多投资项目为避免昂贵的交易成本，而将项目地选在原来的城市边缘空间的国有用地上，或者是在早期以低价成交的集体建设用地转国有用地的土地上，造成了各类村庄以插花地的形态点缀在如今已明显是城市范围的土地上，原先许多近郊的农村逐渐发展成城中村，导致城乡建设用地边界进一步呈模糊状态。

（二）建设用地利用细碎化

改革开放以来，珠三角地区通过"三来一补"企业以及乡镇企业为主体的工业化发展道路，促进了村镇工业用地的迅速扩展。由于这种主要依赖当地低层次的生产性服务业及廉价的土地和劳动力资源的加工工业，在空间分布上没有相互集中的要求，加之农村土地集体所有制的影响，珠三角各乡镇、各村各自为政，在其属地内招商引资和建设工厂，呈现一种"村村点火，处处冒烟"的格局，大量小规模的工业小区和独立的工业厂房遍地开花，造成珠三角建设用地零碎分散、规模偏小等特征。乡镇企业多且分散导致了土地利用的细碎化，同时整合隶属于不同集体所有的建设用地要付出很高的交易成本，加之当时的城乡规划、产业规划和土地规划的滞后及衔接不够，共同导致珠三角建设用地细碎化程度不断加深。

（三）土地利用效率低

由于珠三角地区在经济发展初期，各地政府为了吸引外资，纷纷采取"低地价"甚至是"零地价"的招商引资策略，使得土地具有了升值投机的可能性，许多投资者纷纷超规模申报厂房用地，从而出现许多土地"圈而不用"的现象，造成了土地的低效利用。另外，村镇企业大多建立在本集体经济组织的土地上，加之缺乏完善的规划等，大量的村镇企业在进行建设时不计土地成本，土地粗放利用。根据 2017 年广东省国土厅公布的《2017 年度闲置土地台账》数据显示，2017 年度广东省闲置土地总面积493.89hm²，其中珠三角闲置土地总面积 266.86hm²，占全省闲置土地的54.03%。另根据 2013 年国家土地督察广州局在广州、深圳、东莞等地开展的珠三角城镇化专题调研结果显示，调研地区的低效用地、闲置土地较多，用地粗放现象明显，单位面积土地产出率较低。单位建设用地 GDP 产出方面，2012 年东莞市、中山市、惠州市都在 5 亿元/km² 以下，深圳市 13.75 亿元/km²、广州市 7.99 亿元/km² 在国内城市较为领先，但仍远低于香港的 58.2 亿元/km²。

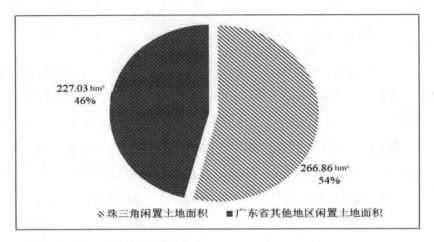

227.03 hm²
46%

266.86 hm²
54%

◁ 珠三角闲置土地面积 ▪ 广东省其他地区闲置土地面积

数据来源：广东省国土资源厅。

图 1-5 珠三角 2017 年闲置土地情况

（四）土地开发强度高

珠三角地区经过 30 年的高速、粗放发展，导致村镇土地开发强度过高。根据广东省信息中心数据显示，1990—2006 年珠三角地区土地利用发生了巨大变化。水田、旱地、林地面积快速减少，水域、城镇用地、农村居民点、其他建设用地面积显著增加，城镇用地、农村居民点和其他建设用地分别增加 1 761.32km²、619.83km² 和 1 692.66km²，占土地总面积分别增加了 4.37、1.51 和 4.10 个百分点，2006 年土地利用强度达 17.1%，是广东省非农建设用地面积最大的地区。另根据 2013 年国家土地督察广州局开展的珠三角城镇化专题调研结果显示，截至 2012 年年底，珠三角的深圳、东莞市、中山市及广州市 4 个城市的土地利用强度则分别高达 47.16%、44.65%、36.2% 和 23.39%，均达到了较高程度，而相比于经济发达、人口密度高的香港，土地利用强度到目前仅为 21%。

表 1-1　　珠三角 1990—2006 年土地利用数量变化　　　单位：km²

土地利用类型	1990 年		2000 年		2006 年		面积数量变化		
	面积	比重	面积	比重	面积	比重	1990—2000 年	2000—2006 年	1990—2006 年
水田	9 930.36	24.08	8 726.10	21.16	6 994.01	16.96	-1 204.26	-1 732.09	-2 936.35
旱地	4 291.06	10.41	3 905.44	9.47	2 613.66	6.34	-385.62	-1 291.78	-1 677.40
林地	19 656.4	47.67	19 406.4	47.06	18 724.5	45.41	-250.04	-681.90	-931.95
草地	890.79	2.16	843.56	2.05	1 042.62	2.53	-47.23	199.06	151.83
水域	3 469.52	8.41	4 194.85	10.17	4 778.13	11.59	725.33	583.28	1 308.61
城镇用地	926.33	2.25	1 726.32	4.19	2 687.65	6.52	799.98	961.33	1 761.32
农村居民点	1 683.81	4.08	1 968.44	4.77	2 303.64	5.59	284.63	335.20	619.83
其他建设用地	365.09	0.89	442.58	1.07	2 057.75	4.99	77.49	1 615.17	1 692.66
未利用地	24.29	0.06	24.01	0.06	35.74	0.09	-0.28	11.73	11.45

数据来源：广东省信息中心。

（五）建设用地中集体土地占比高

随着珠三角地区集体经济组织有了一定的经济积累，并且在与外商合作中不断汲取新知识后，逐渐出现了以集体土地作价入股与外商合作、合资、联营兴办工厂，甚至自建厂房出租给外商。集体土地流转的模式也越来越多样化。同时外商企业引进也激发了民营企业和乡镇企业的异军突起，拉动了用地需求，相当多的民营企业开始向集体"购买"或租用土地建设厂房自用、出租。珠三角地区早期"村村点火，处处冒烟"的村镇企业格局以及"自下而上"的城镇化推进模式，使得市域范围内存在大量的农村集体建设用地，建设用地中集体土地占比高。根据广东省国土资源厅的调查数据显示，珠江三角洲地区农村集体建设用地占全部建设用地总量的 50% 以上。2002 年，佛山市南海区工业用地共 15 万亩，其中保持集体所有性质的有 7.3 万亩，几乎占了一半。

（六）建设用地中工业用地占比高

珠三角地区不仅存在许多镇一级的工业区，也普遍存在大量的村一级的工业园区，乡镇企业的蓬勃发展，改变了其以农业用地为主导的土地利用结构，居住用地、工业用地急剧增长，尤其是工业用地迅速扩张，占珠三角建设用地比重不断上升。珠三角的工业用地，整体上呈比重大，布局相对分散，工业企业呈现蔓延式的扩展态势。根据《中国城乡建设统计年鉴》数据显示，虽然受"三旧"改造及"退二进三"政策的影响，近年来珠三角地区工业用地面积呈一定的减少趋势，但 2016 年珠三角地区工业用地总面积依然高达 1 088.42km²，占全省工业用地总面积81%，占珠三角地区建设用地总面积28.72%。

表 1-2　珠三角 2012—2016 年工业用地情况　　　　　单位：km²

项目 年份	工业用地总面积	占珠三角建设用地面积比重	占全省工业用地面积比重
2012	1 065.72	31.69%	88
2013	1 066.06	30.77%	89
2014	1 066.65	30.99%	87
2015	1 066.79	30.82%	85
2016	1 088.42	28.72%	81

数据来源：根据《中国城乡建设统计年鉴》整理。

三、村镇经济发展的优势

（一）经营机制灵活

村镇经济自诞生之初，就没有计划体制的保障和束缚，从而具备灵活的经营机制。一是市场调节的运营机制。村镇经济的生存与发展始终依赖于市场，以市场为导向，实行以需定产，以市场供求规律为依据，确定自己的产品销售战略策略；二是多劳多得的分配机制。村镇企业在分配上较为彻底地打破了企业吃国家"大锅饭"，职工吃企业"大锅饭"现象，按照"多劳多得，少劳少得"原则进行利益分配；三是自负盈亏的风险机制。村镇企业实行自主经营，独立核算，自负盈亏，风险自担。特别是实行风险抵押承包的企业，承包者和职工的风险更大。这种风险机制促使职工把自己的命运同企业的兴衰更紧密地结合在一起，促使企业只能采取灵活多变的策略，只能前进不能后退。

（二）用地成本低廉

改革开放初期，国家尚未建立完备的土地管理制度，珠三角各镇村甚至村民小组都有一定的土地支配权，在这样的条件下，各村镇可直接对本集体经济组织内的土地进行开发，修建道路、厂房等，使用土地不必付出代价，用地成本十分低廉。1985 年，中央"一号文件"正式对小城镇镇域内建设用地的使用作出规定，同意集体设立开发公司进行开发，进行商品化的经营，进一步刺激了村镇经济对集体土地的开发利用，从而出现了"村村点火、户户冒烟"的现象。

（三）市场优势明显

珠三角村镇经济市场优势明显，主要体现在以下两方面：一是市场空间较大。珠三角毗邻港澳地区，同时内陆交通线发达，面对广阔的国内、国际两个市场。珠三角村镇企业按照以需定产的经营方针，充分利用市场供求空隙来发展生产，其轻纺、食品等产品，从南到北逐渐渗透国内市场，同时利用其地理上的优势，积极开拓国际市场，加大出口分量，充分利用国内、国际两个市场；二是产品市场欢迎度较高。珠三角地区的村镇企业大部分采用多种途径进行市场调查，以掌握市场动向，作为商品生产的决策依据，使得产品的市场欢迎度较高，销售情况较好。另外，珠三角村镇经济的产品普遍具备品种多、变化快、批量小等特点，而这些产品是国有企业不愿生产的商品，珠三角产品正好弥补了这一市场空缺。

（四）资金来源多样

资金是经济增长的第一推动力，要保证经济的高速增长，必须有足够的资金投入。珠三角的村镇经济不像国有企业有国家财政投资拨款，它的发展和扩大生产，一方面主要靠自我积累，自筹资金；另一方面通过多种渠道筹集资金。不仅积极利用内资，同时充分利用对外开放的有利条件，用好、用活外资。特别是在珠三角村镇经济的起步阶段，通过"三来一补"，兴办"三资企业"等多种形式，引进数量可观的外资。另外，在所有制方面，出现了多种形式的股份制与股份合作制经济，镇办、村办集体企业，或股份合作企业，或个体、联合体、私营企业，不同所有制的乡镇企业之间有互相联合的，或与国有企业联合的，形成混合型的村镇企业，逐渐发展成多种经济成分、多种经营方式并存的结构。

（五）人力资源利用高效

珠三角地区供给充裕且运转灵活的劳务市场，为村镇经济的发展提供了良好条件。在村镇企业的发展过程中，逐渐建立起与市场经济相吻合的用人机制，人力资源的利用非常高效。珠三角村镇企业没有铁饭碗，按合同进行聘用，表现好的留用，不合格的辞退。对有贡献的科技人员，则重金聘用，对企业有用的各种能人大胆使用，尽能力解决后顾之忧。按劳动的质和量进行分配的奖惩机制。每个员工的分配，是按照每天、每月劳动数量的多少与质量的好劣来进行的。谁劳动得多、质量好，谁就多得，奖励先进；谁劳动得少、质量差，谁就少得，鞭挞后进。这种分配机制，使每个员工都使出浑身解数，努力工作，形成一种奖勤罚懒的有用制度。人人有自己的岗位，有自己的责任，各司其事，各尽所能，保证了村镇企业有较高的运转效率，取得较好的经济效益。

第三节　村镇建设用地再开发的缘起

一、广东省"双转移"与"双提升"政策

（一）"双转移"政策简介

"双转移"政策是广东创造性地提出的产业转移和劳动力转移的统称，

具体是指珠三角劳动密集型产业向东西两翼、粤北山区转移；而东西两翼、粤北山区的劳动力，一方面向当地第二、第三产业转移，另一方面其中一些较高素质的劳动力，向发达的珠三角地区转移。2004 年广东省委、省政府首次提出珠三角地区与粤东、粤西，以及粤北山区共建产业转移工业园，"双转移"政策初步形成，随后在 2005 年 3 月，广东省政府相继出台了《关于我省山区及东西两翼与珠江三角洲联手推进产业转移的意见（试行）》以及《东西两翼经济发展专项规划》，"双转移"政策进一步完善，2007 年年底召开的广东省委十届二次会上，省委、省政府首次明确地提出了"双转移"的概念。随后，2008 年 5 月，广东省委、省政府颁布《关于推进产业转移和劳动力转移的决定》（粤发〔2008〕4 号文），标志着"双转移"政策最终形成。

（二）"双提升"政策简介

"双提升"政策是广东省委省政府继"双转移"之后，提出的促进区域协调发展的又一重大战略部署，是自主创新力和产业竞争力双提升的统称。2009 年 8 月下旬，广东省委、省政府在"广东省高新技术产业园区工作会议"上，明确提出要在全省范围内实施提升产业竞争力和自主创新能力的"双提升"战略，并要求把高新区作为实施"双提升"的主战场。2010 年，汪洋同志在第 14 期《求是》杂志上刊发了署名文章《加快发展方式转变增创科学发展优势》，重点强调了自主创新能力和产业竞争力"双提升"战略的重要作用。

（三）"双转移"与"双提升"的关系

"双转移"政策主要是针对经济资源总量的结构以及布局的再分配，"双提升"政策是对经济资源增量的素质和能力的要求，两者的含义和侧重点虽各有不同，但是两者之间存在着相辅相成、相得益彰的关系，这种紧密关系使得两者构成了相互促进的循环系统。"双转移"战略必须以"双提升"战略为指引，而实现"双提升"战略也离不开"双转移"战略的推行，它贯穿于"双转移"战略实施过程的始终。两大政策统一于广东省经济转型升级和可持续发展能力建设的过程中，是促进广东省社会经济发展进一步发展的战略选择。

"双转移"与"双提升"政策之所以在较短时间内紧锣密鼓地出台，是因为两者均顺应了市场经济规律发展的迫切要求，也顺应了当时广东省新一轮经济发展周期的客观要求：一是实现区域经济一体化的需要。区域经济一体化是工业化发展到一定阶段的必然产物，但广东省经济越来越大的区域贫富差距却严重背离了区域经济一体化方向，就人均 GDP 来看，2007年珠三角地区人均 GDP 超过 7 000 美元，而东西两翼不足 1 800 美元，山区5 市仅约 1 600 美元。而在"双转移"战略和"双提升"战略的指导下，各个地区发挥各自比较优势，通过产业的错位发展和协同发展，进一步加强彼此之间的经济联系，在合作中实现共赢；二是提升广东经济标杆地位的需要。作为改革开放最早以及经济最发达的省份，广东省经济发展走向在整个国民经济发展中起到重要的标杆作用，但在省域经济综合竞争中，广东省经济竞争力受到其他发达省份的强大压力。"双转移"战略和"双提升"战略也是广东省应对省域经济竞争压力的重大战略举措，通过优化产业布局和提升创新能力，实现广东省由经济大省向经济强省转变。

"双转移"与"双提升"政策的实施为广东新一轮发展赢得人口红利、制度红利、结构红利和技术创新优，奠定了扎实的制度基础，两大政策的实施取得了显著的成效：一是促进山区经济快速发展。广东省统计年鉴数据显示，2009 年与 2007 年相比，广东省东翼和山区的 GDP 增速分别为29.4%、30.6%，都超过珠三角地区的 25.5%；二是促进产业转移。一个地区的机构数量越多，其经济发展越有活力，经济发展规模也就越庞大。因此，对广东省特别是珠三角及东西北地区两大区域板块的组织机构数量的变动情况进行分析，可以从一个侧面反映广东省产业转移推进的情况。2010 年与 2007 年相比，西翼和山区的组织机构数量增幅分别为 22.5%、21.8%，都超过了 20%，与珠三角地区 26.2%的增幅差距较小；三是促进劳动力转移。据广东省情调查研究中心和标准化研究院公布的数据，2010年与 2007 年相比，珠三角地区（未包括穗深两地）的劳动力减少 122 万多人，而东翼、西翼和山区 3 个地区则增加 38 万人，一增一减，东西两翼和山区在劳动力上，与珠三角形成鲜明对比；四是促进产业转型升级。2012年广东省地税局颁布的调研报告《从税收结构变化看广东产业转型升级》显示，第二产业中，先进制造业提供的税收已取代传统制造业的地位，税收占制造业比重超过五成，从 2007 年的 49.3% 提高到 2011 年的 53.4%，税收平均增速为 17.6%。2011 年以租赁和商务服务业、金融保险业、信息传输软件和信息技术服务业为主的生产性服务业税收快速增长，占服务业税收比重超六成，占地税部门组织的税收比重近 30%。另外，广东的新能源、新材料等战略性新兴产业税收增速也非常迅猛，2012 年上半年，全省战略性新兴产业税收增速超过税收平均增幅 8.5 个百分点。

二、广东省"三旧"改造政策的孵化

广东省"三旧"改造经历了从局部试点到逐步推广最终上升到国策的一个孵化过程。

首先是 2007—2012 年"三旧"改造的试行阶段。自 2007 年开始，广东省佛山市先行先试，佛山市人民政府于 2007 年 6 月发布了《印发关于加快推进旧城镇旧厂房旧村居改造的决定及 3 个相关指导意见的通知》；2008年，国土资源部与广东省人民政府合作，开展以"三旧"改造为主要内容的节约集约用地试点示范省建设，将"三旧"改造作为落实国家节约集约优先发展战略、提升开展和利用土地的重大举措；为切实推进广东省旧城镇、旧厂房和旧村庄的改造工作，促进节约集约用地试点示范省建设，广东省在总结佛山市过去两年"三旧"改造成功经验的基础上，于 2009 年 8月出台《关于推进"三旧"改造促进节约集约用地的若干意见》（粤府〔2009〕78 号），标志着"三旧"（旧城镇、旧厂房、旧村庄）改造在广东正式推开①。其后，为贯彻落实 78 号文，确保广东省"三旧"改造工作有序推进，2009 年 11 月，广东省国土资源厅就"三旧"改造工作提出《关于"三旧"改造工作的实施意见（试行）》。广东省人民政府确立了佛山市、广

---

① 李小军、吕嘉欣：《广东"三旧"改造面临的挑战及政策创新研究》，《现代城市研究》2012 年第 9 期，第 63 - 70 页。

州市、深圳市和东莞市等地级市作为"三旧"改造试点城市。至 2012 年，各试点城市陆续发布关于"三旧"改造工作的具体实施意见。

然后是 2012—2016 年是"三旧"改造的调整阶段。在此期间，在前一阶段已完善历史用地手续的试行阶段基础上，"三旧"改造已经上升为广东全省的发展战略。在此阶段，省级层面并未发布过多的相关政策，主要是在 2016 年 9 月，为加快推进"三旧"改造工作，提升"三旧"改造水平，更好地发挥国土资源的基础性保障作用，广东省人民政府发布了《关于提升"三旧"改造水平促进节约集约用地的通知》（粤府〔2016〕96 号）。除此以外，更多的是各地级市层面出台了一些"三旧"改造的调整政策、补充规定等。此阶段还存在从"三旧"改造到城市更新的转变。广州市 2015 年 2 月正式设置国内首个城市更新局，其职能涵盖原"三旧"改造办公室（简称"三旧办"），由临时机构成为常设机构。其正式成立既要进一步认识和梳理问题，更要明确城市更新本身的目标和职责①。城市更新是指由政府部门、土地权属人或者其他符合规定的主体，按照"三旧"改造政策、棚户区改造政策、危破旧房改造政策等，在城市更新规划范围内，对低效存量建设用地进行盘活利用，以及对危破旧房进行整治、改善、重建、活化和提升的活动。

最后是 2016 年至今的"三旧"改造上升为国策阶段。2016 年 12 月，经中央全面深化改革领导小组和国务院审定，国土资源部印发了《关于深入推进城镇低效用地再开发的指导意见（试行）》（以下简称《指导意见》）。这是在总结广东"三旧"改造实践经验的基础上，从国家层面对城镇低效用地再开发进行的顶层设计和总体部署。其实早在 2013 年，国土资源部已对广东的"三旧"改造经验进行了全面总结，并上报国务院，获得同意后陆续在浙江、辽宁和上海等地推广，开展城镇低效用地再开发试点工作，并取得了明显成效。2016 年出台的《指导意见》，就是将广东等地的

---

① 广东省国土资源厅：《广东通过"三旧"改造腾挪出 1 个年度新增建设用地量〔EB/OL〕》，见 http：//zwgk. gd. gov. cn/006939932/201605/t20160527 _ 656544. html，2016 – 05 – 26。

经验提炼升华为国家政策，在全国予以复制推广。同时，广东省也继续完善优化"三旧"改造政策，2018年4月，为进一步优化"三旧"改造政策，加快盘活利用各类低效城镇建设用地，经省人民政府同意，省国土资源厅《关于深入推进"三旧"改造工作的实施意见》正式印发，在调整完善"三旧"改造地块数据库；加强土地规划保障；明确"三旧"改造申请条件；加快"三旧"用地审批；规范"三旧"改造供地；加强"三旧"改造实施监管六个方面对深入推进"三旧"改造工作的实施提出了较为具体的意见。

广东"三旧"改造工作能统筹"三旧"用地，规范土地所有权，提高土地的利用效益，达到促进城市更新，提升城市形象、统筹城乡一体化发展，并为经济发展方式转变调整产业结构提供发展机遇等目的。但是在实际操作中，"三旧"改造并非一帆风顺，改造艰难的原因所在——规划、拆迁、土地，这三者紧密相连，在改造过程中如果有一项脱节势必会对改造造成不利，影响改造进程，为不法分子在改造过程中骗取土地、钱财开启"寻租"之道，使得政府和村民之间的利益矛盾问题加深，不利于社会稳定和谐①。因此，广东"三旧"改造是一个机遇，也是一个挑战。需要政府、村集体、开发商共同努力，要充分汲取各地优秀经验，听取群众的意见，尊重村民的意愿树立改造的信心；同时协调好各方利益加强监督检查，避免大规模的矛盾产生，主要需满足以下两点政策需求。

第一，加强分类指导，提升政策针对性。复杂的产权结构决定了"三旧"改造的复杂性和分类治理的必要性。其中旧村庄改造涉及利益冲突最为剧烈，伴随旧村改造的往往是拆迁暴富或钉子户等社会事件，使得旧村改造成为"三旧"改造中最大的难点问题。要转变这一困境，首先要改变对旧村庄，特别是城中村的固有认识，理清城中村问题的根源，发现旧村成长的规律与潜在价值，并制定相应的对策措施。一方面，城中村的脏乱差是公共配套设施缺乏、管理缺失的结果；另一方面，城中村承载了重要

---

① 刘璐祯、周为吉：《广州市"三旧"改造的利与弊分析》，《国土资源情报》2016年第3期，第50－56页。

的社会功能，为大量低收入群体和外来务工人员提供了安身之所，是对城市社会生态多样性的有益补充，旧村改造不能一味推倒重来，代之以高楼大厦，而是要区分类型，从大拆大建向整治提升转型，结合当前土地和住房供给侧制度的改革，提高设施配套和管理水平，使之成为城市多样化住区发展中的有机组成部分。对于旧城镇改造，政策应着重关注历史街区文脉与社会网络的保护。对于历史文化街区要持保护优先、开发为辅的原则，在对历史文物、历史建筑和历史文化街区进行摸底调查的基础上，分批分层次确定保护对象、保护原则和改造模式。对于风貌差、建筑破旧、配套落后的旧城区，适宜进行整体重建，发掘地段的土地区位价值，同时充分保障原居民的权益，维护社区关系网络，结合棚户区改造等政策，合理提升容积率，增加公共空间，实现城市面貌、功能提升和居住条件的改善①。

第二，完善相关政策，确保政策连续性。为保障"三旧"改造政策的连续性、城市更新的常态化、改造项目的顺利推进和土地管理水平的提升，应建立"三旧"改造长效机制，完善有关支持政策：一是细化供地方式。出台协议出让方式的相关细则，规范协议出让的程序，对需要以协议出让方式完善用地手续的"三旧"用地，按程序研究决定，公示审批结果，减少"寻租"空间；健全"招、拍、挂"出让土地信息公开制度，避免出现信息不对称、人为设定限制条件等问题；二是制定土地收益合理分成政策。认真研究改造过程中的土地收益分成差别化政策；合理配置"三旧"改造过程中相关利益群体的收益分配比例；出台实施细则，重点突出"政府让利于民"的理念，实现"三旧"改造过程中的"多赢"局面；三是简化农村集体建设用地转为国有建设用地的审批流程。在农村集体自愿提议和村民代表大会表决同意的前提下，充分保障农民的知情权和参与权，采取联合办公、集中审核的方式，进一步优化相关审批程序和简化相关手续②。

---

① 朱一中、杨倩楠、肖映泽：《"三旧"改造政策实施的问题与反思——以广东省佛山市禅城区为例》，《国土资源科技管理》2018年第2期，第127–136页。
② 李志：《广东省"三旧"改造中的土地利用问题研究》，《现代城市研究》2013年第12期，第68–71页。

三、村镇建设用地再开发促转型升级

当前，我国发展处于重要战略机遇期，发展方式转变将进入到一个攻坚阶段，面临着经济增长速度换挡期、结构调整阵痛期、前期刺激政策消化期三期叠加。改革开放 40 年以来，我国经济年均近 10% 的持续高增长，人均 GDP 从 200 美元增长到 5 400 美元，经济总量于 2010 年超过日本成为全球第二大经济体[1]。随着国民经济总量等基数增大，支撑经济发展的人力资源、自然资源，以及制度安排和经济政策等要素正在发生变化，不论是从土地、劳动力、资本、技术进步等生产要素结构分析，还是从第一、第二、第三产业结构分析，都可看出我国经济增长速度下降是经济发展的阶段性现象，是一个发生在实体经济层面上的自然过程。2003—2007 年我国经济年均增长 11.6%，2008—2011 年年均增长 9.6%，2012 年增长 7.8%，再到 2013 上半年增长 7.6%。经济增速的放缓，以及国际金融危机的长期化、各国应对危机加快结构调整的积极成效，增强了我们用市场机制倒逼经济结构调整的紧迫感。为了化解过剩产能，优化产业结构，一些行业难免受到较大冲击，有些企业甚至会退出市场，这些不得不付出的代价就是结构调整中的"阵痛"。此外，2008 年国际金融危机爆发后，我国经济遭受巨大冲击。为扭转增速下滑过快造成的不利影响，政府及时采取拉动内需和产业振兴等一揽子刺激政策，推动经济增长迅速企稳回升。虽然刺激政策逐步退出，但政策的累积效应和溢出效应还在发挥作用，对经济结构继续产生深远影响，也使当期宏观政策的选择受到掣肘，调控余地大为缩小，整个经济增长动力尚未完全改变。

2014 年 5 月，习近平总书记在河南考察时说，中国发展仍处于重要战略机遇期，要增强信心，从当前中国经济发展的阶段性特征出发，适应新常态，保持战略上的平常心态。保持中高、调整经济结构仍然面临大量的

---

① 数据来源：《中国统计年鉴》。

资源消耗，特别是土地资源的消耗。如在优化产业结构，促进区域协调发展的过程中，土地供需矛盾更加突出，并存在用地布局分散、结构不合理、用地效率不高等问题。经济结构不断优化升级要求土地利用方式由粗放式发展向节约集约化发展转变，以此转变土地利用方式，提高土地利用效率和效益。经济发展新常态下，土地生产性需求趋于减少，生活性、生态性需求显著增加，总需求仍然居高不下。但随着资源承载力逐步逼近"天花板"，严格保护和节约利用土地资源是大势所趋。为保障建设用地的有效供给，从增量扩张为主转为盘活存量与做优增量并举是必然选择，建设用地再开发利用将成为常态化。

四、以存量开发为突破口，解决资源供需矛盾

伴随着经济的高速发展，粗放型的发展方式造成大量的资源消耗。1978—2011 年城市建成区面积年均增长 1.17 万 hm^2。1978—2008 年，年均耕地减少 18.21 万 hm^2[①]。虽然城市化、工业化过程中建设用地规模的扩大占用耕地是不可避免的，但由于长期的城乡二元土地制度，土地产权不清或残缺、征用制度的僵化，以及政府角色定位与利益关系处置上的偏误等导致中国建设用地过快增长和农地过度性损失，据测算在中国经济发展过程中必须合理的土地非农化的仅占 33.4%，由于市场失灵和政府失灵引起的过度性损失 I、过度性损失 II 分别占土地非农化总量的 44.9% 和 21.7%（曲福田，2005；谭荣、曲福田，2005；李效顺、曲福田，2009）[②]。二元结构下，低廉的土地非农化过程对快速的经济增长以及推进工业化、城市化

---

① 说明：最新《2012 年中国国土资源统计年鉴》中耕地数据仅统计至 2008 年。

② 谭荣、曲福田：《中国农地非农化与农地资源保护：从两难到双赢》，《管理世界》2006 年第 12 期，第 50 - 66 页。李效顺、曲福田等：《中国建设用地增量时空配置分析——基于耕地资源损失计量反演下的考察》，《中国农村经济》2009 年第 4 期，第 1 - 16 页。曲福田、高艳梅、姜海等：《我国土地管理政策：理论命题与机制转变》，《管理世界》2005 年第 4 期，第 40 - 47 页。

进程起到了巨大的贡献作用（蒋省三等，2007；张曙光，2007；刘守英，2008）①，但也造成了巨大的资源浪费。特别是财政分权后，地方政府开始依赖土地征收获得大量预算外收入，"土地财政"助长了地方政府强制性低价从农村获得土地，助长了对土地的低效利用，造成城市"摊大饼"式粗放扩张（刘守英，2005；郑文博，2007）②。据国土资源部统计数据，目前全国人均城镇建设用地 133 m²，人均农村居民点用地 214 m²，人均建成区 121 m²，远远高于世界平均人均建成区 83 m²。一方面是保护耕地、粮食安全、生态安全，需严控耕地占用，延续以往的外延扩张满足资源需求局限性剧增；另一方面是经济转型、保持增长、加快人口城镇化、冲破"增长陷阱"，土地刚性需求仍然迫切。存量建设用地再开发，向存量要空间成为解决资源供需矛盾的突破口。

村镇建设用地再开发主要是根据区域发展规划、土地利用规划和城镇发展规划，对区域建设用地的规模、布局、结构和强度进行调整，对建设用地进行综合整治。村镇建设用地再开发，不仅是增加建设用地有效供给、拓展城乡发展空间、提升土地利用效率，同时也是促进经济发展方式转变，推进城乡统筹发展和人口城镇化进程的有效手段。据国土资源统计公报数据显示，2004 年年底，我国农村居民点用地规模已达 1 655.6 万 hm²，是城镇用地规模 340.3 万 hm² 的 4.86 倍，而同期，农村人口规模仅为城镇人口规模的 1.4 倍。大量城乡两栖人口游离于城市与农村之间，导致农村房屋限制、低效等问题严重。如何转变机制，创新政策，转变用地方式和管理模式，实现由外延式扩张向内涵式挖潜转变，从存量土地开发上寻求发展空间，推进发展方式转变、人口城镇化进程和经济社会持续健康发展意义

---

① 蒋省三、刘守英、李青等：《土地制度改革与国民经济成长》，《管理世界》2007 年第 9 期，第 1－9 页。北京天则经济研究所《中国土地问题课题组》（主持人：张曙光）：《城市化背景下土地产权的实施和保护》，《管理世界》2007 年第 12 期，第 31－47 页。刘守英：《中国的二元土地权利制度与土地市场残缺——对现行政策、法律与地方创新的回顾与评论》，《经济研究参考》2008 年第 31 期，第 2－12 页。

② 刘守英：《政府垄断土地一级市场真的一本万利吗》，《中国改革》2005 年第 7 期，第 22－25 页。郑文博等：《当前中国土地市场发展状况及趋势分析》，《湖南大学学报（社会科学版）》2007 年第 3 期，第 81－85 页。

重大。

广东省是我国经济大省，连续 24 年经济总量居全国第一。改革开放以来，年均 GDP 保持两位数增长，城市化率从 16.3% 增加到 66.5%。多年持续高速发展，消耗了大量的土地资源，土地供给矛盾日益凸显。1996—2008 年，年均耕地减少 4 151 m²。截至 2012 年，广东以全国 1.87% 的土地支撑了全国经济总量十分之一，财政收入的八分之一。广东省以丘陵地形为主，山地和丘陵约占 62%，水域约占 8%，实际上可用于高强度开发利用的土地十分紧缺。

按照中央领导重要指示，2008 年年底，国土资源部与广东省政府合作共建节约集约用地示范省。2009 年，广东省率先以省部合作的方式在广东开展节约集约用地试点示范省工作，"三旧"改造是推进节约集约试点示范省重点工作之一。广东省将城市市区中的"退二进三"产业用地，不符合城乡规划、不符合国家产业政策规定或不符合安全生产环保要求的厂房用地，布局散乱、条件落后、规划确定改造的城镇和村庄等用地纳入了"三旧"改造。广东省按照"全面探索、局部试点、封闭运行、结果可控"的原则，探索存量建设用地再开发利用的内在规律和特点，通过政策创新取得了显著的成效。

2008—2013 年，广东共完成改造项目 2 893 个，完成改造面积 15.12 万亩，实现节约土地约 6.77 万亩，正在改造项目 3 366 个，涉及改造面积超过 20 万亩。从实践情况来看，广东"三旧"改造工作不仅实现了节约集约用地，而且在调整优化产业结构、推动城镇化建设、保障和改善民生等方面都具有明显的成效。主要体现在以下四个方面：一是促进节约集约用地，增强了科学发展的用地保障。通过开展"三旧"改造，有效开发存量建设用地，推进土地循环利用，优化了用地布局，提升了土地利用效率。2008 年以来，通过"三旧"改造腾挪增加可利用土地面积占已完成改造土地面积比重为 44.75%，节约用地约 6.77 万亩，在一定程度缓解了土地供需矛盾，有力地保障了科学发展的用地需求；二是促进经济结构调整，提升了产业竞争力。开展"三旧"改造，在优化用地布局的同时促进了产业结构调整，既淘汰了落后产能，实现了"腾笼换鸟"，又推动了战略性新兴产业发展与现有支柱产业做大做强。据统计，在已改造项目中，属于产业结构调整项目共 1 913 个，占改造项目总数的 66.1%，其中，属于淘汰、转移"两高一资"项目 416 个，引进现代服务业和高新技术产业项目 386 个，投资超亿元项目 299 个。这批项目改造后当年期实现产值（营业收入）比改造前增长了 1.20 倍；三是促进宜居城乡建设，推动了城镇化进程。各地通过开展"三旧"改造，进一步完善城市基础设施和公共服务功能，推动"城中村"改造，推进社会主义新农村建设，城乡宜居环境进一步优化。据统计，在已完成的改造项目中，建设城市基础设施和公益事业项目 892 个，涉及用地 4.2 万亩，新增公共绿地 6 600 多亩；保护与修缮传统人文历史建筑 771.9 万 m^2；四是促进群众生活改善，维护了社会和谐稳定。在实施"三旧"改造工作中，我们注重让利于民、还利于民，使群众实实在在地分享到改造的成果。通过项目改造，进一步优化第二、三产业就业结构，就业人口增加了 1.74 倍，旧村庄实施改造后，村集体收入增长了 1.5 倍。同时，通过"三旧"改造，妥善处理了一批历史遗留问题，明晰土地产权关系，化解了矛盾纠纷，消除了一批影响社会和谐的不稳定因素。

五、全国试点推开，政策研究需求迫切

2013 年 4 月，国土资源部（现自然资源部）印发《开展城镇低效用地再开发试点指导意见》（以下简称《意见》），确定在内蒙古、辽宁、上海、江苏、浙江、福建、江西、湖北、四川和陕西 10 省（区、市）开展试点，推进城镇低效用地再开发利用，优化土地利用结构，促进经济发展方式转变。《意见》提出以贯彻党的十八大提出的推动工业化和城镇化良性互动、城镇化和农业现代化相互协调的决策部署为指引，按照"全面探索、局部试点、封闭运行、结果可控"的要求，完善土地利用管理机制，有效激励城镇低效用地再开发利用，优化土地利用结构，促进经济发展方式转变，提高土地对经济社会发展的保障能力。要鼓励和引导原国有土地使用权人、农村集体经济组织和市场主体开展城镇低效用地再开发，规范政府储备存量建设用地开发利用；统筹兼顾各方利益，规范城镇低效用地补偿，加强

公共设施和民生项目建设；加强组织领导、强化制度建设，健全民主协商、严格监督管理，稳妥有序推进城镇低效用地再开发。

随着试点的推进，各地也面临一些政策困境和瓶颈，对村镇建设用地再开发整体政策体系研究需求迫切。村镇建设用地再开发政策研究，将从经济转型与土地再开发一般规律、影响因素、动机机制、再开发政策体系需求、产权、规划管理、市场交易、公共决策和保障措施等方面进行深入研究，结合广东"三旧"改造实践分析总结，提出适合全国范围的村镇建设用地再开发的政策体系和建议。

第四节 村镇建设用地再开发的界定

一、相关概念的界定

（一）建设用地开发

土地开发意味着土地用途的改变。建设用地开发指将非建设用地转变为建设用地的过程，是对土地资源的初始建设开发，是以开发营建（构）筑物为目的工程用地的总称。这包含两层含义：一是对未利用地的建设开发，例如，将荒草地和空闲地开发为建设用地；二是对农业用地的建设开发，例如，将耕地、园地和林地开发为建设用地。建设用地具体指城建、村庄、工矿、交通、军事、水利和市政基础设施等各项用地。由于建设用地具有区位利用和逆转相对困难的特性，因此，开发建设用地必须考虑规划要求、区位和土地承载能力。建设用地计划是国民经济和社会发展计划的重要组成部分，开发建设用地要纳入土地利用总体规划，与城市建设用地规划相协调。

（二）建设用地再开发

建设用地再开发是对建设用地进行的追加开发或替代开发，从而产生比目前土地用途继续经营带来更大收益的土地用途。这些土地收益不仅包括再开发获得的经济收益，还包括社会效益与生态效益。除地块的功能拓展与升级外，土地利用结构调整与布局优化均是获取更大土地收益的重要途径。即建设用地再开发是土地经营者对更高土地收益的追逐过程。建设用地再开发的对象明晰，但再开发后的土地用途是通过对地块及其所处区域的自然生态、经济、社会与土地利用进行综合评价后统一规划的结果，具有相对不确定性。

综合来看，建设用地再开发是指在对现有建设用地功能性综合评价的基础上，通过土地利用结构调整与空间布局优化，综合运用工程、经济、技术与生物等措施对现有较低收益甚至零收益的地块、地段乃至区域进行建设改造、环境整治、功能拓展与升级，从而获取更高收益的过程。建设用地再开发致力解决以下几个问题：①改善人居环境；②推进产业转型升级；③保障生态建设；④促进村镇建设用地功能转型升级；⑤区域综合效益的提升。

（三）村镇建设用地再开发

据统计数据显示，我国村镇建设用地总量是城市建设用地总量的 4.6 倍，同时村镇建设用地效率低下、存量开发潜力巨大。因此，本研究的重点将是村镇建设用地再开发。根据研究需求、数据获取以及口径统一要求，本研究以《土地利用现状分类》（GB/T 21010—2017）标准为主，参考《城市用地分类与规划建设用地标准》（GB 50137—2011）、《村镇规划标准》（GB 50188—2007）、《土地基本术语》（GB 19231—2003）、《乡（镇）土地利用总体规划编制规程》（TD/T 1025—2010）等文件标准，对村镇建设用地范围进行界定。村镇建设用地再开发定义为：村、乡、镇地域范围内已经转用为村庄（集镇）、乡（镇）建设发展的土地，涉及地上、地下可供村镇建设开发的立体空间，包括服务于村、乡、镇、街道发展的商服、住宅、工业、仓储、学校等企事业单位用地。村镇建设用地再开发，即针对以上地类范围，在综合评价基础上，通过土地利用结构调整与空间布局优化，综合运用工程、经济、技术与生物等措施对现有较低收益甚至零收

益的地块、地段乃至区域进行建设改造、环境整治、功能拓展与升级，从
而获取更高综合效益的过程。村镇建设用地范围界定参考规范见表1-3。

表1-3　村镇建设用地范围界定参考规范

文件名称	概念解释
《土地利用现状分类》（GB/T2101—2017）	建制镇指建制镇居民点，以及辖区内的商服、住宅、工业、仓储和学校等企事业单位用地；村庄指农村居民点，以及所属的商服、住宅、工矿、工业、仓储和学校等用地
《城市用地分类与规划建设用地标准》（GB 50137—2011）	镇建设用地指镇人民政府驻地的建设用地；乡建设用地指乡人民政府驻地的建设用地；村庄建设用地指农村居民点的建设用地
《村镇规划标准》（GB 50188—2007）	村镇建设用地包括居住用地、公共设施用地、生产设施用地、仓储用地、对外交通用地、道路广场用地、工程设施用地、绿地、水域和其他用地共9大类、30小类
《土地基本术语》（GB 19231—2003）	建制镇用地指设镇建制的城镇居民点用地；农村居民点用地指不设镇建制的集镇和村庄居民点用地
《乡（镇）土地利用总体规划编制规程》（TD/T 1025—2010）	村镇建设用地是土地用途区范畴的概念，指为农村居民点（村庄和集镇）发展需要划定的土地用途区，由村镇允许建设区与有条件建设区组成。其中，允许建设区指村镇（集镇和村庄）建设用地规模边界内的土地，是村镇用地指标落实到空间上的预期用地区；有条件建设区指村镇（集镇和村庄）建设用地规模边界以外、扩展边界以内的土地

二、研究范围的界定

本研究以广东省"三旧"改造和全国城镇低效用地试点为基础，重点
对列入"三旧"改造或城镇低效用地范围的布局散乱、利用粗放、用途不
合理的存量建设用地再开发的理论和实践进行分析，总结提炼形成政策建
议。其中，列入"三旧"改造或城镇低效用地范围包括：城市市区"退二
进三"产业用地；城乡规划确定不再作为工业用途的厂房（厂区）用地；

国家产业政策规定的禁止类、淘汰类产业的原厂房用地；不符合安全生产和环保要求的厂房用地；布局散乱、条件落后，规划确定改造的城镇和村庄；列入"万村土地整治"示范工程的村庄等。

三、研究的主要内容

本研究以推进新型城镇化和城乡一体化发展为出发点，以村镇产业升级与结构调整和改善民生为前提，以村镇建设用地再开发的所需政策为研究对象，重点结合广东省"三旧"改造实践，探索以下几个关键问题：

(1) 我国经济转型与建设用地再开发的必然趋势。

(2) 村镇建设用地再开发的特征与政策需求。

(3) 保障村镇建设用地再开发的土地产权制度改革。

(4) 村镇建设用地再开发市场交易模式与政策导向。

(5) 村镇建设用地再开发规划实施管理。

(6) 村镇建设用地再开发公共决策和实施监管机制。

第五节　研究思路与框架

一、总体思路

以推进城镇化和城乡统筹发展为出发点，以构建城乡一体化体制机制为目标，以村镇产业升级与结构调整以及改善民生为前提，通过对发达国家及地区城市更新的规律、广东省"三旧"改造的实践等进行总结，探求我国经济转型与建设用地再开发的规律和村镇建设用地再开发的政策需求，并从产权制度、市场交易模式、规划实施管理、公共决策机制等方面进行深入分析，提出推进村镇建设用地再开发的政策建议。

二、研究方法

本研究采用定性分析与定量分析相结合、综合分析与典型案例分析相结合的研究方法，主要包括系统分析、综合评价、制度分析、博弈分析、案例分析和比较分析等方法。

三、研究框架（技术路线）

研究框架（技术路线）如图 1-6 所示。

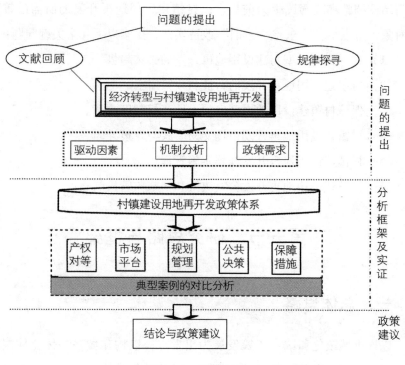

图 1-6　技术路线

第二章 国内外已有研究文献综述

对于"村镇建设用地再开发"目前学术界尚无明确统一的界定。李楠、朱道林（2012）对"村镇建设用地"的定义采用《土地利用现状分类》（GB/T21010—2007）中的界定："村"指农村居民点建设用地，"镇"指建制镇建设用地，"村镇"指镇行政区范围内的所有建设用地，包括农村居民点和建制镇[①]。村镇建设用地是存量建设用地主要组成部分，且村镇建设用地具有比城市建设用地更为复杂的权属关系，因此对村镇建设用地再开发的研究可以作为所有建设用地再开发研究的指导。根据《中华人民共和国土地管理法》（2004），农村集体建设用地主要是指：农民从事第二、三产业生产及其居住生活的空间承载地，包括农村居住用地、农村公共服务及基础设施用地、村办及乡镇企业用地、商业服务业用地、工业园区及仓储用地等。由此可见，村镇建设用地再开发是指建立在村镇建设用地初始开发的基础上，从效益最大化的角度出发，对原有建设用地的类型、结构及空间布局进行置换升级，尤其是对衰退地区进行改造重建等。

第一节 村镇建设用地开发管理模式研究

一、村镇建设用地开发管理研究

所谓村镇建设用地管理模式，就是指在一定时期内，村镇建设用地开

[①] 李楠、朱道林：《村镇建设用地节约集约利用自然效果评价》，《中国农业大学学报》2012 年第 3 期，第 163 – 170 页。

发和管理中具有典型性的组织、作业和资金投入模式①。各地在开展村镇建设用地开发和管理的实践中，由于所处的自然、社会、经济和资源条件不同，涌现出各具特色的村镇建设用地管理模式。董德利（2000）在对城市扩展改造的研究中得到，将村镇建设、企业改造和村庄合并联合起来进行综合开发的模式。农村集体建设用地入市流转是村镇建设用地再开发的前提，因此也是村镇建设用地管理的一个重要方面。陈旺松（2010）总结了农村集体非农建设用地入市流转的四种基本模式，即"转权让利""保权让利"、规划区内外区别对待和农户主导的自发流转模式。并从产权、经济发展、利益分配和社会保障等角度，对四种基本模式进行比较分析，最终总结经验启示②。无论是村镇建设用地的再开发管理还是村镇建设用地存量的管理，其共同的目标都是为了提升建设用地的利用效率，促进建设用地集约利用。张怡然（2010）通过对渝东北 11 区县的实地调研，解析了该地区"宅基地置换城镇住房保障""城乡建设用地增减挂钩"的土地集约利用模式③。淡恒（2010）在回顾我国农村集体建设用地管理历史的基础上，通过案例选取研究，归纳出四种农村集体建设用地管理模式，即"股票田"模式、公司化管理模式、工业重镇下的江南村落模式和西部经济落后地区的管理模式④。自 2009 年以来在广东省全面推行的"三旧"改造是村镇建设用地管理和村镇建设用地在开发的一个重要试点。⑤

二、村镇建设用地再开发管理政策研究

李洪春（2003）认为政府对加快村镇建设的用地管理政策不明确，加

---

① 李洪春、吕春光：《对村镇建设用地管理的若干思考》，《科技信息》2003 年。

② 陈旺松、吴建钦、姚逸舟：《农村集体非农建设用地入市流转模式探讨》，《经济研究》2010 年。

③ 张怡然、邱道持、李艳：《农村集体建设用地集约利用面临的挑战与对策——以渝东北 11 区县为例》，《中国农业通报》2010 年第 26 卷第 15 期，第 437－441 页。

④ 淡恒：《农村集体建设用地管理初探》，硕士学位论文，清华大学，2010 年。

⑤ 陈晨、赵民、刘宏（2012）在总结佛山市"三旧"改造经验的基础上，从政府和村集体两个角度对"三旧"改造的模式进行了划分，主要包括政府主导型模式和村集体主导型模式。

之村镇建设用地的优惠性政策滞后于实际发展的需要，影响了村镇建设的进程①。《土地管理法》规定："任何单位和个人进行建设，需要使用土地的，必须依法申请使用国有土地"。这种制度安排无疑使得集体建设用地排除在了城市建设用地市场之外，确立了国有土地在城市建设用地市场上的垄断，初步形成了城市建设用地的二元结构。高圣平、刘守英（2007）指出尽管法律保留农民利用自己土地进行建设的空间，《土地管理法》的种种限制使得无论是将自己土地用于建设住宅还是用于兴办乡镇企业都难以得到上级部门的批准，以致出现集体土地国有化的趋势，集体建设用地只能"隐形"入市②。国有建设用地的垄断性以及城市建设用地来源的单一性，使得政府在面临建设用地市场需求增加的情形下，只能以"公共利益"为名，进行集体土地的征收或者征用，将集体建设用地转为国有建设用地。郑云峰、李健健（2011）认为现有法律对"公共利益"的界定含混不清，使得地方政府可以以"公共利益"为名，肆意征地，降低地方政府构建城乡统一建设用地市场的积极性③。

三、村镇建设用地管理中的政府职能定位研究

地方政府的职能定位不准确，使得地方政府在执行公共政策的时候，往往力图实现地方政府自身利益最大化，从而使得政策的实施偏离既定的目标方向。石晓平、曲福田（2005）指出，一方面政府集土地财产所有者和土地管理者于一身，在土地资源管理中扮演多种角色并从自身利益最大化的角度指定相应的土地政策；另一方面政府在土地利用公共政策和服务市场方面严重"缺位"，这种"错位"和"缺位"大大降低了土地资源配

---

① 李洪春、吕春光：《对村镇建设用地管理的若干思考》，《科技信息》2003年。
② 高圣平、刘守英：《集体建设用地进入市场：现实与法律困境》，《管理世界》2007年第3期。
③ 郑云峰、李健健：《建立城乡统一建设用地市场的研究》，硕士学位论文，福建师范大学，2011年。

置的效率，阻碍了城乡土地市场的发育①。郑云峰、李健健（2011）认为现阶段我国政府（特别是地方政府）对职能认识不清，存在着严重的"错位""缺位""越位"现象，并指出地方政府的"错位"与"越位"使其愿意并且极有可能继续推行征地制度，地方政府的"缺位"使城乡统一建设用地市场缺乏制度供给与市场环境。

第二节　村镇土地再开发和城市更新改造研究

一、国外城市更新改造的发展研究

19 世纪末期，由于西方国家的城市任意膨胀发展导致建筑密度增大，同时土地私有以及生产的无政府状态，使得城市建设杂乱无章，城市环境日益恶化，要求采取相应的措施。这一时期比较典型的旧城区改造的例子是法国巴黎的城区重建改造和英国伦敦旧城镇改造，但未能彻底满足城市工业化提出的新要求，也未能解决城市"贫民窟"问题和城市交通障碍。第二次世界大战以后直到 20 世纪 60 年代，西方许多城市曾经开展了以规模改造为主特征的"城市更新"运动，其重点包括中心区被毁坏部分的重建与贫民窟清理，最初的目的是为了恢复遭到 20 世纪 30 年代经济萧条打击和两次世界大战破坏的城市，特别是解决住宅匮乏问题。在当时由 CIAM（国际建筑协会）倡导的"现代主义"城市规划思想指导下，各国政府都曾拟定雄心勃勃的城市重建计划，而且这些计划莫不以大规模改造为手段，主张对城市中心进行大拆大改，在许多沉醉在现代主义城市规划思想中的规划师眼中，凭借工业革命以来积累的财富和技术，按照"科学"规划进行的大规模改造将彻底解决工业时代产生的"贫民窟"这类社会问题。然而，由于产生贫民窟的根本原因——贫困与就业问题并未得到解决，因此所谓的"清理贫民窟"并未取得真正的成功。20 世纪 80 年代的城市更新表现为

---

① 石晓平、曲福田：《经济转型期的政府职能与土地市场发育》，《公共管理学报》2005 年第 1 期，第 73 - 77 页。

对前期政策的修改和补充，突出特点是强调私人部门和一些特殊部门参与，培育合作伙伴。空间开发集中在地方的重点项目上，以私人投资为主，社区自助式开发，政府有选择地介入。大部分计划为置换开发项目，对环境问题的关注更加广泛。西方国家旧城镇改造主要是基于市场经济条件下进行的，但是市场的作用远没有解决城市问题。随着管治研究的兴起，从城市管治的角度关注城市发展与城市更新问题越来越受到重视。20 世纪 90 年代，在全球可持续发展理念影响下，城市开发进入了寻求更加强调综合和整体对策的阶段，建立合作伙伴关系成为主要的组织形式，强化了城市开发的战略思维，基于区域尺度的城市开发项目增加。

二、我国城市更新改造的进展研究

从 1949 年至今，我国旧城更新改造已近 70 年，经历了一个漫长而曲折的发展过程。新中国成立初至 20 世纪 70 年代，提出"充分利用、逐步改造"的建设用地改造和更新政策，主要着眼于棚户和危旧简陋房屋的改造，同时增添一些市政基础设施，以解决居民卫生、安全、居住等最基本的生活问题，但整体上维持现状，并未进行实质性的更新改造。20 世纪 70 年代后期至 80 年代末期，从老城区边缘向中心的"填空补实"方式进行了一系列标准低、配套不全、侵占绿地、破坏历史文化环境的城市建设。采用"拆一建多"的开发方式在老城区和新城区分别建设了一批多层盒装布局、兵营状的住宅区，以求用最少的资金解决最多数人的居住问题，但是"内旧外新""填空补实""拆一建多"等形式忽视了城市空间形态，破坏了城市机理，使得旧城生活环境恶化。20 世纪 90 年代以后，大规模快速的城市更新，对一直缺乏更新改造的城市中心区的更新改造力度加大，与国外第二次世界大战后期大规模推倒重建有许多相似之处。在多样性的动力推动下，旧城镇改造带来物质更新、城市空间结构调整、人文环境优化等包括社会、经济和文化等内容的多目标、快速更新，城市空间职能结构、环境等问题得到一定程度的改善，但也产生了大量负面影响，如中心过度开发、社区失去多样性、城市社会空间分化、受保护建筑遭到破坏、城市文脉被切断、城市特色消失而走向雷同等。

理论研究方面，进入 20 世纪 90 年代以来，由于经济体制转轨和大规模房地产开发的兴起，我国学术界涌现了许多从不同的研究角度和不同的研究内容出发的关于旧村居改造的理论研究与探讨。但大多数学者是针对城中村提出综合的改造对策或者结合相应的城中村改造实例研究改造对策。田莉从"加强村镇规划建设管理；城市向外围发展采取统一规划、统一征地、统一开发、统一管理方式；及早改造城市附近村镇；制定城中村法规；完善农转非后的社会保障"五个方面论述了如何防治城中村现象。敬东从城中村更新的目标、政策、规划方案三个方面提出了城中村改造的高、中、低三套方案，在土地利用中，对形体规划、工程规划领域加以界定，并提出了具体的对策。杜杰认为改造城中村应强调从发展决策、城中村的内在要求、体制、经济、文化、法治、组织和人事等方面入手解决城中村问题。李钊认为城中村改造过程中产权转变是关键，就地安置是重点，同时还要采取健全法律法规，给予优惠的政策，近、中、远期改造结合，多方案比较等措施。郭艳华认为应"转变农民发展观念，加强培训教育，建立社会保障机制，农村集体土地管理要纳入市场经济范畴，加大力度推进实施旧村改造，把村民自治引入良性循环的发展轨道，加强出租屋管理，建立暂住人口管理的网络系统"。李培林指出城中村的改造实际上是对政府、房地产商、村民三方面利益的平衡。吴英杰等提出了"土地收益与集体资产股份制改造相结合，由村集体和个人集资建出租公寓，兴建农民公寓，引入投资商进行开发并通过制定合理的产权分配结构进行各方利益分享，在物质形态改造后，进行各项其他后续工作包括社保建设、就业引导和文化教育等工作"。此外，李晴（2002）以珠海吉大村为个案，分析其演变的历程及存在的问题，对该村的古建筑住宅的历史价值进行了评估，确立了改造的目标，提出了保留具有历史价值建筑遗产的改造思路。阎小培（2004）等分析了广州城中村改造中出现的问题和矛盾，认为城中村问题的核心在转制以后村集体股份制公司的管理，以及村民的出路问题和适应外来流动人口需求的城市住房供给问题，提出了改造的新思路，即构建"政府—村民—开发商"的利益均衡机制以改造其物质环境，提供智力支持和教育补偿以改造村委会及村民的多样化模式。

总体看来，对村镇建设用地再开发和城市更新的研究实践多于理论。无论是西方第二次世界大战前期至后工业化前夕以形体规划为核心的大规模、激进式的非理性更新，以及后工业化时期在"人本主义"、可持续发展思想影响下强调功能的小规模、渐进式、社区规划、多元参与的理性更新，还是新中国成立以来，我国以局部危房改造、基础设施建设为主要目标内容的小规模形体更新，以及在多样性动力机制推动下逐渐朝向以包括物质性更新、空间功能结构调整、人文环境优化等社会、经济、文化内容的多目标、快速更新，都是针对城市不同发展时期存在的社会经济问题而提出的解决方案与措施，而且国内的研究目前还停留在针对城中村改造的层面上，在研究结论中列出的都是关于城中村带给城市发展的问题和必须尽快改造的理由。

第三节　村镇建设用地再开发产权问题研究

一、产权的功能与作用研究

产权，是随着 20 世纪中期新制度主义兴起以来，才被视作一个重要的分析工具而被引入到现代经济学的研究中。以科斯、德姆塞茨、诺斯等学者为代表的新制度主义经济学家对产权进行了深刻研究和理论归纳。在产权形成方面。德姆塞茨（1967）提出当内在化的收益大于成本时，产权就会产生，将外部性内部化[1]。布南坎（1989）认为，产权从能够有效地执行对窃盗惩罚的警察部门的强有力和合法的暴力中产生。在产权概念方面。科斯（1960）最先提出产权的概念，他认为产权是人们由于财产的存在和使用所引起的相互认可的行为规范以及相应的权利、义务和责任[2]。杰威尔

---

① 德姆塞茨：《产权论·经济学译丛》，商务印书馆，1993 年。

② R. H. Coase：The problem social cost，Journal of Law and Economics，Vol. 3，（Oct. 1960）．

（1961）对产权的本质做了解释，他认为产权不单纯是人与物或者人与财产之间的关系，而是由于有了物的存在以及物的被使用而引起人与人之间的一些被大众认可和接收的行为性关系①。诺斯（1994）指出产权是个人对他们拥有的劳动物品和服务占有的权利，而占有是法律规则、组织形式、实施行为及行为规范的函数。新制度经济学对产权的定义可以归纳为"产权是一束权利"，产权是与所有权并生的一系列权益，包括对资源的使用权和转让权，以及收益的享用权②。国内学者在产权内涵的研究方面也做出了巨大的贡献。黄韬（2010）认为，产权是由法律、习俗、道德等界定和表达的，得到人们相互间认可的关于财产的权利。它是主体围绕客体形成的经济权利关系，实质上都是产权主体之间的关系③。

二、我国集体土地产权及其特殊性研究

长期以来学者们对集体土地的性质存在多种认识，但总体方向均认为当前我国集体土地所有权性质模糊及集体土地所有权的主体不确定。丁关良、周菊香（2000）认为农村依法属于集体所有的土地归农民集体所有，集体是一种新型民事主体，是继自然人、法人、非法人团体之后出现的第四类民事主体，因此集体土地所有权是一种新型的所有权类型④。在对集体土地所有权主体的研究中，部分学者认为集体土地所有权应为村民个人所有，如黄爱学（2008）认为村集体经济组织、村民小组、村民委员会等只是本集体成员集体的代表机构⑤；还有部分学者认为，在我国集体土地所有权主体虚位，在现实中实际为国家有所有。马俊驹等（2007）认为国家作

---

① Alchian, A. A. Some Economics of Property, RAND P – 2316, Santa Monica, Calif.: RAND Corporation, 1961: 54 – 55.

② 朱熹平、陈英:《我国旧城改造中的产权问题研究》,《当代经济科学》2009 年。

③ 黄韬:《中国农地集体产权制度研究》,西南财经大学出版社 2010 年版。

④ 丁关良、周菊香:《对完善农村集体土地所有权制度的法律思考》,《中国农村济》2000 年第 11 期,第 59 – 65 页。

⑤ 黄爱学:《我国农村土地权利制度的立法思考》,《甘肃社会科学》2008 年第 2 期,第 24 页。

为社会管理的代表所拥有的土地终极所有权都应在经济上得以体现①。

关于集体土地产权制度的改革模式研究，存在国有论、私有论、多元所有论和集体所有论的争论②。国有论者主张在法律上重新界定集体土地产权主体，将土地收归国有，由国家实行土地永佃制。何炼成、何林（2004）指出，农村土地同城市土地一样，全部归国家所有，实行土地国有化；但农村土地的使用权和支配权应交给农民及其家庭，使其自行经营和支配，不规定年限，农民可以将土地使用权和支配权出租、转让、抵押、赠送、遗传③。私有论者主张将集体土地所有权直接赋予农民，由农民土地私有制取代家庭联产承包责任制。白秋霞（2005）认为，清晰的产权是市场有效运行的前提，而现实情况是我国土地产权模糊，只有界定所有权给农民，土地产权才能完全界定清楚④。多元所有论者主张突破集体所有和农户经营的框架，在有条件的地区将部分集体土地划归农民所有，从而形成集体所有和农民所有的多元化格局。郭紫薇和钟凯（2006）提出，集体土地所有权制度有其保留的现实基础；但是在一些土地贫瘠的贫困地区，为了遏制青壮年劳动力流失所带来的分散经营，应该打破禁区，确认农民对土地的法律所有权并允许自由买卖⑤。土地集体所有论者主张在维持土地集体所有和农户承包经营基础上，进一步从明晰产权主体和内涵，理顺产权关系和完善产权结构等方面进行集体土地产权制度创新。李淑贤（2003）通过对国有化、私有化进行驳斥来论证土地集体所有是当下唯一合理可行的集体土地产权制度改革模式。她指出，在实行土地国有化的过程中，如果采取无偿剥夺的办法必然会引起农民的强烈不满，如果通过购买的办法国家财

---

① 胡德平、马俊驹、杨春禧：《论集体所有权制度改革的目标》，《吉林大学社会科学学报》2007年第3期，第134页。

② 康雄华：《农村集体土地产权制度与土地使用权流转研究》，博士学位论文，华中科技大学，2006年。

③ 何炼成、何林：《我国现阶段农地制度探析》，《当代经济科学》2004年第3期。

④ 白秋霞：《对我国农村土地产权与土地改革的经济学思考》，《职大学报》2005年第3期，第85-87页。

⑤ 郭紫薇、钟凯：《我国农村土地产权制度的多元改革模式》，《国土资源》2006年第1期，第29-31页。

政也难以承受，同时国有化也无助于集体土地问题的解决；而农地私有化不利于农地的集中和流转①。当前，集体土地所有论作为一种主流观点，受到多数学者的支持，集体土地产权制度改革也是按照这一思路在逐步推进。

第四节　村镇建设用地再开发的市场交易规范研究

一、农村集体建设用地流转的基础理论研究

我国当下对村镇建设用地的市场交易规范研究主要集中于农村集体建设用地流转，以及构建城乡一体化土地市场方面，因此对集体建设用地流转相关理论的研究其实也是对村镇建设用地理论的研究。目前国内学者对集体建设用地流转的理论依据研究基本上达成共识，即将地租理论和土地产权理论作为集体建设用地流转的理论支撑。地租是土地所有权在经济上的实现形式，因此只要土地产权发生流转，就有绝对地租的存在，土地使用权的受让者就要向土地使用权的出让者支付一定的货币额，那么由此可知集体建设用地的流转应当是有偿的。土地产权理论是研究农村集体建设用地流转问题的基础，只有理清产权关系，明确产权主体，完善相关权能，才能真正发挥产权的激励功能，优化资源配置，降低市场交易费用。

除了将地租理论和土地产权理论作为集体建设用地流转的基础理论，也有一些学者试图从其他学科的角度对集体建设用地流转进行研究，丰富集体建设用地流转的基础理论。薛华、吴德夫（2004）将制度变迁理论和民法理论作为集体建设用地流转的基础理论。陈燕、李健健（2012）将城乡融合发展理论也纳入基础理论的范畴②。

---

① 李汝贤：《完善集体所有制：农地产权制度比较现实的选择》，《山西大学学报（哲学社会科学版）2003 年第 2 期。

② 陈燕、李健健：《中国城乡建设用地市场一体化研究》，博士学位论文，福建师范大学，2012 年。

二、破解农村集体建设用地流转困境路径的研究

目前村镇建设用地市场的主要困境是城乡建设用地市场的二元结构以及由此导致的一系列矛盾。因此要想建立起规范的建设用地市场就必须打破城乡建设用地市场的二元结构，而要打破城乡建设用地市场的二元结构首先要破解农村集体建设用地流转的困境。学者大都从产权、法律、市场组织、收益分配、政府职能五个维度对集体建设用地流转困境给出对策建议。从产权方面而言，要明确集体建设用地的产权主体，加强确权登记制度的实施，赋予集体建设用地更为完整的产权权能；从法律法规方面而言，要修改禁止集体建设用地入市流转的相关法律条款，制定规范集体建设用地流转的法律法规；从市场组织方面而言，要培育建设用地市场中介组织；从收益分配而言，要建立现代税收体系，将发展权导入农村建设用地制度改革，保障农民分享土地增值的收益；从政府职能而言，政府要明确自己的定位，突出"服务"功能，加强政策支持，为集体建设用地的流转创造一个良好的外部环境。

三、建设用地市场交易规范研究

集体建设用地"隐性市场"的存在使得建设用地流转过程收益分配关系混乱，交易成本过高，交易渠道不畅。因此，规范建设用地市场交易显得尤为重要。集体经营性建设用地流转市场交易平台是构建市场机制的重要内容，要推进集体经营性建设用地有序流转，必须要在公开的有形市场进行，保证市场交易信息公开，形成公平的竞争环境，构建完善的市场交易规则。具体实施中可以通过设立集体经营性建设用地中心保证交易平台的运行。

孙鹏（2011）认为我国集体建设用地交易，应分为初次流转和再次流转，并认为在集体建设用地初次流转时可参照国有建设用地进行招、拍、挂，与国有建设用地具有相同的入市标准，具有同等待遇，并且在初次流

转前要进行集体决策征得三分之二以上的集体成员或成员代表同意①。关于集体建设用地流转是否需要行政审批，各试点的规定都不一致，有些地方规定各个环节都不需要审批，有些地方要求初次流转需要审批，有些地方则强调无论初次流转还是再次流转都需要审批。也有学者提出根据用地面积大小来确定审批级别和审批机构，明确划分审批权限，制定合理的审批程序。2011 年广东省在《土地公开市场建设及交易程序规范政策储备研究成果报告》中更是进行大胆探索，提出："三旧"改造涉及办理供地手续的，可以采用"毛地"出让方式；原国有土地使用权人自行改造或与市场主体合作改造的，可以协议方式出让土地使用权；"三旧"改造用地涉及土地出让金的计收标准、方式，由市、县政府在统筹考虑征地拆迁成本的基础上合理制定。广东省从存量建设用地市场的交易对象、交易方式及交易税费三个方面，规范"三旧"改造用地市场，不仅提高了原土地使用权人释放土地的积极性，而且使得各方利益得以合理协调，推动"三旧"改造用地市场的高效运行②。

对于农村集体建设用地入市问题的研究是村镇建设用地市场规范研究的一个重要方面，也是当下研究的难点。只有破解农村集体建设用地入市流转的壁垒，才会使得村镇建设用地市场化水平提升，从而能够理清村镇建设用地市场的运行机理，为构建村镇建设用地再开发市场交易规范机制奠定基础。目前，不同学科的众多学者运用不同的理论对农村建设用地入市流转提出不同角度的建议，但是更多的是仅仅局限于本学科的角度进行研究，缺乏学科间的建议的协调。从实践层面而言，集体建设用地入市流转处于试点试验阶段，没有形成一套可以推广的经验理论。学者对于各地集体建设用地入市流转的试点缺乏比较分析，往往只是选择一个区域进行政策创新的研究。此外，对于村镇建设用地再开发市场主体界定、交易平台搭建，以及交易程序的研究文献比较少，这应该成为今后研究的重点之一。

---

① 孙鹏、徐银波：《我国集体建设用地流转态势与走向判断》，《重庆社会科学》2011 年第 203 卷第 10 期。

② 《关于广东省开展"三旧"改造政策储备工作情况的报告（粤府函 320 号）》，2011 年。

第五节　村镇建设用地再开发规划实施研究

一、关于规划编制、衔接及保障方面的研究

目前，对于村镇建设用地再开发规划的研究只是散见于个别文献中，再开发规划的研究是建立在原有村镇建设用地规划基础之上的。因此，对村镇建设用地规划的研究能够更好地推动村镇建设用地再开发规划实施的研究。对村镇建设用地规划的研究基本上是围绕"规划实施不力，规划不相协调"的问题探讨如何更好地发挥规划的引导作用。在我国当下的规划体系中，与村镇建设有关的规划主要包括：土地利用总体规划、城乡统筹规划、产业发展规划、村镇建设规划、土地利用年度实施计划、控制性详细规划、修建性详细规划，以及其他一些专项规划。规划是土地利用的先导，在如何充分发挥规划的作用方面，不同学者从规划的不同方面进行了探索，主要包括规划的编制、规划的衔接以及规划的保障机制三个方面。

从规划的编制方面而言，应增强规划编制的科学性，侧重指标控制的同时兼顾指标弹性，在编制规划中应明确不同的功能区，规划编制的目标要兼顾长远利益和近期利益，规划编制的依据要具有合法性，突出重点区域的规划。刘向南（2010）指出当前的规划尤其是具有控制性的土地利用总体规划，主要偏重于用地指标的控制管理，对规划布局上的弹性则考虑不足，致使规划僵硬而缺乏操作性，因此，在规划编制时应留有一定的弹性空间[1]。张四梅（2014）在分析如何强化集体经营性建设用地规划管理时指出，应依据《土地管理法》和《城乡规划法》，科学编制农村村镇建设规划和土地利用总体规划。

从规划的衔接方面而言，主要包括规划与实际的衔接和规划之间的衔

---

[1]　刘向南、许丹艳：《城乡统筹发展背景下的集体建设用地规划管理研究》，《城市发展研究》2010 年第 17 卷第 9 期。

接两个方面。规划管理的实施应建立在详细的实地调查基础之上，对于拟开发的存量建设用地要进行充分的可行性论证，同时应做好规划使用情况的监督检查和统计反馈工作。张怡然（2010）指出应根据各地不同的土地资源特征和群众生产生活习惯，编制利用总体规划。现实中，规划实施时存在不同层级规划之间打架的现象，使得规划的实施困难重重，因此，学者提出应加强不同规划之间的衔接。欧名豪（2000）认为要解决规划缺乏协调问题，就要加强规划的区域协调，将规划看作是一个开放的系统，实行区域城乡建设用地的整体控制。李洪春（2003）指出要做好城镇体系规划，明确村镇发展重点，与土地利用规划相衔接，合理确定村镇人口规模和用地规划。张四梅（2014）认为在村镇规划和土地利用总体规划实现相互衔接的基础上，编制控制性详细规划和修建性详细规划，保证项目的实施。

从规划保障机制方面而言，很多学者都认为我国缺乏保障规划实施的机制，就规划保障机制的设想缺乏探讨。黄德辉（2013）认为构建规划保障机制应从以下三处着手：首先，要调查摸底；其次，要编制科学合理的规划；最后，要确定开发操作方式。

二、规划管理问题研究

欧名豪（2000）在分析城镇化进程中的村镇建设用地问题基础上，认为城乡建设用地扩展在某种程度上处于失控的根本原因是规划约束不力，没有起到规划对用地的应用的控制作用[①]。李洪春（2003）指出我国村镇建设用地管理中，村镇建设规划起点不高，执行规划缺乏严肃性，与土地利用总体规划不相衔接，影响了基本农田的保护和村镇建设的发展。淡恒（2010）指出规划管理滞后，自上而下的规划体制限制农村、农民土地发展权。一方面，农村规划严重滞后于农村经济与建设发展的需要；另一方面，自上而下的规划体制限制农村、农民土地发展权。黄德辉（2013）认为一

---

① 欧名豪：《土地利用总量规划控制中的城乡建设用地规模》，《华中农业大学学报》2000 年第 38 卷 4 期。

些村镇、村庄建设缺乏具有前瞻性的科学规划，一任领导一个样，造成建设上布局散乱和建设用地的浪费[1]。赖寿华、庞晓媚在（2014）在"再城市化"背景下，对广东省"三旧"改造政策下的利益格局进行分析，指出"三旧"改造对城市规划体系的挑战主要在三个方面：总体规划不能统筹"三旧"改造的需求，分区规划和专项规划思路冲突，控规对实际开发控制缺乏指导意义。他们认为，分区规划是基于发展的视角进行规划，强调发展优先，缺乏对历史的保护；历史文化名城保护规划往往以保护的视角对历史文化名城保护提出详尽的建议，存在就保护论保护的立场。

三、村镇规划实施情况的研究

村镇建设用地再开发规划实施的路径可以分为三个阶段：第一个阶段是规划编制，这是村镇建设用地再开发规划实施的前提；第二个阶段是规划落实阶段，这是村镇建设用地再开发规划实施的核心；第三个阶段是规划反馈阶段，这是村镇建设用地再开发规划实施的重要方面。从当前的实践来看，很多规划是为了规划而规划，在编制过程中缺乏统一的基础和指导思想；导致在规划实施阶段，各种规划难以协调，规划打架的现象时有发生，损害了规划的权威性；规划经常被某些利益集团改动，很多规划都是一纸空文，规划的保障机制严重缺失。因此，对规划编制、规划协调，以及规划保障三个方面的研究是对村镇建设用地再开发规划实施重要节点的研究。学者们对于规划中存在的问题都已经做了大量研究和论述，但是，对于如何解决规划编制、规划协调等方面的研究较为宏观，对各个规划之间如何实现衔接，各个规划的编制层级，规划之间的关系缺乏进一步的研究。

在20世纪80年代末，我国进行了大量的村镇规划尝试。早在1993年国务院就出台了《村庄和集镇规划建设管理条例》，建设部于1994年颁布了《村镇规划标准》（GB 50188—93），但规划存在着严重的"城市中心"

---

① 黄德辉：《农村建设用地管理与"二次开发"》，《中国土地》2013年第3期。

偏向，一直对农村地区缺乏应有的关注。农村地区仍然是城乡规划研究的附属对象，研究内容松散，内部的关联性差，缺乏理论内核，大多停留在传统的经验式描述阶段，无法形成对村镇建设实践的指导作用。导致改革开放以后城乡差距不断扩大，引发越来越多的深层次结构矛盾。

近年来，我国已经充分认识到从根本上转变长期延续的"以农支工"的发展路径的必要性和紧迫性。党的十六届三中全会提出了包括城乡统筹在内的"五个统筹"战略思想，党的十七大明确指出："中国总体上已进入以工促农、以城带乡的发展阶段进入加快改造传统农业、走中国特色农业现代化道路的关键时刻，进入着力破除城乡二元结构、形成城乡经济社会发展一体化新格局的重要时期"。随着国家对村镇发展的重视，村镇规划处于大规模的实践探索阶段。21世纪初开展了社会主义新农村建设、"千村示范、万村整治"的村庄整治工作。之后，我国继而推出新的《村镇规划标准》（GB 50188—2007）和新的《中华人民共和国城乡规划法》，将村庄规划纳入法定规划体系。

然而，目前开展的村镇规划工作还存在诸多不足，主要表现在以下几方面：现有规划体系中缺乏村镇建设用地再开发专项规划，城乡规划重城轻乡、市镇脱节，乡镇规划、村镇规划过于关注居民点规划，忽视其他空间的安排；在规划过程中，所采用的主要引导手段，如空间管制、四区划定等适用性不强；目前规划全覆盖是以城市为中心的规划覆盖，侧重于城市建设用地覆盖，忽视农业用地、乡镇用地规划的覆盖，影响了农业土地规模经营以及农村集体土地流转。

从总体上看，国内在村镇建设用地再开发利用的研究和实践中，目前主要集中在21世纪初期的新农村建设和近期的村镇土地整治规划的研究。村镇建设用地再开发体系建设、规划规程及标准制订等研究薄弱，亟待完善。

四、村镇建设用地再开发评价研究

大量文献对村镇建设用地再开发的研究主要集中在两方面：一是农村

居民点整理潜力研究。关于对农村居民点整理潜力的研究，主要集中在农村居民点整理潜力评价标准和评价方法的研究。林坚、李尧（2004）提出应用分区、分模式、分设标准的"三分法"来测算农村居民点整理潜力①。但这种方法测算出来的是农村居民点整理的自然潜力，还需要构建潜力修正指标体系，实现由理论潜力向现实潜力的转变。朱玉碧、李航（2012）在分析影响农村人均建设用地因素的基础上，提出运用生态系数修正法对重庆市不同地域的农村人均建设用地标准进行调整，并采用人均定额法测算出 2008—2020 年重庆市 34 个区县农村建设用地整理的理论潜力，又采用现实潜力系数修正法，得出现实潜力②。二是"三旧"改造效益评价研究。"三旧"改造，即对使用效率低下、布局不合理、配置不完善的旧城镇、旧厂房、旧村庄等存量建设用地进行再开发、再利用③。自 2009 年广东省全面试点"三旧"改造以来，对"三旧"改造的研究和关注也越来越多，但目前关于"三旧"改造效益评价还比较少。雷霆、胡月明（2012）通过对比分析、实地走访、调查问卷等方式进行信息反馈，提出"三旧"改造实施评价指标体系需要符合 4 个原则，并在这四项原则的指导下构建了土地集约利用提升程度的评价指标体系和效益影响的评价指标体系④。高艳梅、李景刚（2013）基于对土地利用效益内涵认识的基础上，运用多因素分析法构建了土地利用效益变化的评价指标体系，并且运用权重标准化法对各个具体指标赋予一定的权重，使得评价指标具有可比性⑤。

这些学者对研究村镇建设用地再开发的管理模式、管理障碍、管理评

---

① 林坚、李尧：《北京市农村居民点用地整理潜力研究》，《中国土地科学》2007年第 21 卷。

② 朱玉碧、李航：《农村建设用地整理运作及制度创新研究——以重庆市为例》，硕士学位论文，西南大学，2012 年。

③ 田光明、宁晓峰、臧俊梅：《广东"三旧"改造实施机制与国际比较》，《广东土地科学》2014 年。

④ 雷霆、胡月明、王兵、王腾飞：《"三旧"改造实施评价的指标体系构建》，《安徽农业科学》2012 年。

⑤ 高艳梅、李景刚、张效军：《城市改造与城市土地利用效益变化研究——以佛山市禅城区"三旧"改造为例》，《生态经济》2013 年。

价，以及土地集约节约利用问题付出了巨大努力，并取得了积极的成果。首先，对村镇建设用地再开发管理的研究，探寻村镇建设用地再开发管理所存在的问题，总结村镇建设用地再开发管理模式，有利于提升村镇建设用地再开发管理水平，有利于扩大村镇建设用地再开发成果。其次，就管理模式而言，学术界的研究更多的是对各地实践方式的归纳总结，研究较为零散，研究水平较为初步，没有对各地的管理模式从更深层面进行系统化的研究。再次，对于管理障碍方面的研究，从现有文献看，多数学者认为规划约束性低，管理政策缺失以及政府职能界定不清是管理的三大障碍。但对于如何解决管理障碍，学者们虽然也提出了一些做法，但这些只是初步的、零散的，并不是系统的、完整的，对于事物层面具体的解决方式并没有进行研究。最后，通过对村镇建设用地管理评价的研究以及土地集约利用的研究，可以发现村镇建设用地潜力评价的研究是村镇建设用地再开发的前提，同时对村镇建设用地再开发效益的评价能够推动村镇建设用地再开发走向精细化。村镇建设用地再开发的目的是促进土地的集约利用，对土地集约利用的研究能够指导村镇建设用地的管理。土地集约利用的研究更多的是侧重于评价方法方面的研究，将土地集约利用的评价方法与建设用地再开发相结合，探寻建设用地再开发的评价方法将使得建设用地再开发的量化研究更进一步。也有学者将村镇建设用地再开发作为土地集约利用的一个方面，土地集约利用的研究能够更准确地把握村镇建设用地研究的方向。

第六节　简要述评

通过上述研究总结和归纳，可以得出以下四个结论：

第一，建设用地再开发实践多于理论，需要结合我国实践工作开展情况和制度环境特点，开展相关实践经验总结和理论研究工作。

第二，村镇建设用地再开发管理制度建设处于初步阶段。对村镇建设用地再开发管理的研究，探寻村镇建设用地再开发管理所存在的问题，总结村镇建设用地再开发管理模式，有利于提升村镇建设用地再开发管理水平，有利于扩大村镇建设用地再开发成果。但目前对村镇建设用地再开发管理的研究主要集中在管理模式、管理障碍和管理评价等方面，都是基于对村镇建设用地再开发实践的观察，是村镇建设用地再开发的初步研究。

第三，村镇建设用地再开发中的产权与市场交易是当前面临的难点问题。对于农村集体建设用地入市问题的研究是村镇建设用地市场规范研究的一个重要方面，缺乏横向比较的深入研究，使得集体建设用地入市流转的研究庞杂而不成体系，难以上升到理论角度。此外，对于村镇建设用地再开发市场主体界定、交易平台搭建，以及交易程序的研究文献比较少，这应该更成为今后研究的重点之一。

第四，村镇建设用地再开发规划实施管理问题尚未形成规范的体系。村镇建设用地再开发规划实施的路径可以分为三个阶段：规划编制阶段、规划落实阶段和规划反馈阶段。学者们从规划编制、规划衔接和规划反馈三个方面对村镇建设用地再开发规划中存在的问题都已经做了大量研究和论述，但是，对于如何解决规划编制、规划协调等方面的研究较为宏观，对各个规划之间如何实现衔接，各个规划的编制层级，规划之间的关系缺乏进一步的研究。

第三章　经济转型与建设用地再开发

改革开放 40 年以来，我国经济年均近 10% 的持续高增长，人均 GDP 从 200 美元增长到 5 400 美元，经济总量于 2010 年超过日本成为全球第二大经济体①。随着国民经济总量等基数增大，支撑经济发展的人力资源、自然资源，以及制度安排和经济政策等要素正在发生重大变化。进入经济发展新常态，土地生产性需求趋于减少，生活性、生态性需求显著增加，总需求仍然居高不下。但随着资源承载力逐步逼近"天花板"，严格保护和节约利用土地资源是大势所趋。为保障建设用地的有效供给，从增量扩张为主转为盘活存量与做优增量并举是必然选择，建设用地再开发利用将成为常态化。

第一节　理论基础

一、经济转型发展的理论

关于经济转型发展的理论研究始于 20 世纪 80 年代末期，苏联和东欧国家由计划经济向现代市场经济体制转型。这种转型不仅包含了经济转型，也包含了政治、文化等多方面转型。世界上许多著名学者都对这种现象进行了深入研究。经济转型研究涉及方方面面，从经济学的角度分析主要运用了新制度经济学、信息经济学、发展经济学和新古典经济学等前沿学科，

---

① 数据来源：《中国统计年鉴》。

产生了一门关于经济转型发展的经济学①。

（一）经济转型理论

经济转型理论包含了以下 4 种观点。

1. 激进经济转型理论

主流的新古典经济学认为，市场机制的核心是价格机制，价格机制是在市场运行过程中价格变动与供求变动之间相互制约的联系和作用，资源优化配置是实现市场经济正常运行的有效工具。在苏联和东欧经济转型之初，华盛顿共识是以新古典经济学为基础形成了转型经济理论和转型政策体系。按照以新古典经济学为基础的华盛顿共识，经济转型国家在转型过程中应采取严格的需求紧缩，放松监管、贸易自由化和实现私有化政策。总体思路是，在转型过程中放开价格和管住货币相结合，采取宏观经济稳定运行、国有企业私有化、价格自由化的转型策略，即经济转型实施"休克疗法"。为了有效实行"休克疗法"，华盛顿共识还提出，在货币政策上要大幅度缩减市场上货币供应数量，信贷市场实施高利率政策；在价格管制上，只保留少数涉及国家安全的重要商品实施国家定价，其他商品价格完全由市场定价；在财政政策上，逐渐减少国家财政补贴政策，减少财政预算赤字，此外还提出要全面改革国家财政税收体制和取消对企业工资限制等其他方面的政策及措施，以实现经济发展转型②。

2. 渐进经济转型理论

在苏联实施"休克疗法"以后，经济转型并没有达到华盛顿共识期望的结果，我国经济改革的实践成功使得以演进主义为主导思想的渐进转型理论得到发展。缪瑞尔（1992）认为渐进改革更有利于现有经济组织和经

---

① 任莘颖：《吉林省县域经济转型发展研究》，博士学位论文，东北师范大学，2016 年。

② 关晓光：《不同宪政秩序下的转轨路径与转轨绩效》，《财经研究》2006 年第 1 期，第 57–62 页。

济主体演进，同时渐进改革还具有利于保存信息存量、降低改革成本和风险、为改革方案的及时调整和纠正提供可能的优势；麦金农（1993）认为体制转型的重点在于改革的先后秩序，强调改革项目的先后秩序，且这种秩序必须具有一定的内在联系，只有在先完成某些项目的改革后，下面的项目才能够更好地进行，反对全面铺开，一蹴而就的改革措施；米切尔·爱尔曼（1996）认为转型的关键问题是结构问题，主要包括管理部门的结构、公司治理结构和社会保障体系等，他主张政府通过外部人员入驻公司提高并监督完善公司的日常管理，政府对官员采取积极的监管措施（包括明确官员的职权范围、提高录用标准、给予足以养廉的薪资等），建立稳固的银行体系，减少腐败和犯罪，通过拍卖的方式实现全面私有化等①。

按照演进主义渐进转型理论，由于知识和信息是有限的，是以分散的形态被社会成员占有，每个社会成员并不能有效地认识和掌控整个社会生活，因而最好的社会发展模式是顺其自然。在这种发展形态下，通过合乎理性设计进行大规模社会变革会带来灾难性的后果。要想实现社会经济转型发展，采取渐进性改革思路，通过整合社会，不断积累和加工已有信息，认识到每个社会成员拥有的信息和知识具有连续性，在经济转型过程中不断吸收原有制度体系中的合理部分，保持发展的连续性，而用一种与原有系统不同的运行方式强制改变现有的经济运行体制，使发展中断并不是可取的政策措施。

3. 新制度经济学的经济转型理论

新制度经济学将产权制度、市场经济制度和国家法律制度等现象纳入经济学分析视角当中，强调制度变迁在经济发展中的重要作用。新制度经济学在经济转型理论中也形成了自身的观点。根据新制度经济学关于经济转型的论述，经济改革的过程是在一定政治经济发展条件下，寻找改革成本最小的最优路径，成本分析成为主要工具。按照新制度经济学家热若尔

---

① 张得银：《流通业对珠三角区域经济转型的作用机制研究》，博士学位论文，深圳大学，2016 年。

·罗兰的观点，没有以适当的制度为基础的自由化、稳定化和私有化的政策，不可能产生所需要的结果。新制度经济学认为市场经济制度作为一种自由交易的制度体系，其中的制度结构框架是历史发展的必然产物。

4. 凯恩斯主义的经济转型理论

凯恩斯主义经济转型理论更侧重于转型发展中的产业改革、宏观经济调控、经济转轨秩序、经济发展中政府与市场关系等方面的问题。而这些问题更符合市场经济运行的现实。在凯恩斯主义经济转型理论当中具有代表性的是美国经济学家斯蒂格利茨转型经济理论。斯蒂格利茨经济转型理论的核心思想是，在经济转型过程中，首先要认清市场经济运行模式，而不是遵从并不相干的完全竞争范式。在经济转型中，市场竞争发挥的作用远大于私有化作用。由于经济转型中，社会成员信息不完全性存在，无论是国有企业还是私营企业同样都存在着激励问题[1]。由于经济转型中存在上述问题的制约，在转型中选择一种集中与分散相结合，国有因素与私有因素相结合的混合发展体制成为转型发展的必然选择。凯恩斯转型经济理论另一代表性人物马克·奈尔对经济转型采取的激进式改革及对自由市场盲从提出了批评，他认为，在转型发展过程中，社会成员之间的关系不仅仅是交易关系，更是一种生产关系；企业成为一种生产组织形式，市场则是从事交易的机构，两者之间不是相互替代，而是相互补充；在经济转型中，需要将市场价格机制、金融改革和发展战略相互结合作为转型的主要手段；私有化固然能够提升经济发展效率，但是国有企业作为市场经济活动中一种组织形式同样也会对市场信号做出积极有效的反应，这些都是在经济转型中不能忽略的主要因素。他认为，在经济转型中政府对经济发展的干预是必要的[2]。

---

① 史晋川：《论经济发展方式及其转变——理论、历史、现实》，《浙江社会科学》2010 年第 4 期，第 12 - 17 页。

② 孙景宇：《开放体系下的转型经济研究》，《南开经济研究》2005 年第 3 期，第 12 - 19 页。

（二）经济增长理论

关于经济增长相关理论主要有资本决定、技术进步、人力资本、结构效应和制度决定等理论，体现了经济学家对经济增长源泉的探寻成果。

1. 资本决定理论

资本决定理论的主要代表是哈罗德—多马模型。在 20 世纪 40 年代末期，哈罗德和多马根据凯恩斯经济增长思想提出了经济增长模型，对现代经济增长理论的产生有重大影响。1939 年，哈罗德注意到，在凯恩斯收入分析当中仅考虑了投资引起收入变动，但没有研究收入变动可能对下一轮投资的影响，并且哈罗德还注意到，以投资刺激需求增加实现总供给与总需求均衡的目标并没有考虑到总供给变化及可能出现新的均衡，因而传统分析是一种静态和短期均衡分析。哈罗德认为，投资引起国民收入倍增在本期内能实现就业平衡，但是投资增长由于扩大了总需求，由于乘数原理作用也刺激了总供给增加引起生产能力增加，不断增加的生产能力进一步带来下一期收入增长，根据加速原理，更多收入增长会转变为更多投资增加，以此累进。哈罗德认为，仅在本期的国民收入水平下，下一期国民收入难以提供充分就业，总供给与总需求不能保持平衡，要实现充分就业，下一期投资要大于上一期投资。在此研究基础上，哈罗德提出了"资本—产出比"概念，利用此概念来计算在下一期如果实现充分就业所需要增加的投资数量，从而实现投资与国民收入增长相适应。在哈罗德的模型中，进一步引入时间因素，用增长率、储蓄率代替国民收入、储蓄、投资水平，从而实现了凯恩斯理论的动态化与长期化。哈罗德—多马模型强调了生产要素的贡献，当实际经济增长与资本家意愿的经济增长率相等并且等于人口增长率时，才能处于经济稳定增长状态①。

---

① 王德平：《经济发展方式转变与科技创新研究》，博士学位论文，西南财经大学，2010 年。

2. 技术创新理论

技术创新理论首次由熊彼特（Joseph A·Schumpeter）在《经济发展理论》系统中提出。"创新"就是一种新的生产函数的建立，即实现生产要素和生产条件的一种从未有过的新结合。并将其引入生产体系。技术创新理论认为，在要素投入数量既定、资源配置处于帕累托最优的状态下，技术进步成为决定经济增长的关键要素。技术进步理论的代表人物埃吕尔认为，"技术已经成为一种自主的技术"，技术包含了某些它本来意义上的后果，表现出某种特定的结构和要求，引起人和社会做特定调整，这种调整是强加于我们的，而不管我们是否喜欢。技术循其自身的踪迹走向特定的方向。"技术构成了一种新的文化体系，这种文化体系又构建了整个社会"。目前，技术已经深入到经济社会发展生活的方方面面，支配、决定社会经济发展。在技术进步理论思想体系中有两种不同的观点，一种是技术乐观主义，另一种是技术悲观主义。技术乐观主义认为技术是能够解决一切问题并能够为人类带来幸福的保障。技术悲观主义则认为技术具有非人道的价值取向，现代科技发展最终会给社会及文化带来毁灭性的灾害。

3. 人力资本理论

20世纪60年代，美国经济学家舒尔茨和贝克尔创立了人力资本理论。人力资本理论的出现与发展为人类拓展生产能力提供了全新的发展思路。人力资本理论认为，与物质资本相比较，物质资本指物质产品上的资本，包括厂房、机器、设备、原材料、土地、货币和其他有价证券等；而人力资本则是体现在人身上的资本，即对生产者进行教育、职业培训支出，包含其在接受教育过程中出现的机会成本，表现为个体生产技能、管理与劳动水平、健康素质等人力资本存量的综合。人力资本理论强调人力资源在经济发展中的重要作用，人力资本也成为经济增长的重要源泉，其作为一个独立的要素进入到经济增长模型研究中来。

4. 制度变迁理论

20世纪70年代前后，旨在解释经济增长的研究受到长期经济史研究的巨大推动，最终把制度因素纳入解释经济增长中来。制度变迁理论经济学意义上的制度，"是一系列被制定出来的规则、服从程序和道德、伦理的行为规范"，诺斯称之为"制度安排"。制度安排指的是支配经济单位之间可能合作与竞争的方式的一种安排。制度安排旨在提供一种使其成员的合作获得一些在结构外不可能获得的追加收入，或提供一种能影响法律或产权变迁的机制，以改变个人或团体可以合法竞争的方式。制度变迁理论的代表人物诺斯等认为，技术创新与经济增长是对要素、产品相对价格长期内变化滞后的反映，而产权制度变迁是有效的经济组织为了弥补私人创新活动收益率低于社会创新收益率的反映。对于具有稀缺性特点的土地、劳动相对价格变化，需要对土地和劳动的产业进行新的制度性安排。在诺斯看来，经济发展过程中强调制度变迁比技术变迁更为根本。

二、土地利用方式转变的理论

（一）地租理论

地租是指使用土地而支付的报酬。不同时期，地租的性质、内容和形式也不同。目前地租理论主要包括古典经济学地租理论、新古典经济学地租理论和马克思主义地租理论。

1. 古典经济学地租理论

古典经济学完全代表产业资本家的利益。地租理论最早是英国古典政治经济学家威廉·配第（William Petty）提出的。实际上，威廉·配第是以地租形式表示的剩余价值论，他混淆了地租与剩余价值。亚当·斯密（Adam Smith）是最早系统地研究地租理论的古典经济学家，他指出地租是劳动生产物的扣除，正确地确定了工人的剩余劳动是地租的源泉。亚当·斯密认为地租是随着土地私有制的产生而出现的，土地是地主的资本，地租是土地资本所带来的利息，是资本主义社会里地主阶级的收入。但亚当·斯密的地租理论依然比较混乱。

大卫·李嘉图（David Ricardo）是最有影响力的古典经济学家，也是地租理论研究者中对地租研究最为充分的，他以他的劳动价值论为基础，首先提出了级差地租的概念，对级差地租进行了深入的研究。他认为，地租产生是由于土地具有有限性和土地丰度、位置不同这些特性。所以农产品的价格是由最少的生产条件下的必要劳动量决定的。由于土地有劣、中、优地之分，以及资本家的竞争，中、优地的产品价格相对劣地来说有一个超额利润，这个超额利润就转化为地租。他认为地租与利润关系是对立的，地租的增加必然造成利润减少；反之，地租减少就会使利润增加。

2. 新古典经济学地租理论

新古典经济学以边际效用价值论代替了古典经济学的劳动价值论。新古典经济学地租理论研究代表人物有约翰·贝茨.克拉克（John Bates Clark）、阿尔弗雷德·马歇尔（Alfred Marshall）等。约翰·贝茨·克拉克于 1900 年左右提出了著名的边际生产力分配理论，根据这个理论，土地的租金是由最后一个投入的土地单位的边际产出决定的，在数额上等于边际收益产品。约翰·贝茨·克拉克认为任何生产至少需要两种生产要素的相互配合，才能进行生产。当任何两种要素结合而生产出某种产品时，它们都对这种产品及其价值做出了贡献。地租就是土地这个生产要素对产品及其价值所做贡献的报酬。阿尔弗雷德·马歇尔认为地租是由原始价值、私有价值和公有价值三部分组成。原始价值是土地未经过任何人类改造的自然状态下的价值，是大自然赋予的收益，原始价值才是真正的地租，从而否定了地租的社会属性。他的理论存在一定的错误：一是只提出了级差地租，而未能考虑绝对地租；二是认为土地的稀有性，是带来地租的主要原因，同时又从土地的边际报酬出发，确认边际土地没有地租。但是，马歇尔首次论述了城市工商业的土地价值问题，提出了城市地租理论。

3. 马克思主义地租理论

卡尔·马克思（Karl Marx）的地租理论科学地揭示了资本主义土地所有制关系及其地租的本质。马克思主义地租理论是在批判和继承古典地租理论，特别是李嘉图的地租理论基础上创立起来的。他认为地租所反映的是一种社会关系，是土地所有者凭借其所有权对直接生产者所创造的超额利润的占有，它是土地所有权在经济上的实现形式，一切地租实质都是超额利润。地租产生的根本在于土地所有权的存在和垄断。垄断土地所有权的土地所有者，便占有农产品价值中超过社会平均生产价格的那部分超额利润。当土地所有权与使用权分离，那么不论土地本身条件优劣如何，只要向土地所有者租用了土地，就必须支付这部分差额，这就是绝对地租。因为土地等级不同而形成数量不等的地租，则是级差地租。级差地租分为级差地租Ⅰ和级差地租Ⅱ。级差地租Ⅰ是指在不同的地块上进行投资，由于不同地块的土地肥力程度和土地位置的优劣所形成的级差地租。在同一块土地上连续追加投资，每次投资的劳动生产率必然会有差异，只要高于劣等地的生产率水平，就会产生超额利润。这种由于在同一块土地上，各个连续投资劳动生产率的差异而产生的超额利润化为地租，即为级差地租Ⅱ。

按地租理论的观点，土地本身的土壤肥力的高低和土地区位的优劣，对土地的劳动生产率产生重大的影响，从而对土地的产出产生影响。土地的生产经营者对土地的投入水平不同，也同样会对土地的生产率产生重大影响。在改革开放前，由于抛弃了地租理论，认为建立了土地公有制，地租就不存在。我国土地的长期无偿使用是土地利用效率低，土地利用结构不合理的重要原因。地租理论对于土地资源的综合评价和合理开发利用，制定土地利用政策也具有重要的指导作用。

（二）区位理论

由于土地空间位置及土地利用的地域性差异，土地利用方式的转变必须考虑因地制宜地进行区位选择。区位指事物占据的空间位置，以及它与其他事物在空间上的联系，是事物所处的自然、经济和交通条件在空间上的综合体现。

区位理论产生的标志是 1826 年德国农业经济学家杜能发表的著作《孤立国同农业和国民经济的关系》，杜能在此书中首次将区位对人类经济活动的影响理论化，得出了农产品种类围绕市场呈同心圆状分布的空间配置模式，阐述了经济状况，特别是与市场的距离对农业土地利用类型和农地经营集约度的影响。继杜能之后，德国经济学家韦伯系统地研究了经济区位理论，并于 1909 年发表了《工业区位论》，他认为，与制造业选择区位有密切关系的主要是运输费用和劳动成本，运输费用包括所需原材料及燃料的运入和所生产的产品与副产品的运出，劳动成本即对工资的支付。这是两项巨大的生产成本，决定着工厂选择厂地的决定性因素。

20 世纪 30 年代，德国地理学家克里斯塔勒发表的《中心地理论》着眼于区域城市分布和城市间的关系，对市场、城市的综合布局与土地利用模式进行了阐述。发现了一地区域内的中心区在职能、规模、空间形态分布上会受市场、交通和行政原则的影响而形成不同的系统，这便是中心地理论。后来，德国经济学家廖什基于克里斯塔勒的理论，把市场需求当作变量探讨了区位体系，提出了自己的市场区位论。廖什的主要贡献是用利润原则来说明区位选择，他认为大多数工业区位是选择在能够获取最大利润的市场地域，他提出区位的最终目标是寻取最大利润地点。

区位理论在很大程度上影响着各种用地的安排，揭示了土地在一定用途条件下的空间分布规律。对于农业土地利用而言，区位理论是指导及调整农业生产和布局的理论基础，也是制定农业发展政策的重要依据；对于城市土地利用来说，区位更是起着决定性的作用，不仅影响了城市用地功能的配置，而且直接影响了用地企业的经济效益，同时也会对城市土地的开发程度，经济活动的集聚和互补产生决定性的作用。区位理论是指导土地资源合理配置的重要理论。

（三）土地产权理论

土地产权的理论基础是产权理论与地租理论，土地产权是土地财产界定的法律表现形式。土地交易的本质是土地所有权、使用权、处分权和收益权等的产权交易，各类权利在交易过程中可以自由组合或分离。地价是土地产权的交易价格。土地收益源于地租与土地产权。

明晰的产权是市场有效发挥作用的基础，也是土地利用结构调整和优化配置的关键。计划经济时代的土地制度为无偿、无期限的行政划拨，土地资产未被纳入经济范畴，不能自由流转，在此阶段，土地利用功能模糊混杂，土地集约利用水平普遍较低。改革开放后，随着我国土地管理制度不断改革，城市中的经营性用地实行全面有偿使用，土地资产评估系统逐步建立并步入正轨。土地区位、土地价值、竞争能力、土地利用效益越来越受到重视。土地产权理论是土地市场化的前提，也是土地利用集约化、优化布局的制度机制。在土地整治过程中，完善并明晰土地产权，切实保障土地使用权权利，是吸引社会资本投资必不可少的软环境，也是土地利用方式转变的关键。

三、环境友好型发展理论

环境友好型发展是一种人与自然和谐共生的形态，其核心内涵是人类的生产和消费活动与自然生态系统协调可持续发展，就是全社会都采取有利于环境保护的生产方式、生活方式和消费方式，建立人与环境良性互动的关系。

（一）可持续发展理论

现代可持续发展思想的提出源于人们对环境问题的逐步认识和热切关注，20 世纪六七十年代以后，随着"公害"的显现和加剧以及能源危机的冲击，几乎在全球范围内开始了关于"增长的极限"的讨论。在 20 世纪中期首先由欧洲一些发达国家提出"可持续发展"这一说法，1987 年，以挪威时任首相布伦特兰夫人为首任主席的"世界环境与发展委员会"，在对世界重大经济、社会、资源及环境进行系统调查和研究的基础上，在其研究报告《我们共同的未来》中正式将可持续发展定义为："既满足当代人需求，又不对后代人满足需要的能力构成危害的发展。"在 1989 年 5 月举行的第十六届联合国环境规划署理事会期间，通过了《关于可持续发展的声明》报告，对可持续发展的含义从发展的可持续性、发展的协调性和发展的公平性三方面作了充分的论述①。1992 年，联合国环境与发展会议通过了全球的可持续发展战略——《21 世纪议程》，可持续发展概念得到了进一步强化，并开始了其在世界范围内的研究热潮。1995 年，党中央、国务院把可持续发展作为国家的基本战略，号召全国人民积极参与这一伟大实践，将其提到一个新的高度②。

可持续发展是人类对工业文明进程进行反思的结果，是人类为了克服一系列环境、经济和社会问题，特别是全球性的环境污染和广泛的生态破坏，以及它们之间关系失衡所做出的理性选择。其战略思想就是在不危及后代需要的前提下，为最大限度地满足当代人的需求，在保持和提高环境质量的前提下，对自然资源、人力、财力进行优化再分配。可持续发展对策包括以下几个基本原则：协调性原则、持续性原则、公平性原则、可行性原则。可持续发展的重要标志是资源的永续利用和良好的生态环境。可持续发展要求在严格控制人口增长、提高人口素质和保护环境、资源永续利用的条件下进行经济及社会建设，保持发展的持续性。因此，保护好人类赖以生存与发展的大气、淡水、海洋、土地和森林等自然环境与自然资源，防治环境污染和生态破坏，是可持续发展的基本要求③。

（二）环境心理学理论

环境心理学又称人类生态学或生态心理学，是研究环境与人的心理和行为之间关系的一个应用社会心理学领域，着重从心理学和行为的角度，

---

① 陈进：《城市土地集约利用水平测试及其效率研究》，硕士学位论文，广东工业大学，2011 年。

② 张丽：《株洲市清水塘工业废弃地环境友好型植物景观设计研究》，硕士学位论文，中南林业科技大学，2014 年。

③ 李国鹏：《郑州市环境友好型土地利用评价研究》，硕士学位论文，四川农业大学，2009 年。

研究生活于人工环境中人们的心理倾向，把选择环境与创建环境相结合，研究环境和行为的关系，其目标是人类的行为与空间环境怎样达到"最适化"程度的问题。其主要包括五方面内容：

（1）环境和行为的关系问题。主要是对心理学领域从生态学角度提出的环境行为关系进行的修正性的考察。它更重视人工环境的限制，注重人在人工环境中如何行为的问题。

（2）怎样进行环境的认知问题。相对于由于不同发展阶段和不同创造方法，以及人的不同欲望而相异的环境认知，基于人的感觉属性而形成的环境认知是不可忽视的。这种环境认知似乎是以认知地图等为前提，并加入各种心理因素而形成的。

（3）环境和空间的利用。这个问题包括个人的感觉距离，其中有亲密距离、个体距离、社会距离、集团之内与集团之间的距离，以及信息交流的关系等。空间的利用还与不同的文化有关。

（4）怎样感觉环境和将哪一种环境认作是优良的环境意识问题。对现有环境的认识和体验可以说是经过生活实践而得的判断。这一点包含着相当复杂的问题。对环境的评价、判断往往是采取与周围的环境对比的形式掌握意识的结果而得以实现的。

（5）在已建造的具体环境中，人的行为和感觉问题。对这个问题的研究，必须考察不同的建成环境中存在着什么样的差别和具体的环境问题，以及在这些环境里人们是如何行为的。有时建成环境的极微小的变化也会导致人的行为发生很大的变化。

通过环境心理学理论可以更全面、科学地了解人与环境的心理和行为关系，辨析人对环境的各种需求，构建人与环境共生共荣、互利互惠的和谐、友好景观。

四、土地集约节约发展的相关理论

（一）土地报酬递减理论

边际报酬递减规律又称边际收益递减规律，是指在其他条件不变的情况下，边际产出随投入增加而表现出先上升后下降的规律，即如果一种投入要素连续地等量增加，增加到一定产值后，所提供的产品的增量就会下降，即可变要素的边际产量会递减。为达到集约利用土地的效果，就要增加对土地的投入。这时必然要考虑到土地报酬递减规律，确定合理的土地利用集约度，才能得到最优的综合效益。报酬递减规律即在科学技术水平不变的一段时间内，在连续的向同一块土地上增加等量的投资，开始时产量随之递增，但当追加的投入达到一定限度后，产量不增反减①。

17 世纪中叶，英国古典经济学家威廉·配第最早注意到土地报酬递减规律这一现象，他发现一定面积土地的生产力有一最大限度，超过这一限度之后，土地生产物的数量就不可能随着劳动的增加而增加了。到 18 世纪 70 年代法国重农学派代表人物杜尔阁对"土地报酬递减理论"进行了详细的描述：撒在一块天然肥沃的土地上的种子，如果没有做过任何准备工作，这将是一种几乎完全损失的投资。如果添加一个劳动力，产品产量就会提高；第二个、第三个劳动力不是简单地使产品产量增加 1 倍或 2 倍，而是增加 4 倍或 10 倍。这样，产品产量增加的比例会大于投资增加的比例，直到产量增加与投资增加的比例达到它所能达到的最大限度时为止。超过这一点，如果我们继续增加投资，产品产量也会增加，但增加得较少，而且总是越来越少，直到土地的肥力被耗尽，耕作技术也不会再使土地生产能力提高时，投资的增加就不会使产品产量有任何提高了。杜尔阁在分析"报酬递减"过程中体现了"边际"分析的思维，并且区分了"边际产量"和"总产量"，并精确地指出了"边际产量"与"总产量"在变动中的相互关系，最后，他指出在产品"边际产量"递减前存在递增的阶段，完整描述了报酬先递增，达到最大值后再递减，直到减少到零的变动过程。

随后，英国的威斯特在《论资本用于土地》这部著作中首次正式提出"土地报酬递减规律"。威斯特认为随着耕作的进步，农产品的增加变得更加昂贵了，也就是说，土地纯产品与总产品的比率是不断下降的。但是随

① 李亚男：《京津冀典型区县建设用地节约集约利用与节地模式研究》，硕士学位论文，中国地质大学，2017 年。

着耕作的进步，总产品和纯产品必定会持续增加，但是每份增量投资提供报酬的比例较少，结果，花费的资本越多，利润同资本的比例越小。此后西方经济学家以英国的马歇尔、美国克拉克、萨缪尔森、德国奥多尔布林克曼等的著作为代表，对这一规律作了进一步的解释和拓展。

从土地利用的全过程来看，土地报酬的规律在正常情况和一般条件下，应该是随着单位面积上劳动和资本的追加投入，先是递增然后趋向递减。在递减后，如果出现科学技术或社会制度上的重大变革，使土地利用在生产资源组合上进一步趋于合理，则又会转向递增技术水平与管理水平稳定下来，将会再度趋于递减。至于土地生产力的发展变化趋势，在土地合理利用条件下，总的趋势则是递增的，但利用不当也会趋于下降和衰退，关键在于科学技术和管理水平的主导作用。因此，要使土地产出更多的产品，提供最大收益，就需要了解和研究土地报酬规律的作用，合理组织集约经营和规模经营，为土地的合理利用提供科学依据[①]。

（二）规模经济理论

规模经济理论是经济学的基本理论之一，也是现代企业理论研究的重要范畴。规模经济理论是指在某个特定时期内，企业产品绝对量增加时，其单位成本下降，即扩大经营规模可以降低平均成本，从而提高利润水平。在我国，规模经济理论被广泛地运用到土地利用的研究。

从经济学说史的角度看，亚当·斯密是规模经济理论的创始人。亚当·斯密在《国民财富的性质和原因的研究》（以下简称《国富论》）中指出："劳动生产上最大的增进，以及运用劳动时所表现的更大的熟练、技巧和判断力，似乎都是分工的结果。"由于劳动分工的基础是一定规模的批量生产，因此，亚当·斯密的理论可以说是规模经济的一种古典解释。

真正意义的规模经济理论起源于美国，它揭示的是大批量生产的经济性规模。典型代表人物有阿尔弗雷德·马歇尔、张伯伦、罗宾逊和贝恩等。

---

① 谢惠芳：《土地用途转换与土地集约利用研究》，硕士学位论文，西南大学，2007 年。

马歇尔在《经济学原理》一书中提出："大规模生产的利益在工业上表现得最为清楚。大工厂的利益在于：专门机构的使用与改革、采购与销售、专门技术和经营管理工作的进一步划分。"马歇尔还论述了规模经济形成的两种途径，即依赖于个别企业对资源的充分有效利用、组织和经营效率的提高而形成的"内部规模经济"和依赖于多个企业之间因合理的分工与联合、合理的地区布局等所形成的"外部规模经济"。他进一步研究了规模经济报酬的变化规律，即随着生产规模的不断扩大，规模报酬将依次经过规模报酬递增、规模报酬不变和规模报酬递减三个阶段。

传统规模经济理论的另一个分支是马克思的规模经济理论。马克思在《资本论》第一卷中，详细分析了社会劳动生产力的发展必须以大规模的生产与协作为前提的主张。他认为，大规模生产是提高劳动生产率的有效途径，是近代工业发展的必由之路，在此基础上，"才能组织劳动的分工和结合，才能使生产资料由于大规模积聚而得到节约，才能产生那些按其物质属性来说适于共同使用的劳动资料，如机器体系等，才能使巨大的自然力为生产服务，才能使生产过程变为科学在工艺上的应用"。马克思还曾经指出："从经济观点来看，大规模地耕种土地，比在小块的和分散的土地上经营农业优越得多"。列宁也认同大生产优于小生产的观点，并指出："农业大生产只能在一定的限度内具有优越性"，"这些限度在各种农业部门中以及在各种社会经济条件下都各不相同"。显然，对于土地规模经济理论是规模经济理论的一个扩展，这对于选择适当土地生产规模，实现土地利用效率具有重要意义。

规模经济理论在土地集约节约利用中的运用，就是应该尽可能使土地利用处于报酬递增阶段，此时土地规模的扩大所能获得的经济利益，就是土地规模经济，这种现象反映在单位产品成本上，平均成本随土地经营规模而下降，属于规模经济阶段；平均成本随土地经营规模经营的扩大而上升，属于规模不经济阶段①。

---

① 傅小徐：《基于 DEA 模型的江西省土地利用效率研究》，硕士学位论文，江西师范大学，2010 年。

第二节　经济转型与建设用地再开发

一、经济转型与土地利用方式转变

转型（transformation）是一个跨世纪、跨国界的重要课题，近年来已经在国内外经济文献中大量出现，成为经济学研究中的一个热门话题，同时转型还是一个令人关注的社会问题，是 20 世纪后期影响人类命运的重大事件之一[①]。目前学术界对转型的理解概括起来可分为三种：一是强调经济形态的转型，即将转型理解为从较低层次的经济发展阶段向较高层次阶段的转变过程；二是强调制度形态的转型，即将转型理解为从计划经济体制向市场经济体制的转变过程；三是将转型既理解为生产方式的转变过程，又理解为经济体制的转变过程[②]。实际上，我国所处的转型期可理解为两方面的含义：一方面，我国转型的内涵既包括经济发展的转型，又涵盖制度的变迁，经济发展的转型主要指经济运行的方式由粗放式向集约式，由封闭式向开放式，由低速单程式向快速循环式转变；而制度变迁则是指经济体制的改革、政治体制的变革，以及社会制度的改变；另一方面，我国转型的目标是建立完善的市场体系、促进经济增长并改变经济增长的方式、提高经济运行的质量[③]。显而易见，我国的转型期就是从社会主义计划经济向社会主义市场经济转变的过渡时期，最终必将以计划手段配置资源转变为

[①]　赵红光、阎维杰：《中国转型期的特点及其对有组织科技活动的影响》，《中国软科学》2001 年第 11 期，第 85－89 页。

[②]　姜贤求：《转型期的中国宏观调控体系研究——从韩国实践中得到的启示》，博士学位论文，中国社会科学院，2002 年。

[③]　杨志荣：《土地供给政策参与宏观调控的理论与实证研究》，博士学位论文，浙江大学，2008 年。

市场手段配置资源，粗放式经济增长转变为集约式经济增长[①]。

已有研究表明，"在经济转型阶段，经济增长对城镇工矿用地增加具有较强的依赖性，同时经济增长又会反过来推动城镇工矿用地的拓展，经济增长与城镇工矿用地增加相互影响"；为推动经济持续发展，适量的土地资源不断地向建设用地转化是必要的。随着土地利用效率、集约水平的提高以及新技术的开发运用，何时才是最适规模呢？诸培新等（2002）根据可耗竭性资源理论研究耕地非农化时指出，只有当耕地非农化的边际收益等于边际成本时，才能确定社会最优耕地非农化的量[②]；李效顺等（2011）研究建设用地增长极限时指出，当边际土地利用（指每增加单位GDP所导致的建设用地增加量）变化率为 0 时，边际土地利用值达到最小极限，此时城镇工矿用地量将停止增加，即经济继续增长但建设用地停止增加的时刻[③]，建设用地的需求主要由存量建设用地再开发来满足。对于我国而言，这个时刻应该在 2047 年左右，即我国还要经过 30 年左右的时间边际土地利用值才能达到极小值，此时我国单位第二、第三产业增加值的城镇工矿用地量达到最佳状态（此后经济继续增长但城镇工矿用地总量停止增加）；而对于广东省来说，这个时刻则在 2038 年左右，早于全国平均水平。实际上，广东省在全国率先建设节约集约用地试点示范省，最早开展存量建设用地再开发（"三旧"改造）工作似乎印证了上述判断。

二、经济发展与建设用地再开发的规律

增量土地开发与存量土地开发的收益比较如图 3 - 1 所示。

---

① 吴福象、朱蕾：《技术进步、结构转换与区域经济增长——基于全国、广东和江苏投入—产出表数据的实证研究》，《上海经济研究》2014 年第 1 期，第 18 - 28 页。

② 诸培新、曲福田：《耕地资源非农化配置的经济学分析》，《中国土地科学》2002 年第 16 卷第 5 期，第 14 - 17 页。

③ 李效顺、张绍良、汪应宏：《中国经济转型阶段建设用地增长极限计量研究》，《自然资源学报》2011 年第 26 卷第 7 期，第 1 085 - 1 095 页。

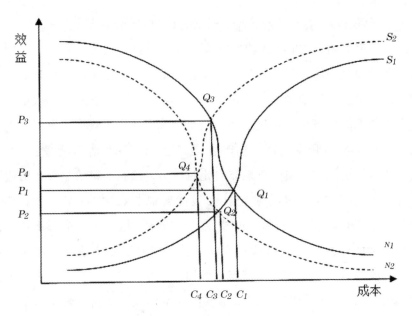

图 3-1　增量土地开发与存量土地开发的收益比较

其中，N_1 表示增量土地开发的净收益曲线，N_2 表示受到资源、环境、政策及法规约束情景下的增量土地开发的净收益曲线；S_1 表示存量土地开发的净收益曲线，S_2 表示受到政策扶持情景下的存量土地开发的净收益曲线。

在经济社会发展的初期阶段，由于土地后备资源相对富足，增量土地开发的成本相对很低，获得的净收益则相对较高；而此时，存量土地资源尽管十分丰富，但限于高额的开发成本和较小的开发规模，难以获得较高的净收益，甚至是负收益，因此，增量土地开发被优先作为土地开发的首选模式。随着时间的推移，土地后备资源日益减少，易于开发的土地后备资源逐渐消耗殆尽，增量土地开发的成本不断上涨，所获净收益也逐渐下降，而在此过程中，存量土地开发由于规模效应，土地开发的边际净收益不断提升，根据生产要素替代原理，直至增量土地开发带来的边际净收益与存量土地开发所得的边际净收益相等（即 Q_1 点之后），存量土地开发成了土地开发的优选模式。

伴随着自然资源的逐渐稀缺和经济增长方式从粗放型向集约型的转

变，资源红利正在逐步消退。在此背景下，资源开发与利用的宏观政策及相关的法律法规的导向发生了质的转变，资源高效、优质地开发、利用及配置成为政策首选目标，而这必将增加增量土地开发的成本，并压缩其效益空间，因此，增量土地开发的净收益曲线（N_1）在资源环境政策的约束下向下移动到 N_2，与存量土地开发的净收益曲线相交于 Q_2 点（$Q_2 <$ Q_1），显然，增量土地开发将更早地退出土地开发市场。另一方面，节约、集约、高效地开发利用土地资源已形成政策共识，政策红利将在低效、闲置的存量土地开发过程中不断释放，在资金、技术和人力等方面得以体现，这必将降低存量土地的开发成本和提升开发效益，因此，存量土地开发的净收益曲线（S_1）将向上移动到 S_2，与增量土地开发的净收益曲线（N_1）相交于 Q_3 点（$Q_3 < Q_1$），显然，如果有合适的存量土地开发扶持政策，低效、闲置的土地开发将会更早地进入土地开发市场。当然，如果能保持"推力"和"拉力"的共同作用，增量土地开发的净收益曲线（N_2）和存量土地开发的净收益曲线（S_2）将相交于 Q_4 点（$Q_4 < Q_2$、$Q_3 <$ Q_1），这意味着增量土地开发将更早地退出土地开发市场，而存量土地开发将逐渐成为主角，显然这将促进广东省建设节约集约用地试点示范省的尽早实现。

第三节 我国经济发展与土地利用关系

一、经济发展步入新常态

我国正在经历一场伟大的历史变革，其人口规模之大、变化速度之快、覆盖范围之广、影响程度之深、社会矛盾之复杂，在中国历史乃至世界历史上都是前所未有的，正所谓"千年未有之大变局"[①]。广东省作为经济大省、国家改革开放的前沿，同样经历着社会经济深层次变革。转型期间我

[①] 胡鞍钢、王磊：《社会转型风险的衡量方法与经验研究（1993—2004年）》，《管理世界》2006年第6期，第46－54页。

国乃至广东省的经济运行特点主要体现在以下几个方面：

（一）经济总量快速增长

我国自 1978 年以来，经济总量保持 40 年的快速增长，综合国力显著增强。1978—2013 年国内生产总值保持年均 9.9% 的增长速度，至 2013 年GDP 总量达到 9.18 万亿美元，位居世界第二位；而作为全国经济发展的排头兵，广东省自改革开放以来，经济总量高速增长，连续 26 年位居全国第一。1978—2013 年广东省地区生产总值保持年均 12.9% 的增长速度，至2013 年地区生产总值突破 1 万亿美元，占全国 GDP 总量 11%。如图 3 - 2所示。

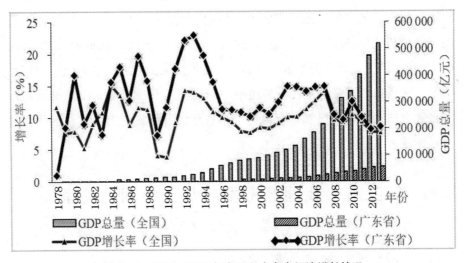

图 3 - 2　1978—2013 年全国和广东省经济增长情况

（二）转型期中国经济增长的主要动力是投资

经济增长的实质是指一国或地区经济在一定时期内实际产出量（包括生产的产品和服务）的增长和实际生产能力的增加。主流的宏观经济学理论则将一国或地区的经济增长归于消费、投资和出口的拉动，并形象地称之为拉动经济增长的"三驾马车"①。就全国和广东省的实际情况而言，从1978年以来的经济增长与投资增长的描述性统计来看（见图3-3），转型期间全国与广东省固定资产增长率与GDP增长率之间大体保持同步变化的趋势。而进一步的计量分析表明，在这"三驾马车"对经济增长的拉动贡献中，投资无疑是"三驾马车"中对经济增长贡献最大的。根据全国第一次经济普查调整后的数据计算②，全国固定资产投资对GDP的贡献率为48.1%，最终消费的贡献率为37.9%，净出口的贡献率为6.3%。邢新海（2007）采用中国1985—2004年的数据分析消费、投资、出口与经济增长的关系，得出投资、出口和消费对经济增长的贡献率分别为46.5%、31.4%和18.7%③。常建新等（2012）认为④在分析区域或国家的经济增长率及其来源时，应对各个地区的经济增长率及其来源进行加权处理，改进后的索洛增长模型对我国2000年以来的经济增长率及其来源的分析结果表明，资本的贡献率高达82.9%，而反映技术进步和经济增长质量的TFP贡献率仅为8.9%，这与蔡昉（2014）所做的估算基本一致⑤，其认为在1982—2010年全国GDP增长中，资本投入的贡献率为71%，劳动投入的贡献率为7.5%，人力资本贡献率为4.5%，人口抚养比贡献率为7.4%，全要素生产率贡献率为9.6%。因此，从国内已有的研究来看，进入"换挡期"的中国经济增长的主要动力来源仍是投资。

---

① 章小的：《中国经济波动的原因及其货币政策调节》，硕士学位论文，浙江大学，2001年。

② 杨志荣：《土地供给政策参与宏观调控的理论与实证研究》，博士学位论文，浙江大学，2008年。

③ 邢新海：《经济转型期政府土地供应参与宏观调控》，硕士学位论文，清华大学，2007年。

④ 常建新、姚慧琴、李丹丹：《经济增长率及其来源分析方法的新改进——加入地区权重的索洛增长核算模型及中国的实证》，《西部论坛》2012年第22卷第1期，第67-73页。

⑤ 蔡昉：《拨开经济悲观论的雾霾》，《求是》2014年第14期。

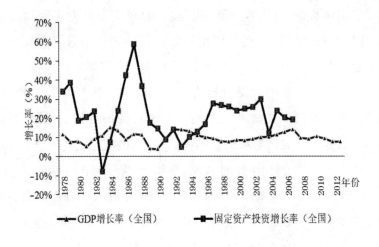

（a）

（b）

图 3-3　1978—2013 年全国和广东省固定资产投资情况

（三）产业结构和就业结构不断优化

在我国的经济转型过程中，产业结构与就业结构始终处于不断地调整和演变之中，由第一产业不断向第二、第三产业转变，即正处于传统产业结构逐渐向新型产业结构转变的过程中。无论是从产业结构，还是就业结构的变迁来看，广东省都明显早于全国实现了产业结构升级，第一产业产值所占比重在 2000 年时已低于 10%，其从业人员比例也明显低于全国平均水平；但从第三产业的产业结构和就业结构来看，尽管在 2000 年以前广东省相较于全国平均水平表现出一定的先进性，但 2000 年以后这种先进性已逐渐消失，甚至被反超，这表明广东省在转型过程中，产业结构优化升级仍是一项重要的历史任务（见表 3-1）。

表 3-1 经济转型期全国和广东省产业结构与就业结构变化

年份	全国						广东省					
	第一产业		第二产业		第三产业		第一产业		第二产业		第三产业	
	产业结构	就业结构	产业结构	就业结构	产业结构	就业结构	产业结构	就业结构	产业结构	就业结构	产业结构	就业结构
1978	27.9	70.5	47.9	17.3	23.7	12.2	29.8	—	46.6	—	23.6	—
1985	28.4	62.4	42.9	20.8	28.7	16.8	29.8	70.7	39.8	17.1	30.4	12.2
1990	27.1	60.1	41.6	21.4	31.3	18.5	24.7	53.0	39.5	27.2	35.8	19.8
1995	20.5	52.2	48.8	23.0	30.7	24.8	14.6	41.5	48.9	33.8	36.5	24.7
2000	15.9	50.0	50.7	22.5	33.2	27.5	9.2	40.0	46.5	27.9	44.3	32.1
2005	12.6	44.8	47.5	23.8	39.9	31.4	6.3	32.1	50.3	38.1	43.3	29.8
2010	10.1	36.7	46.7	28.7	43.2	34.6	5.0	26.6	50.0	39.4	45.0	34.0
2013	10.0	31.4	43.9	30.1	46.1	38.5	4.9	23.0	47.3	41.9	47.8	35.1

数据来源：历年中国统计年鉴、广东省统计年鉴。

（四）资源配置途径由计划为主向市场为主转变

在我国经济转型过程中，经济运行市场化程度不断提高，市场逐渐成为资源配置的主要途径。国内学术界也对中国市场化程度进行了估算，曾学文等（2010）从"政府行为规范化""经济主体自由化""生产要素市场化""贸易环境公平化""金融参数合理化"五个方面构建了中国市场化测度指标体系，研究发现，我国改革开放经历了一个快速市场化的进程，市场化指数从 1978 年的 15.08% 上升到 2008 年的 76.40%，改革均取得了长足进展，为市场在资源配置中基础性作用的发挥创造了极为有利的条件①。另据学者估算21世纪初中国经济市场化程度为60%左右，按学界关于市场经济的划分，我国经济已处于转型后期的市场经济，在国际上大体可跻身为市场经济国家②。中国经济改革研究基金会国民经济研究所曾连续对中国市场化程度进行了连续性的系统研究，其发布的第6份报告《中国市场化指数——各地区市场化相对进程2011年报告》中数据显示③，2007—2009年我国的市场化指数由6.92上升到7.34，但增长幅度明显放缓。其中，广东省的市场化指数从1997年的6.29上升到2009年的10.42，全国的排名在2002年之前一直位居首位，但自2003年开始排名下滑，至2009年全国排名已下降至第4位。

另一方面，转型期间土地市场化程度不断提高。2001年以前，国有土地配置政策以行政划拨的政府配置和协议出让的准市场配置为基本特征，其后，国有土地供应特别是经营性土地供应，则进入了以招标、拍卖、挂牌（简称招拍挂）出让为基本形式、以市场形成价格为核心的典型的土地资源市场配置阶段。从2001年5月9日的《国务院关于加强国有土地资产管理的通知》为发端，到国土资源部2002年发布《招拍挂出让国有土地使用权规定》，2003年发布《协议出让国有土地使用权规定》，2004年初《国土资源部监察部关于继续开展经营性土地使用权招拍挂出让情况执法监察工作的通知》，再到2004年10月国务院《关于深化改革严格土地管理的决定》，国有土地供应的市场特征十分明显，土地资源市场配置的制度基本确立，国有土地招拍挂的市场交易规则普遍建立，交易活动相当活跃，交易范围不断扩大，市场交易结构相对合理，市场交易价格结构稳中有升，招拍挂市场发展势头旺盛。学术界对我国土地市场化程度也进行了估算，许

---

① 曾学文、施发启、赵少钦等：《中国市场化指数的测度与评价：1978—2008》，《中国延安干部学院学报》2010年第4期，第47—60页。

② 杨志荣：《土地供给政策参与宏观调控的理论与实证研究》，博士学位论文，浙江大学，2008年。

③ 樊纲、王小鲁、朱恒鹏著：《中国市场化指数——各地区市场化相对进程2011年报告》，经济科学出版社，2011年。

实等（2012）根据 2003—2009 年全国及各省份的土地市场交易情况[①]，测算得出全国土地市场化水平由 2003 年的 27.12% 上升到 44.85%，其中广东省土地市场化水平则由 2003 年的 34.37% 上升到 51.34%，一直高于全国平均水平。但钱忠好等（2012）在一级土地市场市场化测度基础上增加了对农地非农化市场化的考察，通过对我国 2003—2008 年土地市场化综合水平进行测度分析发现[②]，在此期间我国土地市场化综合水平呈现出先上升后下降趋势，总体上由 2003 年的 22.26% 下降到 2008 年的 20.47%，其中，广东省的土地市场化水平变化趋势与全国趋势基本一致，大体上由 2003 年的 27.16% 先上升到 2006 年的 33.92%，再下降到 2008 年的 18.28%，而究其根源，主要是农地非农化市场化水平有所下降，这显然与政府不断强化对农地非农化的管制有关。因此，从总体来看，转型期间全国以及广东省的一级土地市场化水平有所提高，这主要得益于我国一级土地市场化改革进程的不断推进，而不断强化对农地非农化管制，尤其是土地财政的指挥棒极大地刺激了地方政府利用分割的城乡土地市场政策与民争利，这表明在现行的土地制度安排下，我国土地市场化改革仍然步履维艰、任重道远。

综上所述，可以说经过 40 年的发展和转型，我国社会生产力、综合国力和人民生活水平都上了一个新台阶，市场供求关系、体制环境和对外经济关系都发生了重要的变化，为开始实施现代化建设第三步战略部署奠定了良好的基础。但从我国经济转型历程来看，经济的高速增长、大规模的投资驱动、产业和就业结构不断优化以及资源配置的市场化程度等方面，都使得我国转型期的宏观经济运行的轨迹带有明显的"高速—非协调—非良性"的特点。其中，"高速"是指我国宏观经济在尽可能短的时间内获得了尽可能快的增长，这一方面指我国在相对短的时间内完成了发达国家需经历百年时间完成的同样的城市化、工业化过程，另一方面则是从宏观经济总量的增长速度来看，连续保持了 40 年 9.9% 的经济增长。"非协调"则

---

① 许实、王庆日、谭永忠等：《中国土地市场化程度的时空差异特征研究》，《中国土地科学》2012 年第 26 卷第 12 期，第 27 – 34 页。

② 钱忠好、牟燕：《中国土地市场化水平：测度及分析》，《管理世界》2012 年第 7 期，第 67 – 75，95 页。

是指经济增长过程中对投资驱动的过度依赖。在 40 年的高速增长过程中，固定资产投资始终保持在 20% 以上的增长率，"高投入—高消耗—高产出"模式成为我国经济增长的基本保障，显然此种模式在人地矛盾日益突出、资源环境约束不断增强的背景下难以为继。"非良性"则是指市场化改革并未完全实现良性发展。尽管经过改革开放 40 年的努力，我国的市场化改革取得了令人瞩目的成就，但也不得不看到在土地市场化进程中遇到的重重阻力，尤其是现行土地财政制度下政府强权对农地非农化市场的过度干预，我国土地市场化改革仍然是步履维艰。

二、土地利用方式转变

我国的政治、社会、经济领域发生的巨大变革，必然导致土地利用方式的剧变，也将深深地烙印于土地利用格局之上[①]。在转型期间，我国土地供应正遭受土地资源利用和保护的种种限制，另一方面也顺应国家政策的良好发展契机，这就给土地资源管理提出了更高的要求。面对新的形势，必须审时度势，以落实科学发展观，建立资源节约型、环境友好型社会为指导思想，改变粗放的经济增长方式和土地利用模式，节约、集约利用土地，缓解高速经济增长和快速城市化对土地资源需求的压力；全面实施"五个统筹"，改善和协调区域间、城乡间、人与土地间的关系；同时不断完善科技创新环境，通过对土地的科技投入，盘活存量，深挖潜量，变对土地量的依赖为质的升华[②]。

经济转型以来，中国经济建设取得了举世瞩目的成就。但是，伴随着人口增加，工业化、城镇化进程的加快，建设用地规模也迅速膨胀，并出现了城乡建设用地"双向扩张"、土地低效利用与闲置等诸多问题。据 2009年全国第二次土地调查数据显示，与第一次调查相比，全国建设用地从

---

① 丁声源：《重庆市土地利用变化及驱动力研究》，硕士学位论文，西南大学，2007 年。

② 王明：《经济转型过程中宽城区土地利用方式变化研究》，硕士学位论文，东北师范大学，2012 年。

2 918.0 万 hm² 增加到 3 500.0 万 hm²，增加了 581.9 万 hm²，其中，增加较快的为城镇用地，13 年间增加了 278.53 万 hm²，而农村居民点用地不降反增，增加了 12.25 万 hm²。另据统计，1996—2005 年中国城镇人口年均增长 4.66%，而城市建成区面积年均增长 5.43%，城市建设用地面积年均增长 5.06%，均超过城镇人口增长速度①。正如王世元同志所指出的，"十多年间，通过适度投放增量，每年大体上在七八百万亩建设用地总量，着力盘活存量，存量利用情况也基本上在 200 万亩左右，共同支撑了工业化、城镇化和农业现代化的发展，现在反映出来土地利用粗放问题，也是阶段性的一个很明显的特征"。学术界也对我国的土地利用效率给予了关注，赵晓波（2013）通过构建全要素土地利用效率模型对我国土地利用效率进行了评价，在 1985—2011 年，与国际上高收入和中等收入的 28 个国家相比，我国的全要素土地利用技术效率值仅高于秘鲁，低于金砖四国中其他国家，位于倒数第二；而从省际层面来看，广东省全要素土地利用相对效率和建设用地相对效率均排在第 6 位②。由此可见，转型期内我国土地粗放利用的方式并未发生根本性转变，尽管经济增长对建设用地扩张的依赖已有减弱趋势③，但以土地利用方式转变促进经济转型升级，进一步提高我国经济综合竞争力和可持续发展能力的世纪任务仍然艰巨。

广东省作为改革开放的最前沿，经济发展速度居全国前列，在经济总量上取得了辉煌的成就，但也出现土地资源不足、资源严重短缺、人口负担过大和环境透支严重等问题，旧的"资源消耗开发"的模式已无法继续实行。走低能耗、可持续的产业发展之路，是广东省经济保持平稳快速增长的基本条件。2008 年 5 月，广东省积极应对国际金融危机的影响，提出"双转移"的产业发展战略，通过对生产要素进行调整、产业区域之间的转

---

① 杜官印、蔡运龙：《1997—2007 年中国建设用地在经济增长中的利用效率》，《地理科学进展》2010 年第 29 卷第 6 期，第 693 - 700 页。

② 赵晓波：《中国全要素土地利用效率计量分析》，博士学位论文，辽宁大学，2013 年。

③ 李效顺：《基于耕地资源损失视角的建设用地增量配置研究》，博士学位论文，南京农业大学，2010 年。

移实现产业升级，发挥要素重置效率，推动经济发展方式转变，努力促进广东省经济又好又快地发展。处于社会经济深刻变革中的广东省，也在接受着经济转型及城市化发展对土地利用方式带来的冲击①。

第一，转型期内广东省建设用地快速增加，尤其是城镇用地。据统计，从 1987—1996 年的 9 年时间，广东省建设用地共增长了 16.57 万 hm^2，占土地总面积的 1% 左右。建设用地占用耕地数量也日益增加，特别在 20 世纪 90 年代初期，伴随开发区过滥、城镇发展规模过大、房地产过热等现象，以及对土地非法乱占乱用的歪风，广东建设用地占用耕地的数量一度出现了高峰。1996 年广东建设用地总量 142.56 万 hm^2，至第二次广东省土地调查，全省建设用地达到 184.85 万 hm^2，增长了 29%。其中，城镇用地增加了 39.67 万 hm^2，占建设用地增量的 93%，而独立工矿用地减少了 16.57 万 hm^2，城镇用地的快速扩张是造成广东省建设用地增加的主要原因。现有研究表明②，城市建设用地对我国经济增长的贡献是显著的，贡献率达 11.01%。广东建设用地增长与经济发展同样紧密相关。1996—2006 年 10 年间广东第二、第三产业产值增加了 2.87 倍，年均增长率为 16.05%；同期，建设用地增加了 22.95%，年均增长率为 1.90%。建设用地相对第二、第三产业产值增长的弹性系数是 0.13，即建设用地每增加 0.13% 的用地，第二、第三产业就可增加 1 个百分点的产出③。尽管有研究指出建设用地规模增加的主要动力源于地方政府对土地财政的严重依赖性和我国的快速城镇化④，但仍不可否认建设用地扩展对经济增长的贡献，在相当长的时期内有其合理的一面。

第二，转型期内广东省建设用地效率不断提高。广东省建设用地产出

---

① 王灵芝、严明、刘惠清：《吉林省经济转型中土地利用变化的机制分析》，《东北师大学报（自然科学版）》2011 年第 43 卷第 4 期，第 147 – 153 页。

② 丰雷、魏丽、蒋妍：《论土地要素对中国经济增长的贡献》，《中国土地科学》2008 年第 22 卷第 12 期，第 4 – 10 页。

③ 张虹鸥、叶玉瑶、杨丽娟：《广东 30 年建设用地增长对经济发展的贡献》，《经济地理》2008 年 28 卷第 6 期，第 904 – 908 页。

④ 陈玉福、谢庆恒、刘彦随：《中国建设用地规模变化及其影响因素》，《地理科学进展》2012 年第 31 卷第 8 期，第 1 050 – 1 054 页。

率（单位面积建设用地第二、第三产业产值）从 1996 年的 41.38 万元/hm²
提高到 2006 年的 140.53 万元/hm²，是全国平均水平（37.60 万元/hm²）的
3.74 倍。但是，广东土地利用效率与世界先进国家相比，还有较大的差距。
据有关资料推算，美国、日本、新加坡及西欧和大洋洲等大多数工业先进
国家及地区建设用地的产出率普遍在 1 000 万元/hm² 以上水平，是广东平
均水平的 7 倍①。显然，广东省建设用地集约利用水平仍有改进空间。

第三，转型期内广东省建设用地增长空间有限。叶玉瑶等（2008）研
究了粮食安全、土地开发适宜性，以及综合生存环境等不同条件约束下的
珠江三角洲建设用地最大供给量与供给约束。其结果表明，珠江三角洲地
区建设用地开发利用极限为 97.12—110.57 万 hm²，占全区土地总面积的
23.30%—26.52%，其中尚未建设利用部分为 21.08—34.53 万 hm²。如果
参照 1997—2004 年珠三角各市年均新增建设用地的话，全区平均尚未建设
利用的土地最多只能供给 13 年使用，其中珠海市、佛山市和中山市只能供
给 3—4 年，深圳市和东莞市只能供给 7—8 年，广州市只能供给约 13 年；
如果再考虑用地区域与供地区域可能不重叠的话，则土地可供时间更短，
上述诸市很快将陷入无地可供的境地。理论上的证明或许让广东省仍心存
侥幸，然而现实的规划要求则无法回避。根据《广东省土地利用总体规划
（2006—2020 年）》，1996—2005 年，广东省建设用地增量年均 3.22 万 hm²，
而《全国国土规划纲要》下达广东省 2006—2020 年的年均建设用地增量仅
1.94 万 hm²，与历史用地情况相比，建设用地增量规模存在比较大的缺口。
如按照土地利用更新调查数据，历史的年均用地量更大，实际可利用的建
设用地增量会更少，建设用地供需矛盾更加突出。要实现广东省的经济社
会发展目标，必须从存量中找增量，采取切实有效措施，提高土地利用效
率和效益，走节约集约用地之路。

土地节约集约利用是生态文明建设的根本之策，是新型城镇化的战略
选择。党中央、国务院高度重视土地节约集约利用，针对我国经济发展进

---

① 张虹鸥、叶玉瑶、杨丽娟：《广东 30 年建设用地增长对经济发展的贡献》，《经
济地理》2008 年第 28 卷第 6 期，第 904－908 页。

入新常态，处于经济增长换挡期、结构调整阵痛期、前期刺激政策消化期"三期叠加"的阶段特征，对大力推进节约集约用地提出了新要求。广东省必须加快园区转型升级步伐，支持国家级、省级开发园区整合分散资源，提高集约发展水平，进行"二次创业"，推进各类园区功能叠加、资源共享和优势再造，大幅度提高投入产出率、劳动生产率和资源利用率。同时，应转变用地方式和增长方式，提高单位土地面积的产出率，并坚持最严格的耕地保护制度和最严格的节约用地制度不动摇，从根源上摒弃城市简单化地外延扩张的观念，努力提高城镇现有土地利用率，城镇建设用地要坚持科学规划，严控增量，盘活存量，节约集约，严格管理，绝不能突破国家土地利用规划和年度用地计划，损害农民的土地权益，坚决遏制违规、违法用地现象。

第四节　建设用地再开发驱动因素分析

一、社会经济发展与建设用地再开发的关系

社会经济的快速发展是存量建设用地再开发的外在动力，节约集约用地方式的转变是存量建设用地再开发的内在需求。因此，本节将从"推力"和"拉力"两个方面定性与定量分析广东省社会经济发展与其建设用地再开发间的关系。

首先，从拉力角度来看，目前我国经济发展处于转型时期，投资仍是经济发展的重要驱动力，为此，本节以地区生产总值（GDP）、固定资产投资以及人均地区生产总值（人均 GDP）来反映社会经济发展水平，并分析其与建设用地再开发规模的关系。

从图 3-4 可见，地区经济发展总量与存量建设用地再开发（"三旧"改造）的规模及其投资规模均呈正相关关系，即经济发展总量越高的地方存量建设用地再开发的规模及其相应的投资规模也越高，相关分析结果显示，两者的相关系数分别为 0.402、0.753，在 1% 水平下显著（P < 0.01），

这说明地区经济发展总量规模直接影响着存量建设用地再开发规模及其投资规模，相对来说，对存量建设用地再开发的投资规模影响更大。

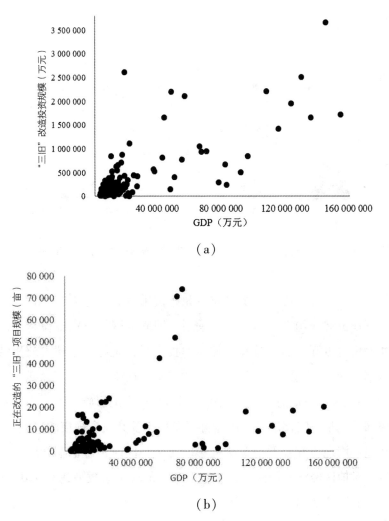

（a）

（b）

图 3 - 4　地区生产总值（GDP）与存量建设用地再开发规模及投资规模的关系

从图 3 - 4 可见，地区经济发展总量与存量建设用地再开发完成规模的关系并不明显，相关分析也表明两者几乎不存在相关关系（r = 0.089，P = 0.322），这说明存量建设用地再开发的完成情况并不依赖于地方经济发展总量，可能更多地受制于其他因素。

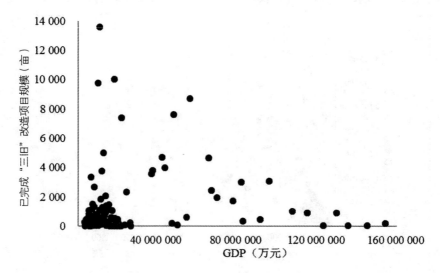

图 3 - 5　地区生产总值（GDP）与存量建设用地再开发完成规模的关系

　　从图 3 - 6 可见，固定资产投资与存量建设用地再开发（"三旧"改造）
的规模及其投资规模均表现为正相关关系，即固定资产投资规模越高的地
方存量建设用地再开发的规模及其相应的投资规模也越高，相关分析结果
显示，两者的相关系数分别为 0.395、0.706，在 1% 水平下显著（P <
0.01）。与地区经济发展总量对存量建设用地再开发的影响类似，固定资产
投资规模同样也是决定存量建设用地再开发规模及其投资规模的关键变量，
且对存量建设用地再开发的投资规模影响更大。同时，这也隐含反映出固
定资产投资对地区经济发展总量的贡献，两者的相关系数高达 0.940（P <
0.01），如图 3 - 7 所示。

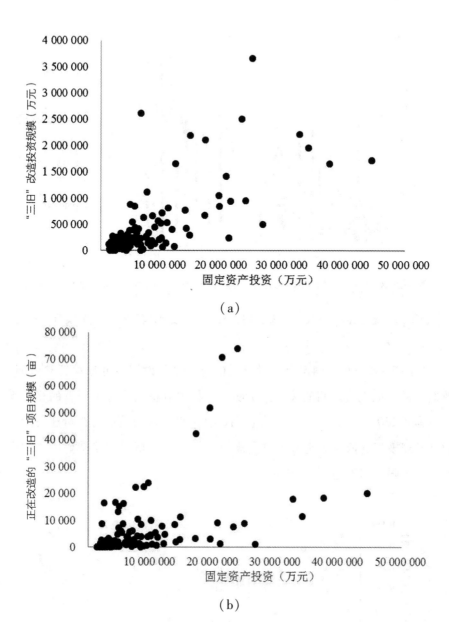

（a）

（b）

图 3 - 6　固定资产投资与存量建设用地再开发规模及投资规模的关系

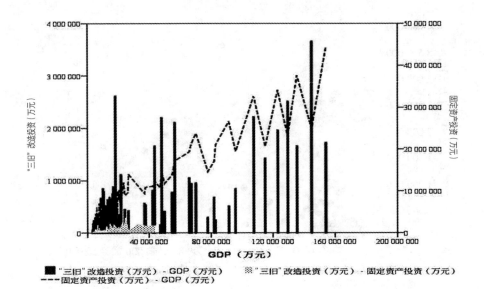

图 3 – 7　地区经济发展、固定资产投资与存量建设用地再开发投资规模的关系

从图 3 – 8 可见，固定资产投资规模与存量建设用地再开发（"三旧"改造）的完成规模之间的关系并不明显，相关分析结果显示两者的相关系数仅为 0.130（P = 0.146），没有达到显著水平，这表明尽管存量建设用地再开发规模高度依赖固定资产投资规模，但其完成情况却受其他因素的限制，具体限制因素还有待于进一步分析。

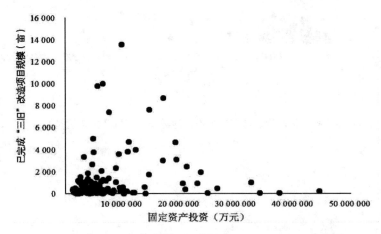

图 3 – 8　固定资产投资规模与存量建设用地再开发完成规模的关系

　　由图 3 - 9 可知，经济发展水平与"三旧"改造规模及其投资规模均呈
正相关关系，即经济发展水平越高的城市，其存量建设用地再开发规模及
相应的投资规模越高，相关分析结果显示，两者的相关系数分别为 0.187、
0.550，均在 1% 水平下显著（P < 0.01），这无疑表明经济发展水平是决定
存量建设用地再开发规模及其投资规模的关键因素之一。

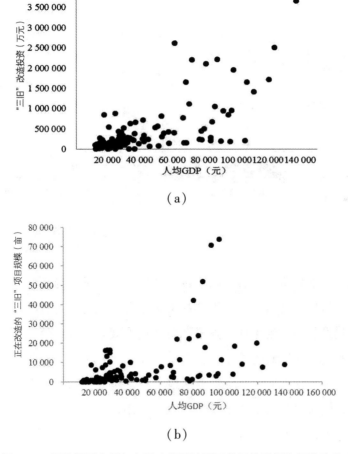

（a）

（b）

图 3 - 9　经济发展水平与存量建设用地再开发规模及投资规模的关系

　　由图 3 - 10 可见，经济发展水平与存量建设用地再开发（"三旧"改

造）完成规模并未表现出明显的规律性，经济发展水平较高的城市也并未
如预期的那样，在资金、技术等优势背景下完成的"三旧"改造规模显著
高于其他城市，恰恰相反，部分经济发展水平较高的城市完成的"三旧"
改造规模反而很小，甚至低于经济欠发达城市，相关分析也表明两者存在
一定的负相关关系（$r = -0.042$，$P = 0.672$），这可能是由于规划限制、项
目安排周期以及改造成本等多方面因素所致。

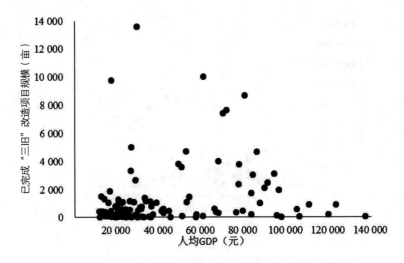

图 3-10 经济发展水平与存量建设用地再开发完成规模的关系

其次，从推力角度来看，处于转型期的中国，资源与环境约束越来越
强，人地矛盾日益突出，节约集约利用土地资源业已成为社会共识，这也
是广东省建设节约集约用地试点示范省的内在要求，在此背景下，大量低
效、闲置建设用地逐渐被推入土地开发市场，因此，本节以常住人口规模、
人口密度、城镇化水平、城乡建设用地规模、建成区面积、人均城镇工矿
用地、人均农村居民点用地来反映存量建设用地现状及人口压力，并分析
其与建设用地再开发规模的关系。

（一）人口压力

人是城市中最具有活力的因素之一，也是影响城市用地变化的最主要

的社会经济因素。人口的集聚表现出对城市扩展较大的影响，也构成城市扩展的根本性因素，是城市扩展的基本前提。从根本上讲，城市用地扩展不是结构性的独立发展，而是在开发压力下的自然地向四周蔓延。城市的用地规模、各种建筑、市政设施、生产规模和消费规模均与城市人口规模有着密切的联系。

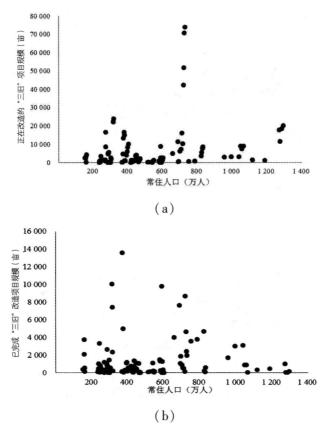

图 3 - 11　人口规模与存量建设用地再开发规模的关系

由图 3 - 11 可知，人口规模与存量建设用地再开发规模及其完成规模未体现出明显的规律性，尽管相关分析结果显示，人口规模与正在改造的"三旧"项目规模的相关系数为 0.286（$P < 0.01$），但两者之间的线性相关性较弱，且人口规模与已完成"三旧"改造项目规模的相关系数为 0.074

（P＝0.409），这表明在人口压力下，存量建设用地再开发有一定的内在动力，但并非决定性因素，而对于存量建设用地再开发的完成情况更是影响甚微。

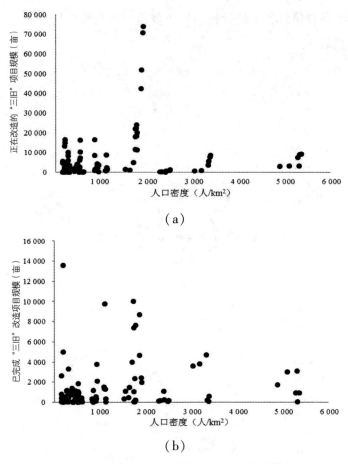

（a）

（b）

图 3 - 12　人口密度与存量建设用地再开发规模的关系

由图 3 - 12 可知，人口密度与存量建设用地再开发规模及其完成规模之间的关系并不明显，尽管相关分析表明，在 5% 水平上，人口密度与存量建设用地再开发规模（r＝0.194，P＝0.029）及完成规模（r＝0.182，P＝0.041）存在显著正相关性，但从相关系数不难看出这种线性相关关系较为微弱，这表明人地矛盾突出的确在一定程度上促进了存量建设用地再开发，但影响较弱。

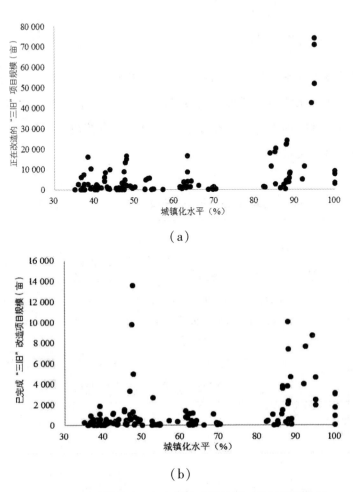

（a）

（b）

图 3 – 13　城镇化水平与存量建设用地再开发规模的关系

　　城镇化进程主要体现在两个方面，一是农地非农化，二是农民市民化。在资源、环境约束逐渐加强的背景下，摊大饼式的城市扩张模式逐渐受限，而农民市民化进程又需要大量的土地资源满足其生产、生活的需求，这就间接推进了存量建设用地再开发进程。由图 3 – 13 可见，城镇化水平与存量建设用地再开发规模及其完成规模之间呈现一定的正相关关系，相关分析结果显示两者的相关系数分别为 0.397（P = 0.000）、0.291（P = 0.001），均在 1% 水平下显著。显然，城镇化水平较高的城市，其存量建设用地再开发积极性更高，完成效果也相对更好。

（二）存量建设用地规模

存量建设用地是存量建设用地再开发的基础，其从根本上决定了存量建设用地再开发规模的上限，但在现实社会中，由于资金、技术、规划，以及政策等条件的约束，存量建设用地规模并不直接决定存量建设用地再开发规模，具体关系见表3-2。

表3-2　存量建设用地再开发规模与存量建设用地的关系

	"三旧"改造投资资金	正在改造"三旧"项目规模	已完成"三旧"改造规模	城乡建设用地规模	城镇工矿用地规模	农村居民点用地规模	建成区规模
"三旧"改造投资资金	1	0.395 ** (N=126)	0.417 ** (N=126)	0.456 ** (N=42)	0.531 ** (N=42)	0.063 (N=42)	0.239 (N=42)
正在改造"三旧"项目规模		1	0.260 ** (N=126)	0.372 * (N=42)	0.481 ** (N=42)	0.002 (N=42)	0.297 (N=42)
已完成"三旧"改造规模			1	0.432 ** (N=42)	0.424 ** (N=42)	0.143 (N=42)	0.147 (N=42)
城乡建设用地规模				1	0.686 ** (N=42)	0.643 ** (N=42)	0.505 ** (N=42)
城镇工矿用地规模					1	−0.116 (N=42)	0.811 ** (N=42)
农村居民点用地规模						1	−0.165 (N=42)
建成区规模							1

注：*、** 分别表示在5%、1%水平上显著；括号中的数字代表参与计算的样本数，其中 N=126 代表广东省21个地市2008—2013年数据，N=42 代表广东省21个地市2008—2009年数据。

由表3-2可见，存量建设用地中城乡建设用地规模、城镇工矿用地规模与存量建设用地正在改造规模及完成规模呈显著正相关关系，而农村居民点用地规模及城市建成区规模与存量建设用地正在改造规模及完成规模之间却没有显著的相关关系，这主要是广东省旧城镇和旧厂房规模占"三旧"用地的66%，2008—2009年存量建设用地开发可能更多地倾向于旧城镇和旧厂房的改造所致。

（三）存量建设用地效率

改革开放以来，土地作为不可或缺的生产要素，成为影响转型时期我国经济增长的重要因素。然而，我国建设用地在快速扩张的同时，建设用地大量闲置的问题和低效利用的问题也十分突出，尤其是城乡建设用地"双向扩张"及土地闲置等（杜官印等，2010）。为此，《国土资源部关于推进土地节约集约利用的指导意见》（国土资发〔2014〕119号）中明确指出，未来将合理确定城市用地规模和开发边界，强化城市建设用地开发强度、人均用地指标整体控制，提高建设用地利用效率。从我国城镇化的实践来看，人均土地越紧张的地区，土地稀缺的现实要求土地集约利用的呼声也就越高。

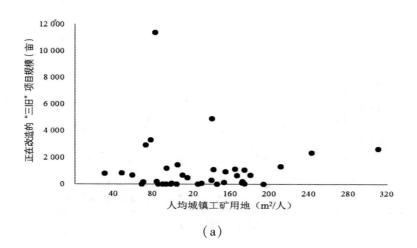

（a）

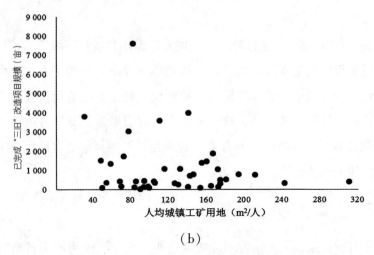

（b）

图 3 – 14　人均城镇工矿用地与存量建设用地再开发规模的关系

由图 3 – 14 可知，人均城镇工矿用地与存量建设用地再开发规模及其完成规模并未表现出明显的规律性，相关分析结果也证实这一点，人均城镇工矿用地与存量建设用地再开发规模及完成规模的相关系数分别仅为 r = 0.018（P = 0.911）、r = – 0.207（P = 0.188），这表明尽管人地矛盾突出的城市有存量建设用地再开发的迫切需求，但存量建设用地再开发进程更多地受制于存量建设用地规模，而非存量建设用地的利用效率。

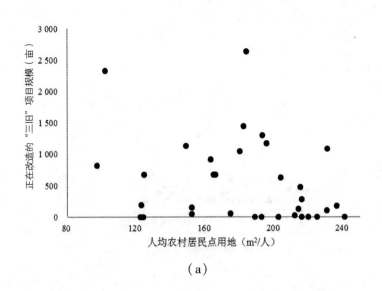

（a）

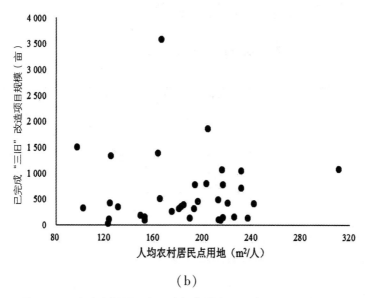

（b）

图 3 - 15　人均农村居民点用地与存量建设用地再开发规模的关系

由图 3 - 15 可知，人均农村居民点用地与存量建设用地再开发规模及其完成规模之间呈现出正相关关系，相关分析结果显示，在 1% 水平上，人均农村居民点用地与存量建设用地再开发规模（r = 0.776）及完成规模（r = 0.851）存在显著正相关性，这可能意味着旧村庄的改造首要考虑的是地区农村居民点用地的集约利用水平。若结合表 3 - 2 的数据分析结果，可推测，2008—2009 年，广东省"三旧"改造项目的实施大体采用了分类指导、差异化实施的再开发策略，即对于旧城镇和旧工矿改造来说，以存量建设用地规模作为"三旧"改造项目安排和实施的优先决策依据考虑，而对于旧村庄改造来说，则以农村居民点用地的集约利用水平作为主要参考。

二、存量建设用地再开发的驱动模型

表 3 – 3　存量建设用地再开发驱动因子相关分析

	X_1	X_2	X_3	X_4	X_5	X_6	X_7	X_8	X_9	X_{10}	X_{11}	X_{12}	X_{13}
X_1	1.000	0.962**	0.788**	0.843**	0.613**	0.543**	0.702**	0.858**	0.131	0.891**	-0.194	-0.162	0.366**
X_2		1.000	0.775**	0.776**	0.590**	0.461**	0.668**	0.841**	0.100	0.857**	-0.125	-0.082	0.380**
X_3			1.000	0.445**	0.869**	0.548**	0.448**	0.798**	-0.173	.0627**	0.202	0.254	0.452**
X_4				1.000	0.310*	0.525**	0.840**	0.699**	0.492**	0.757**0	-.386**	-0.405**	0.245
X_5					1.000	0.768**	0.195	0.624**	-0.360*	0.417**	-0.040	0.037	0.455**
X_6						1.000	0.251	0.434**	-0.085	0.299*	-0.416**	-0.374**	0.386**
X_7							1.000	0.720**	0.702**	0.595**	0.095	-0.040	0.382**
X_8								1.000	0.011	0.789**	0.074	0.194	0.218
X_9									1.000	0.047	0.060	-0.258	0.327*
X_{10}										1.000	-0.172	-0.053	0.018
X_{11}											1.000	0.882**	0.110
X_{12}												1.000	-0.163
X_{13}													1.000

注：1. *、**分别表示在5%、1%水平上显著；2. 由于部分数据缺失，最终纳入模型分析的样本数为 N = 40。

如前所述，存量建设用地再开发在拉力和推力的共同作用下不断推进，为此我们尝试将正在改造"三旧"项目规模（Y_1，亩）及已完成"三旧"改造项目规模（Y_2，亩）作为因变量反映存量建设用地再开发进展情况，而以 GDP（X_1，万元）、固定资产投资（X_2，万元）、人均 GDP（X_3，元）反映存量建设用地再开发的"拉力"，以总人口（X_4，万人）、城镇化水平（X_5，%）、人口密度（X_6，人/km^2）、城乡建设用地规模（X_7，hm^2）、城镇工矿用地规模（X_8，hm^2）、农村居民点规模（X_9，hm^2）、建成区规模（X_{10}，km^2）、人均城乡建设用地规模（X_{11}，m^2/人）、人均城镇工矿用地规模（X_{12}，m^2/人）、人均农村居民点用地规模（X_{13}，m^2/人）反映存量建设用地再开发的"推力"，将上述变量纳入存量建设用地再开发驱动模型。由于所选取的自变量在一定程度上存在着交互作用，并非相互独立，这可以从表3-3得以验证，为此，本课题中构建的多元线性回归模型采用逐步回归（Stepwise）方法剔除对因变量影响相对较弱的变量，最终结果见表3-4和表3-5。

表3-4 存量建设用地再开发规模的驱动模型

变量	系数	标准化系数	t 值	Sig.	VIF
城镇工矿用地规模	0.024	0.275	2.862	0.007	1.050
人均农村居民点用地	7.413	0.716	7.440	0.018	1.050
常数	-1 627.893		-4.498	0.000	
$Y_1 = -1627.893 + 0.024 \times X_8 + 7.413 \times X_{13}$					
Adj. $R^2 = 0.656, F = 38.208, Sig. = 0.000, N = 40$					

由表3-4可见，模型通过了F检验，在1%水平下显著，表明该模型具有统计学意义，模型的调整决定系数为0.656，可见模型的拟合程度较好，自变量可以解释因变量66%的变化，且模型中变量的VIF值均小于5，说明模型不存在多重共线性问题。

从纳入模型的变量类型来看，城镇工矿用地规模和人均农村居民点用地均为存量建设用地再开发的"推力"，前者反映了存量建设用地的规模压力，后者反映了存量建设用地的效率压力；从纳入模型的变量系数来看，两个变量的系数均为正，表明存量建设用地的规模压力和效率压力对存量建设用地再开发规模起到了显著的正向影响，即城镇工矿用地规模大、农村居民点用地效率低的城市，存量建设用地的开发规模相对较高，与前述分析相吻合，同时也表明城镇工矿用地和人均农村居民点用地每增加1 000hm²和1m²，存量建设用地再开发规模将分别增加24亩和7.414亩；从纳入模型的变量的标准化系数来看，后者大于前者，这表明农村居民点用地的利用效率是目前广东省存量建设用地再开发项目的优选策略。

表 3 - 5　存量建设用地再开发完成规模的驱动模型

变量	系数	标准化系数	t 值	Sig.	VIF
人口密度	0.435	0.240	2.826	0.008	1.176
人均农村居民点用地	5.875	0.758	8.936	0.000	1.176
常数	-780.827		-3.981	0.000	

$$Y_2 = -780.827 + 0.435 \times X_6 + 5.875 \times X_{13}$$

Adj. $R^2 = 0.761, F = 63.096, Sig. = 0.000, N = 40$

　　由表 3 - 5 可见，模型通过了 F 检验，在 1% 水平下显著，表明该模型具有统计学意义，模型的调整决定系数为 0.761，可见模型的拟合程度较好，自变量可以解释因变量 76% 的变化，且模型中变量的 VIF 值均小于 5，说明模型不存在多重共线性问题。

　　从纳入模型的变量类型来看，人口密度和人均农村居民点用地均为存量建设用地再开发的"推力"，前者反映了人口压力，后者反映了存量建设用地的效率压力；从纳入模型的变量系数来看，两个变量的系数均为正，表明人口压力及效率压力对存量建设用地再开发的实施和完成情况起到了显著的正效应，即人口压力大、农村居民点用地效率低的城市，存量建设用地开发的完成情况相对较好，如前所述，人口压力大的城市节约集约利用土地的呼声高，开展存量建设用地再开发的意愿明显，更有积极性推进存量建设用地再开发进程，而农村用地效率低的地区正是存量建设用地再开发项目实施的首选，同时也表明人口密度和人均农村居民点用地每增加 10 人/km² 和 1m²，存量建设用地再开发规模将分别增加 4.35 亩和 5.875 亩；从纳入模型的变量的标准化系数来看，后者大于前者，这表明农村居民点用地的利用效率仍是目前广东省存量建设用地再开发项目完成的关键。

第四章　村镇建设用地再开发的主要特征

第一节　村镇建设用地再开发现状及特征

一、村镇建设用地现状

（一）村镇建设用地比重大

根据国土资源部变更调查数据，2005 年我国建设用地总面积 3 192.2 万 hm^2，其中居民点和独立工矿用地 2 601.5 万 hm^2，占建设用地总面积的 81.50%；而城市用地只有 186.1 万 hm^2，占全国建设用地总面积的 5.8%；农村居民点和建制镇面积达 1 832.7 万 hm^2，占全国建设用地总面积的 57.4%。2004 年年底，我国农村居民点用地规模已达 1 655.6 万 hm^2，是城镇用地规模 340.3 万 hm^2 的 4.86 倍，而同期，农村人口规模仅为城镇人口规模的 1.4 倍。根据 2011 年中国城乡建设统计年鉴数据显示，2011 年全国城市建成区面积 436.03 万 hm^2，县城建成区面积 173.76 万 hm^2，建制镇建成区面积 338.6 万 hm^2，乡建成区面积 741.95 万 hm^2，村庄现状用地面积 1 373.75 万 hm^2。建制镇、乡建成区、村庄用地总面积是城市建成和县城建成区总面积的 3 倍。

表4-1　2011年中国城、镇、村占地面积统计表　（单位：万 hm^2）

地区名称	城市建成区面积	县城建成区面积	建制镇建成区面积	乡建成区面积	村庄现状用地面积
全国	436.032 3	173.766 9	338.6	74.194 9	1 373.753
北京	12.313	0	2.847	0.089 2	9.545
天津	7.106	0.691 2	2.639	0.257 5	6.800 7
河北	16.846	13.179 1	13.922	7.016 1	85.432
山西	9.569 2	6.163 4	5.199 4	2.870 8	37.372 7
内蒙古	10.770 4	8.970 2	9.752 5	1.703	24.321
辽宁	22.765 1	2.964 4	8.622 6	1.721 2	47.100 2
吉林	12.709 9	2.042 9	7.937 8	1.329 9	39.147 5
黑龙江	16.786 4	5.484 8	8.059 8	3.053 1	49.587 1
上海	9.987 5	0	10.25	0.016 5	8.104 2
江苏	34.937 8	6.488 8	27.024 1	1.013 4	72.311 2
浙江	22.211	5.362 6	21.695 2	1.387 5	36.739 7
安徽	15.976 9	9.473	20.062 2	3.277 2	62.043
福建	11.299 6	3.859	10.409	1.487 8	25.826 8
江西	10.198 7	8.562 2	10.64	3.863 9	48.357 3
山东	37.512	13.320 9	29.351 7	1.605 2	116.960 8
河南	20.980 7	14.640 9	17.211 9	9.016 4	99.468 6
湖北	18.115 7	4.780 9	20.026 7	2.157 4	54.813 2
湖南	14.08	8.650 9	17.797 3	6.249 2	93.574 9
广东	48.292 6	5.004 6	28.317 1	0.096 9	91.444 3
广西	10.143 8	5.883 2	7.050 9	1.555 8	51.494
海南	2.379 9	0.914	2.569 1	0.064 7	12.622
重庆	10.349 2	2.905 2	6.180 7	0.727 4	21.461 5
四川	17.881 3	9.951 8	16.647 2	6.386 5	74.668
贵州	5.082 8	4.782 2	8.042 8	4.184 7	43.929 3
云南	8.041 4	6.535 4	6.058 8	3.286 4	46.778 5
陕西	8.090 1	7.017	10.359 7	0.611 3	38.401 7
甘肃	6.556 3	3.99	4.559 1	3.424 8	34.316 3
青海	1.221 1	1.882 7	1.276 9	0.535 8	5.792
宁夏	3.712 9	1.310 9	1.300 9	0.520 1	7.140 6
新疆	9.218 2	5.361 6	2.788 5	0.206 349	25.408 3
新疆兵团	0	3.583 1	0	0.142 973	2.790 5

数据来源：中国城乡建设统计年鉴2011。

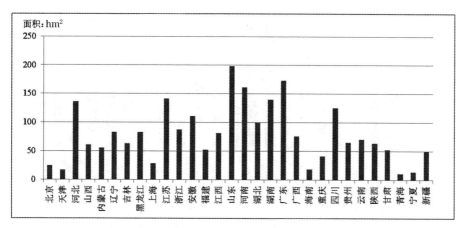

数据来源：2011 年中国城乡建设统计年鉴。

图 4-1　2011 年全国镇、乡、村建设用地面积统计分布图

　　根据 2010 年广东省二次调查年度变更数据显示，广东省建设用地总面积为 184.84 万 hm²，其中城镇村及工矿用地为 150.81 万 hm²，占建设用地总面积的 81.6%。在城镇村及工矿用地中，城市用地面积 30.07 万 hm²，建制镇面积 30.90 万 hm²，村庄用地 79.22 万 hm²，分别占城镇村及工矿用地总面积的 19.9%、20.5% 和 52.5%。其中建制镇和村庄用地总量是城市用地总面积的 3.7 倍。

表 4-2　2010 年广东省建设用地占比情况统计表

建设用地	单位	城镇村及工矿用地						交通运输用地	水利设施用地
		小计	城市	建制镇	村庄	采矿用地	风景名胜及特殊用地		
184.85	万 hm²	150.81	30.08	30.90	79.22	5.61	5.01	14.79	19.25
100	%	81.6	16.3	16.7	42.9	3.0	2.7	8.0	10.4

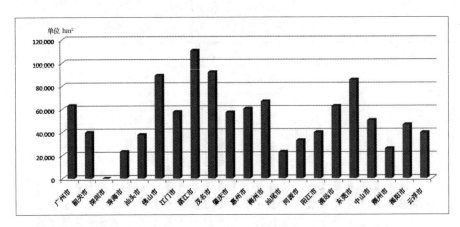

数据来源：2011 年广东省第二次调查基础年度变更数据。

图 4-2　2010 年广东省镇、村建设用地面积分布图

（二）村镇建设用地存量多，释放空间大

我国村镇数量多，人口规模小。全国县城人均用地面积为 123.5m²，平均用地规模为 7.57km²，人口规模为 6.13 万；全国建制镇镇区平均用地规模为 133.62hm²，平均人口规模为 8 352 人，规模明显偏小，不便于组织形成合理的产业，导致重复建设，资源配置分割。村镇建设占用巨大，浪费严重。1997—2004 年村庄建设占用耕地共 382 万亩，年均约 48 万亩，大多数省（自治区）规定宅基地面积为每户 0.25 亩，但超标现象严重，一户两宅、一户多宅现象大量存在。村镇发展模式粗放，布局混乱。普遍为外围"摊煎饼"式划新基、建新居、聚集新村，且大部分是平房，大量旧宅闲置，形成不少"空心村"。数据显示，目前全国村庄建设用地已超过 1 653 万hm²，村镇建设用地总量是城市建设用地总量的 4.6 倍，且用地布局散乱无序。村镇建设用地面积超标严重，全国建制镇镇区人均用地面积为 159.98m²，集镇镇区人均用地面积虽然为 150.4m²，但不同地域差别较大，高的接近 400m²，低的仅为 70m²，但数量很少。到 2005 年，全国村庄人均用地面积 178.51m²，但如果按村庄实际人口即扣除进城务工居住半年以上仍保留乡村户籍的人口约 1 亿，则目前人均用地面积超过 200m²，大大超过

了国家村镇规划标准的人均150m^{2}的上限。开发区名目繁多，用地低效。土地市场整顿以前，全国各类各级开发区6 866个，规划面积3.86万km^2，超过全国现有城市建设用地规模。

根据广东省"三旧"（旧城镇、旧村庄、旧厂房）改造政策，将城市市区"退二进三"产业用地；城乡规划确定不再作为工业用途的厂房（厂区）用地；国家产业政策规定的禁止类、淘汰类产业的原厂房用地；不符合安全生产和环保要求的厂房用地；布局散乱、条件落后，规划确定改造的城镇和村庄；列入"万村土地整治"示范工程的村庄等纳入"三旧"改造范围，并对"三旧"改造地块进行标图建库。截至2013年6月，广东省"三旧"改造标图建库总面积27.7万hm^2，占广东省建设用地总面积的15%，其中旧城镇6.79万hm^2，旧村庄10.79万hm^2，旧厂房10.13万hm^2。这些用地的产出效益普遍低下，但却挤占了宝贵的用地规模，同时，许多"三旧"用地往往位于城市中心地段，随着经济社会发展和城市功能不断完善，这些土地区位条件越来越优越，土地升值潜力很大。

据统计，2008—2013年，广东省共完成改造项目2 893个，完成改造面积15.12万亩，实现节约土地约6.77万亩，正在改造项目3 366个，涉及改造面积超过20万亩。通过开展"三旧"改造，有效开发存量建设用地，推进土地循环利用，优化了用地布局，提升了土地利用效率。2008年以来，通过"三旧"改造腾挪增加可利用土地面积占已完成改造土地面积比重为44.75%，节约用地约6.77万亩，一定程度缓解了土地供需矛盾，有力地保障了科学发展的用地需求。开展"三旧"改造，在优化用地布局的同时促进了产业结构调整，既淘汰了落后产能，实现了"腾笼换鸟"，又推动了战略性新兴产业发展与现有支柱产业做大做强。据统计，在已改造项目中，属于产业结构调整项目共1 913个，占改造项目总数的66.1%，其中，属于淘汰、转移"两高一资"项目416个，引进现代服务业和高新技术产业项目386个，投资超亿元项目299个。这批项目改造后当年期实现产值（营业收入）比改造前增长了1.20倍。各地通过开展"三旧"改造，进一步完善城市基础设施和公共服务功能，推动"城中村"改造，推进社会主义新农村建设，城乡宜居环境进一步优化。据统计，在已完成的改造项目中，建

设城市基础设施和公益事业项目892个，涉及用地4.2万亩，新增公共绿地
6 600多亩；保护与修缮传统人文历史建筑771.9万 m^2。

二、村镇建设用地再开发特征

（一）农村集体建设用地再开发涉及利益关系复杂

从广义上来讲，建设用地再开发是对已为建设用地现状的土地进行再
次开发利用，以拓展开发空间，重新配置资源，提高利用综合效益。但由
于我国城乡二元的土地制度，建设用地的所有权主体包含着国家所有和农
村集体所有两种，由此产生了差别化的利益关系。国有土地再开发，因其
有着明确的产权主体、利益调节机制，以及规范的征拆迁管理办法，开发
行为基本为市场行为，开发的实现基本是市场自由交易过程。因此，农村
集体建设用地再开发问题，成为村镇建设用地再开发的难点和重点。

在城乡二元制度框架下，集体建设用地上形成的人口集聚在户籍管理、
行政管理、城市和土地利用规划、市政设施，以及教育、环境卫生、计划
生育等方面的管理制度与城市国有土地部分存在明显的差异。由于集体土
地产权主体的模糊性、产权保护缺乏法律保护、产权交易不规范等问题，
使得村镇建设用地再开发利益关系异常复杂。按照一般的市场规律，当市
场价格达到所有者预期时，双方交易达成一致，实现再开发。由于集体建
设用地的所有者身份特征，受到管理机制、公共服务配给机制，以及谈判
交易的保护机制的复杂性等的影响，导致政府、村民、农村集体经济组织、
开发商、土地使用者等利益主体之间关系异常复杂。

（二）开发成本高，社会融资与政府收储矛盾难以均衡

村镇建设用地再开发需要对原土地所有者、使用者和土地上建筑等进
行拆迁补偿安置，再按照规划进行重新建设开发。一般是针对区位条件较
好，有着较大开发改造升值潜力的区域。但不可否认的是，对于这样的区
域原有建筑和产权人的补偿成本就会非常高昂。由于政府无力承担这样一

种大宗资金的注入，需要向社会公开融资。一方面是政府面对大量土地出
让后的土地出让金收入而被吸引，另一方面是政府资金不足与社会融资后
的收益外流，二者难以均衡。

例如，广州市旧村改造中，2011 年之前，政府放开市场，允许村集体
自行改造开发、合作开发等多种形式开展旧村改造。猎德村成为这种政策
环境下成功改造的典型案例。村集体与企业合作，将村集体土地分成三部
分，一部分融资，一部分安置，还有一部分集体物业，实现政府不参与下
的改造模式。这种方式给予村集体经济组织极大的激励，城中村改造一拥
而上。但 2011 年之后，随着政策倾向于政府收储或政府管制下的统一招拍
挂，改造进程明显放缓。

（三）涉及面广，审批程序复杂

村镇建设用地再开发过程不仅涉及利益主体关系复杂，同时涉及部门
管理也是多元化的。例如，广东省"三旧"改造，涉及住建、发改委、国
土、财政和监察等多个部门的审核批准，程序非常复杂。据资料显示，由
于广东省"三旧"用地的历史资料收集、整理难度较大，而报批材料并没
有统一的模板，因此各地都根据自己的理解组织材料，导致因报批材料不
规范而项目审批耗时多。特别是需省政府审批的"三旧"改造项目，要经
过 5 个省直部门审查，而涉及省国土资源厅业务的土地权属证明和涉及省住
建厅的控规审查等报批要件审查是主要耗时环节。同时，目前省直各部门
仍未实施集中审查制度，公文来往也耗费了不少的时间。

表 4-3　报省政府批准的"三旧"改造项目各审批环节耗时情况表

审核（批）单位及内容	×××公司改造方案 耗时（工作日）	×××项目改造方案 耗时（工作日）
区政府上报改造方案	-	-
市政府审查改造方案	35	168

审核(批)单位及内容		×××公司改造方案	×××项目改造方案
		耗时(工作日)	耗时(工作日)
省直有关部门审核改造方案	省住建厅	11	77
	省发改委	18	25
	省国土资源厅	17	27
	省财政厅	12	15
	省监察厅	3	7
	省国土资源厅	1	2
省政府批准改造方案		9	16
省国土资源厅批复改造方案		3	4
合计(工作日)		95	309

数据来源：广东省国土资源厅调研材料整理。

　　此外，村镇建设用地再开发项目实施全过程需时较长。"三旧"改造项目从启动到竣工一般要经过"改造方案拟订—改造方案审批—项目动工—项目竣工"等阶段。在改造方案拟订阶段，由于"三旧"改造遵循的是利益调节而非行政强制，因此需要耗费大量的协商时间制定补偿安置协议。如2009年10月启动的广州市琶洲村改造项目，补偿安置协议经过6个月的反复磋商才敲定，经过7个月的动迁，至2010年9月仍有1%的住户未达成安置协议。在改造方案审批阶段，不涉及土地征收的改造项目由地级市政府审批，若项目不涉及控规调整，则项目审批时间较短，如东莞市实行联合审查制度，基本1个月就能得到市政府批复；若项目涉及控规调整，则要多耗费半年时间。涉及土地征收的改造项目需逐级上报到省发改委、省监察厅、省财政厅、省住建厅审核后，将综合审核意见报省政府审批。按照《关于办理"三旧"改造涉及完善征收手续有关问题的通知》（粤国土资利用发〔2010〕218号），五部门审查时间必须在17个工作日内完成，但是由于报件不规范等原因，五部门审查时间一般会比规定时间长。在项目动工—竣工阶段，根据项目工程量及资金到位情况，一般项目从政府批复至竣工需要2年以上的时间。综上所述，在正常情况下，项目从启动至竣工需要4年左右的时间。

（四）受市场环境与政策调控影响较大

广东省"三旧"改造主要依靠市场运作，项目启动的多少与项目实施的快慢，很大程度上受市场环境与政策调控影响。近年来，国家一再收紧货币政策，对房地产业发展也采取了许多限制性的措施，导致社会资金参与"三旧"改造的积极性有所下降，而部分正在实施的改造项目由于受资金制约进度也有所减缓。如广州市 2011 年批复的 104 个改造项目基本都涉及房地产开发。

第二节　我国新增与存量建设用地开发差异比较

一、土地占有关系差异

（一）所有权变化

从所有权变化情况来看，新增建设用地开发过程土地所有权发生转移，而存量建设用地再开发过程所有权有可能发生转移，也有可能不发生转移。新增建设用地开发是政府通过征收从农村集体经济组织与农民手中将所有权和使用权等权利全部收回，通过补偿安置等方式切断了与土地权属的关系；征收后的再次出让，是将建设用地使用权进行出让，所有权不再发生变化。存量建设用地再开发所有权变化情况分为两种：一种是原土地所有权为国家所有，另一种为原土地所有权为集体所有。当所有权为国家所有，那么再开发过程中所有权将不发生任何变化；如果所有权为集体所有，在建设用地再开发中可能发生所有权转移，如征为国有。但随着集体建设用地产权权能的逐步完善，集体建设用地可保留集体所有进行自主开发建设，所有权不发生转移。如广东省"三旧"改造政策，允许集体自行开发建设。

（二）使用权变化

使用权是最终开发建设中交易的主要对象。新增与存量建设用地开发过程中，使用权的变化基本相同，都是将建设用地使用权流向社会产权使用者手中。新增与存量在使用权变化上的区别在于存量建设用地开发存在集体出让使用权和使用权人让渡使用权两种形式。新增建设用地开发仅存在国家将使用权让渡给土地使用者。

（三）存量建设用地开发中解决的关键问题

一是产权的明晰与产权的合法性确认。产权是市场的基础，明晰的产权是再开发走向市场的基本条件。因此，集体建设用地的再开发首先要解决产权确认、登记、发证问题，将合法的集体土地产权进行认定。同时，也要根据现实情况，将历史遗留下来的不合法集体建设用地进行完善手续或进行规范化处理。

二是产权权能的完善与产权主体权益的保护。权能的缺失导致集体建设用地无法进行市场交易，如抵押权、处置权等。需要对合法界定的集体建设用地赋予完整的土地产权权能。权能完善的基础上，需对产权交易的主体进行法律保护，允许农村集体经济组织作为所有权主体进行产权交易，村民作为使用权主体进行产权转让等行为。

三是创新基层治理机制。集体经济组织作为集体土地所有权代表进行产权交易，其背后是集体经济组织和村民之间复杂的治理关系。城市化和市场化进程，要求创新农村基层治理机制，从传统的"非契约"关系向正式的"契约"关系转化。

表4-4　新增与存量建设用地开发差异比较

比较	存量建设用地	新增建设用地
土地占用	有确定的使用者	掌握在政府手上、未确定使用者
土地开发	已被开发利用,有可能布局需要调整、使用效率需要提高	未开发,不存在布局调整的问题
土地处置	现土地使用权人有权处置,政府不能随意干涉	政府可以随意处置
土地收益	土地收益为再开发利用收益,主要归现土地使用权人	土地收益为供地收益,主要由政府支配

二、土地开发利用形式差异

（一）用途转换形式与结果

通过用途转换获取更高的土地增值收益是存量和增量建设用地开发的共同特点。新增建设用地是将农用地或未利用土地进行用途转换为建设用地，从根本上改变土地用途性质。存量建设用地开发是对低效用地综合利用效率的提升，在用途转换方面包括居住转为商业、工业转为商业等。但不同的是存量用地开发在用途转换中形式是多样的：一是保持原有建筑形式不变，仅对内部进行重新改造，内部产业类型进行更新，外部环境进行改良。如大量的旧厂改造成为创意园、孵化基地和研发基地等，对原有工业产业转为第三产业发展用地，对原有建筑形式不做大规模的改变，仅从内部进行更新换代，达到提升土地利用综合效益的目的；二是进行大规模地推倒重建，整体改变现有建筑。需要拆迁原有建筑、安置居民，提升整体容积率等；三是部分拆除、部分保留再开发模式。依托原有建筑的历史文化、产业集聚等优势，重新开发周边区域，保留核心区域的原有建筑。

（二）开发秩序与布局

在开发顺序方面，新增和存量建设用地开发存在明显的不同。新增建设用地开发一般统一拆迁和统一平整出让，在单地块开发秩序上有较强的可控性。而存量建设用地开发因价格高昂、拆迁与安置问题复杂等问题，在开发秩序和布局上政府的控制性较弱。此外，存量建设用地开发的过程是依据价格圈层逐步扩展的实现过程，而非行政性的征用过程。

（三）开发过程耗时性

新增建设用地地上没有建筑物，仅对原有种植作物进行补偿或者赔偿，涉及的利益主体是农户本身，内容单一、补偿价格低廉。因此，新增建设用地开发的前期过程耗时、耗资相对较短。而存量建设用地不管是推倒重建还是保留原有建筑，存量建设用地再开发在形式上存在以下几个特征：一是土地用途会发生改变，但仅是建设用地内部用途的转换。如从居住转为商业、工业转为商业等；二是需要根据区域发展需求进行重新的功能定位和布局选择；三是存量开发的根本在于市场价格机制的作用。存量建设用地再开发所需的拆迁成本高昂，能够实现这种开发需要原有地块的开发增值收益足以弥补开发成本；四是存量建设用地再开发不仅涉及产权所有人、使用权人，还涉及这些建筑上的租住者、商业经营者等一系列的关系。再开发过程不是简单的土地和建筑的更新，更是区域产业更新、居住环境的更新、文化的更新，以及基础设施的更新等。整个过程涉及较多部门，设计问题较多，耗时较长。

（四）存量建设用地开发解决的关键问题

存量建设用地开发解决的关键问题主要有以下三点：

一是存量建设用地开发需要从区域的功能定位、产业发展和空间格局上进行综合考量，选择不同的开发类型。

二是开发次序和布局，依市场价格机制来确定。

三是开发形式和内容决定了存量开发耗时较长。

因此，存量建设用地开发需要详细的规划和规划管理机制。

三、土地处置方式差异

（一）处置方式

经过征收后，新增建设用地处置权被政府掌握，依经济社会发展的不同需求，土地处置方式还包括划拨、协议出让，以及招、拍、挂等市场公开出让等。使用权人从政府手中有偿获得使用权后，拥有二次转让和处置的权利。存量建设用地使用权人可以在合法的范围内赠送、转让、置换、出租和抵押。除非明显危及公共利益，政府不仅无权干涉，还有义务积极保护土地使用权人的各项权益。而对于存量集体建设用地而言，集体经济组织既拥有土地的所有权，又享有使用权，理论上也享有完全的处置权，但现实并非如此。其特征表现为：一是土地使用权人拥有土地处置权，但需要符合政府管制和规划管理；二是集体建设用地处置仍然受到政府限制，原因在于产权权能的有限性。

（二）主体权益

如将新增建设用地和存量建设用地开发划分为前期开发和后期建设两个阶段，每个阶段涉及的利益主体各不相同。在前期阶段，新增建设用地仅涉及政府、村集体、农户之间的单向行政性的征收关系，补偿标准明确，没有相互之间的讨价还价空间。而存量建设用地则涉及政府、村集体、村民、土地使用者、开发商，在前期拆迁过程中产权主体与政府、开发商直接进行谈判，开发的实现过程是一个讨价还价的过程。从开发后期来看，新增建设用地涉及政府和土地使用者之间的出让关系。而存量建设用地开发整个过程都是政府、村集体、村民、土地使用者和开发商不断博弈的过程。

（三）存量建设用地开发需解决的关键问题

存量建设用地开发需解决的关键问题如下：

一是存量建设用地开发的土地处置，关系到相关利益主体间的利益均衡。

二是存量建设用地再开发需要合理的政府管制，激励和约是产权主体的行为。

四、土地收益分配差异

（一）收益来源

新增建设用地主要来源于土地用途由农业用途转为非农业用途，用途的转变带来极大增值收益。存量建设用地开发增值收益来源于三个部分：一是周边基础设施完善和产业集聚带来的辐射带动效应；二是土地利用效率的提升；三是土地用途的转变。

（二）收益分配参与主体

对于新增建设用地而言，在用途转换之前，政府以现状补偿方式将土地征收，完全割裂土地与原土地产权人关系，政府完全掌握着土地的处置权，因此在后期处置过程新增建设用地的增值收益仅由政府获得。不管是哪种原因导致的土地开发带来增值收益，政府都要进行公共服务的投资和管理。那么政府投资带来的收益回报也必须在收益分配中得以体现和弥补。但在当前资源紧缺与发展空间受限的情况下，寻找城市发展空间成为政府主要追求的目标。那么存量再开发过程就需要政府将部分收益让出来，用于激励存量土地使用权人（或所有权人）将低效用地进行盘活，带来土地利用综合效益的提升。如果政府想要从土地使用权人手中获取收益，必须以一种合作共赢的方式介入，优先考虑原使用权人、原所有权人（如集体所有权人）、社会资本的相关利益，同时还要考虑社会整体利益，此过程中政府不宜分享过多权益。

（三）均衡形成方式

新增建设用地开发增值收益分配过程不存在均衡分配的过程，仅是行政性的补偿过程。而存量建设用地开发则是一个各方利益兼顾的博弈过程。

（四）存量建设用地开发需解决的关键问题

存量建设用地开发需解决的关键问题如下：

一是政府有限度的退出存量建设用地再开发的收益分配，激励产权人和开发者参与低效用地开发建设。

二是将政府收益部分转为公共服务投资，让开发参与者之间享有增值收益带来的公共服务效益。

三是遵循市场规律，实现多方共赢。

第三节　村镇建设用地再开发的政策缺陷

一、产权的实现与保护政策缺失

村镇建设用地再开发实现的基本机制仍然来源于市场，而市场的本质是交换，即产权的交换。产权是否可以自由、合法的交换，成为再开发的基础。在城乡二元土地制度下，集体土地产权的实现及保护政策缺失严重影响了再开发的进程和效率。现有政策体系下，集体土地产权主体不明晰，既缺乏激励，又没有约束。尽管我国的《宪法》《民法通则》《土地管理法》等重要法律都已明确规定"农村土地归农民集体所有"，但是"集体"如何界定，集体与农民之间的关系如何？法律规定并不明确。由于这种农民和集体之间关系的模糊，农民不能成为土地财产的主体。加上中国大部分地区农民集体经济组织已经解体或名存实亡，缺乏行使集体所有权的组织形式和程序，农民也缺乏行使集体所有权的内在动机，因此，极易造成上级政府少数人替代下级集体经济组织行使土地所有权的现象。特别是在城乡接合部（城中村），大量的外来人口涌入，原有农村集体经济组织的自组织治理模式受到外来力量的冲击，原有土地所有者享有的权益也相应受到冲击。

二、土地产权不对等与城乡土地市场割裂

在城乡二元制度下，由于产权的不对等，城乡土地市场存在着明显的地权歧视现象。农村集体土地在土地市场交易中不能享有与国有土地同样的待遇，而是必须要通过国有化（征用）才能进入城市土地市场，中间的土地利益绝大部分由政府拥有。政府的行政干预导致土地资源并没有按照价格信号进行配置，而是通过中间的政府征用环节进行城乡资源的流动和配置。产权的不对等导致城乡之间的土地市场割裂开来，而征用成为中间的"独木桥"。其次，尽管部分地区集体建设用地可以入市，但一方面，集

体建设用地流转无法可依，权利义务不清，在流转中土地产权不能得到有效的保障；另一方面，法律对集体建设用地的流转条件、用途、权益等缺少明确规定，难以进行土地登记。流转后的集体建设用地权利不充分，土地价值和权益在经济活动中不能得到充分体现①。由于土地财政的驱动，大量的农村土地转向城市，土地的"剪刀差"将农村的资源廉价地转向城市。城乡统筹要求的是城乡之间资源按照市场机制、价格机制进行配置，产权主体能够进行谈判和交易。产权的不对等及城乡土地市场割裂将这种谈判和平等交易排除在城乡资源配置之外。市场流转是产权权益实现的途径，但由于产权的不对等和产权主体的不清晰，流转过程成为农村资源损失的途径。

三、再开发规划与规划管理缺失

再开发是一个复杂的系统工程，涉及经济发展、社会形态、生态环境和文化习俗等一系列问题。再开发需要一个全面的综合性规划及规划管理相关政策支撑。而当前我们实施的土地利用总体规划、经济社会发展规划和城市规划等各有侧重，难以在具体落地层面对再开发进行指导。同时，由于再开发涉及问题复杂，对规划提出要求更高，对现有的规划体系和规划的衔接问题也提出新的要求。如2016年，广州推行"三规"合一、"多规"合一，通过规划的融合方式提升规划综合指导意义，提升各部门衔接合作的综合效益。

四、收益分配机制的激励约束功能不足

市场的价格机制是再开发实现的根本。市场的作用就是让产权所有人通过交换获得自己预期的收益。合理的收益分配机制是能否实现交易的重要媒介。由于目前城乡二元土地制度，集体土地的产权权能的不完整，收

---

① 周建春：《小城镇土地制度与政策研究》，中国社会科学出版社2007年版，第48页。

益分配机制也存在很多不确定性。不同地方都有各自的探索实践和现实做法。例如，佛山市、东莞市等提出，按照广东省"三旧"改造政策规定土地出让纯收益部分不高于60%可用于支持原土地使用权人发展。但目前财政政策规定必须实行收支两条线，进入国库后的土地出让收益有其规定的支出名录，如何返还原土地使用权人缺乏具体操作细则。

五、价格评估与拆迁补偿配套政策不完善

自国有土地有偿使用制度建立以来，经过几十年的发展，国有土地市场、评估机制、拆迁补偿等已形成规范性的标准、机制和管理办法。但集体建设用地的开发和有偿使用在这方面存在空白。由于缺乏集体土地上房屋拆迁补偿的相关规定以及集体土地的价格评估标准与规范，导致地方在拆迁安置上无据可依，再开发必然遇到补偿靠"谈判""拆迁难度大"、意愿难统一等问题。

第五章　广东"三旧"改造的实践与政策演进

第一节　政策的缘起与演进

一、"三旧"改造政策的背景与缘起

"三旧"改造是国土资源部与广东省开展部省合作，推进节约集约用地试点示范省工作的重要措施。

(一)"三旧"改造政策的背景

任何政策出台的背后均与地区当前所面临的社会经济形势相关，探讨"三旧"改造的政策也需要置身于当前的社会经济发展阶段和背景。

2008 年国务院颁布《关于促进节约集约用地的通知》（国发〔2008〕3号），要求从严控制建设用地规模，提高利用效率，以节约集约倒逼经济发展方式转变，逐步脱离"以资源换增长"的粗放型发展道路。"2020 年我国要达到城镇化 60%、工业化率 70% 的目标，需要增加 1.5 亿亩建设用地，而在 18 亿亩耕地红线下未来 13 年我国实际可以增加的建设用地不足 3 000万亩，1.2 亿亩建设用地缺口已成为我国经济发展最严重的资源约束"①。因此，"大力促进节约集约用地，走出一条建设占地少、利用效率高的符合我

---

① 张晏：《对 1.2 亿亩建设用地缺口，民革中央呼吁——关键是推进集体建设用地流转》，《中国国土资源报》2008 年第 03 - 10 卷第 4 期。

国国情的土地利用新路子……是我国必须长期坚持的一条根本方针"①。

广东省经过 30 年的高速发展，27% 的土地开发强度及 2009 年新增亿元 GDP 消耗建设用地 61.6 亩的粗放式发展，致使当前土地供需矛盾严重突出。对珠三角地区乃至整个广东省而言，三十多年的高速发展奠定了其良好的经济基础，但也面临资源、环境、产业结构等方面的巨大挑战，转型发展已是必然的趋势。一定速度的发展需要相应的空间载体给予保障，存量空间的再利用就成为集约利用土地、保障发展用地的重要途径。这部分用地效率低下，具有较大的挖潜空间。尤其需要指出的是，这些"三旧"用地不乏因过去三十多年的高速发展和缺乏对农村土地的有效管理而形成的缺少合法用地手续的历史用地，这类历史用地的典型特征为以集体建设用地为主、用地手续不完善、违章违法建设严重、用地分布零散。按照现有的法律政策，完善此类用地手续的成本高、手续烦琐，导致原业主不能享有土地增值收益，因而积极性不高，最终使这类用地成为历史遗留问题而保存至今。产权不清晰、现有利益格局难以保障是这类用地低效利用的根源。因此，从土地政策和制度上进行突破，以有效盘活存量土地来缓解土地供求矛盾日益突出的问题，为地区的持续发展提供保障，是"三旧"改造的核心意图②。

（二）"三旧"改造政策的缘起

1. 国家政策要求

自 2003 年以来，国家颁布了一系列的政策紧缩"地根"和"银根"，以调控宏观经济的良性运行，并促使经济发展从外延粗放型向内涵集约型转变，推动城乡和谐发展。2005 年新一轮土地利用总体规划编制拉开序幕，

---

① 《国务院关于促进节约集约用地的通知（国发〔2008〕3 号）》；《广东省住房和城乡建设厅.2016 年广东省住房城乡建设工作总结〔EB/OL〕》，见 http://zwgk.gd.gov.cn/006939799/201704/t20170421_701660.html，2017 - 02 - 13。

② 赖寿华、吴军：《速度与效益：新型城市化背景下广州"三旧"改造政策探讨》，《规划师》2013 年第 5 期，第 36 - 41 页。

进一步收紧了地方建设用地总规模和新增建设用地指标。

推动农村集体建设用地的高效利用是近年来国家为促进农村发展采取的重大举措。2008年，党的十七届三中全会通过的《中共中央关于推进农村改革发展若干重大问题的决定》明确表达了国家对于农村集体经营性建设用地使用的态度。在进一步缩小征地范围的同时，不断地给集体土地"赋权"，通过采取规范的流转方式，实现土地优化利用与价值的提升。与此同时，《国务院关于促进节约集约用地的通知》（国发〔2008〕3号）规定，必须强化土地管理，稳步推进土地节约集约利用，大力提高用地效率，健全节约集约用地长效机制。因此，严格控制建设用地增量，实现土地的内涵挖潜，努力盘活并充分利用闲置、低效土地，是促进土地要素在区域间高效流动、实现节约集约用地、缓解经济建设与耕地保护矛盾的重要抓手。

总的来说，国家一手收紧新增建设用地的供给，严格控制建设用地规模，一手放宽农村集体土地的流动性进而提升其价值，迫使地方政府努力提高现行存量建设用地的使用效率，逐步脱离"以资源换增长"的粗放发展道路①。

2. 地方发展需要

一般说来，城市的发展总是经常不断地进行着自我完善，是一个"新陈代谢"的过程。"三旧"改造是城市发展过程中出现的主动提升和完善城市的城市更新形式。目前，城市化发展，城市聚集效益的提高、更大的吸引力和辐射作用；城市居民的社会生活质量提高，社会活动日趋多样化和多元化，追求宽敞的住宅、优美的环境、充足的公共设施及多样化的公共场所；提升城市竞争力的需要。城市逐渐成为经济社会发展的焦点，城市竞争力作为城市综合发展能力的体现，不仅决定着一个城市在发展过程中获得资源的能力，也决定着为市民提供就业机会和发展优势产业的能力。

---

① 周裕丰、郑巧凤：《广东"三旧"改造的前前后后》，《中国土地》2010年第11期，第45－49页。

城市更新无疑是提升城市竞争力的有效方式之一①。

首先，珠三角地区相对国外发达国家土地开发强度已经很大，而实际上目前能开发的土地已经严重不足。广东省经过 30 年的高速发展，到 2010 年，整个珠三角地区的土地开发强度已经达到了 27%，很多城市的土地开发强度已经超过 30%。其中，深圳市的土地开发强度已经达到了 47%，东莞市达到了 41%，佛山市达到了 33%，广州市也达到了 23%。

其次，按照《全国土地利用总体规划纲要（2006—2020 年）》，规划期间国家下达给广东省每年的建设用地增量控制指标为 29 万亩（以变更数计算），而广东省实际需求在 40 万亩，若以第二次全国土地调查数据计算缺口将会更大，土地供需矛盾十分突出。

最后，旧城镇、旧厂房、旧村居仍有很多存量土地需要盘活，需要启动"三旧"改造工程，实现"旧城镇、旧厂房、旧村居"向"新城市、新产业、新社区"的转变。

二、"三旧"改造政策演进过程与阶段特征

（一）"三旧"改造试行阶段（2007—2012 年）

从 2007 年开始，广东佛山市先行先试，佛山市人民政府于 2007 年 6 月发布了《印发关于加快推进旧城镇旧厂房旧村居改造的决定及 3 个相关指导意见的通知》（佛府〔2007〕68 号），印发了《关于加快推进旧城镇旧厂房旧村居改造的决定》及《佛山市推进旧城镇改造的指导意见》《佛山市推进旧厂房改造的指导意见》《佛山市推进旧村居改造示范村居建设的指导意见》，开始探索"三旧"改造的做法并大胆尝试政策突破。

2008 年，国土资源部与广东省人民政府合作，开展以"三旧"改造为主要内容的节约集约用地试点示范省建设，将"三旧"改造作为落实国家节约集约优先发展战略、提升开展和利用土地的重大举措。"三旧"改造工

---

① 黄国强：《佛山市"三旧"改造的探讨》，《科协论坛（下半月）》2009 年第 2 期，第 123 页。

作开展以来，在省委、省政府正确领导和悉心指导下，我市积极探索、先行先试、大胆创新，加快推进"三旧"改造工作，取得了显著成效。

为切实推进广东省旧城镇、旧厂房和旧村庄的改造工作，促进节约集约用地试点示范省建设，广东在总结佛山市"三旧"改造成功经验的基础上，于2009年8月出台《关于推进"三旧"改造促进节约集约用地的若干意见》（粤府〔2009〕78号），标志着"三旧"改造在广东正式推开①。其后，为贯彻落实78号文，确保广东省"三旧"改造工作有序推进，2009年11月，广东省国土资源厅就"三旧"改造工作提出《关于"三旧"改造工作的实施意见（试行）》。广东省人民政府确立了佛山市、广州市、深圳市和东莞市等地级市作为"三旧"改造试点城市。

其后，各试点城市陆续发布关于"三旧"改造工作的具体实施意见。2009年12月，广州市人民政府印发《关于加快推进"三旧"改造工作的意见》（穗府〔2009〕56号），深入贯彻落实《珠江三角洲地区改革发展规划纲要（2008—2020年)》，着力推进广州市"三旧"改造工作，加快建设现代化宜居城市和国家中心城市。为推动东莞市产业结构调整和转型升级，完善城市功能，加快实施"三旧"改造，促进经济和社会可持续发展，东莞市人民政府也在2009年12月印发《东莞市"三旧"改造实施细则（试行)》（东府〔2009〕144号），2010年中山市人民政府印发《中山市"三旧"改造实施细则》（中府办〔2010〕49号）；2011年4月，汕头市人民政府办公室发布《关于印发汕头市中心城区"三旧"改造项目公共服务设施配套规划实施细则（试行）等四个配套文件的通知》（汕府办〔2011〕47号）。

"三旧"改造的实施意见对现行的国土资源政策有六大突破：一是简化了补办征收手续；二是允许按现状完善历史用地手续；三是允许采用协议出让供地；四是土地纯收益允许返拨支持用地者开展改造；五是农村集体建设用地改为国有建设用地，可简化手续；六是边角地、插花地、夹心地

① 李小军、吕嘉欣：《广东"三旧"改造面临的挑战及政策创新研究》，《现代城市研究》2012年第9期，第63–70页。

的处理有优惠。由于是试行的特殊政策，因此，在此阶段的政策着重在完善历史用地手续方面。

（二）"三旧"改造调整阶段（2012—2016 年）

在 2012—2016 年，在前一阶段已完善历史用地手续的试行阶段基础上，"三旧"改造已经上升为广东全省的发展战略。

在此阶段，省级层面并未发布过多的相关政策，主要是在 2016 年 9 月，为加快推进"三旧"改造工作，提升"三旧"改造水平，更好地发挥国土资源的基础性保障作用，广东省人民政府发布了《关于提升"三旧"改造水平促进节约集约用地的通知》（粤府〔2016〕96 号）。

除此以外，更多的是各地级市层面出台了一些"三旧"改造调整政策，以广州市为例，2012 年后，"三旧"改造进行方向性调整，广州市人民政府于 2012 年 6 月提出《关于加快推进"三旧"改造工作的补充意见》（穗府〔2012〕20 号）确立了政府主导、市场运作、成片更新、规划先行的原则。收缩了旧村自行改造的通道，提高旧村改造集体成员的同意率（80% - 90%）；调整了国有土地旧厂改造的收益分配比例；加强了重点功能区块土地优先储备和整体开发，"三旧"改造的重点转向了市属国企及周边地区的成片改造。为稳步有序推进广州市"三旧"改造工作，规范已纳入市"三旧"改造年度实施计划的"三旧"项目改造方案的申报、审查及审批工作，2012 年 11 月广州市"三旧"改造办公室印发《"三旧"项目改造方案报批管理规定》的通知（穗旧改办〔2012〕71 号）。

此阶段，还存在着从"三旧"改造到城市更新的转变。广州市 2015 年 2 月正式设置国内首个城市更新局，其职能涵盖原"三旧"改造办公室（以下简称"三旧办"），由临时机构成为常设机构。"三旧办"自 2010 年成立，在国土资源部、广东省共建节约集约用地示范省的政策目标下开展了一系列"三旧"改造规划及实施工作，有效推进了国有土地整备、盘活存量用地等工作。但是由于改造形式过多地指向物质增量性拆建，且"三旧"的政策定义与实质内涵也颇有偏差，"三旧"改造工作存在实施中权责不明晰、规划中目标不系统、执行中利益不均衡等问题。城市更新局的正式成立，既要进一步认识和梳理问题，更要明确城市更新本身的目标和职责①。城市更新是指由政府部门、土地权属人或者其他符合规定的主体，按照"三旧"改造政策、棚户区改造政策、危破旧房改造政策等，在城市更新规划范围内，对低效存量建设用地进行盘活利用以及对危破旧房进行整治、改善、重建、活化和提升的活动。2015 年 12 月，在成立城市更新局之后，广州市相继出台了《广州市城市更新办法》（广州市人民政府令第 134 号）、《广州市旧村庄更新实施办法》《广州市旧厂房更新实施办法》《广州市旧城镇更新实施办法》等相关政策。

（三）上升为国策阶段（2016 年至今）

2016 年 12 月，经中央全面深化改革领导小组和国务院审定，国土资源部印发了《关于深入推进城镇低效用地再开发的指导意见（试行）》（以下简称《指导意见》）。这是在总结广东"三旧"改造实践经验的基础上，从国家层面对城镇低效用地再开发进行的顶层设计和总体部署。而早在 2013 年，国土资源部已对广东的"三旧"改造经验进行了全面总结，并上报国务院，获得同意后陆续在浙江、辽宁、上海等地推广，开展城镇低效用地再开发试点工作，并取得了明显成效。2016 年出台的《指导意见》，就是将广东等地的经验提炼升华为国家政策，在全国予以复制推广。

为贯彻落实省政府《关于推进"三旧"改造促进节约集约用地的若干意见》（粤府〔2009〕78 号）、《关于提升"三旧"改造水平促进节约集约用地的通知》（粤府〔2016〕96 号）以及国土资源部《关于深入推进城镇低效用地再开发的指导意见（试行）》（国土资发〔2016〕147 号）精神，进一步优化"三旧"改造政策，加快盘活利用各类低效城镇建设用地，为广东省实现"四个坚持、三个支撑、两个走在前列"提供更加坚实有力的用地保障，2017 年 9 月，广东省人民政府办公厅发布了《关于印发深入推

---

① 广东省国土资源厅：《广东通过"三旧"改造腾挪出 1 个年度新增建设用地量〔EB/OL〕》，见 http://zwgk.gd.gov.cn/006939932/201605/t20160527_656544.html，2016 - 05 - 26。

进"三旧"改造工作实施意见的通知（代拟稿送审稿）》。

2018年2月，广东省国土资源厅按照贯彻落实《广东省人民政府关于将一批省级行政职权事项调整由各地级以上市实施的决定》（粤府令第248号）有关工作部署，省厅对《转发省国土资源厅关于"三旧"改造工作实施意见（试行）的通知》（粤府办〔2009〕122号）等文件规定的"三旧"用地报批材料清单及范本进行修订完善，发布《关于印发"三旧"用地报批材料清单及范本的通知》（粤国土资三旧发〔2018〕26号）。

第二节　政策体系与突破环节

一、"三旧"改造政策体系及主要内容

2009年，广东省人民政府《关于推进"三旧"改造促进节约集约用地的若干意见》的出台，标志着"三旧"改造政策体系正式确立①。纵观整个"三旧"改造政策体系可分为以下几种类型。

（一）以"三旧"改造促节约集约用地

2008年，国土资源部关于与广东省共同推进节约集约用地试点示范省建设工作的函（国土资函〔2008〕816号）按照部省开展节约集约用地示范省建设的部署，为盘活低效存量土地资源，缓解用地供给不足问题，广东省出台了《关于推进"三旧"改造促进节约集约用地的若干意见》（粤府〔2009〕78号），表明"三旧"改造政策体系正式确立。决定以实现土地集约节约为目标，全面推进"三旧"改造工作，并将广州、深圳、东莞和佛山等市列为"三旧"改造试点城市先行先试。

自2009年广东省人民政府78号文的发布以来，有效开展旧城镇、旧厂

---

① 广东省国土资源厅：《广东通过"三旧"改造腾挪出1个年度新增建设用地量〔EB/OL〕》，见http://zwgk.gd.gov.cn/006939932/201605/t20160527_656544.html，2016-05-26。

房、旧村庄改造工作，取得了积极成效。为加快推进"三旧"改造工作，提升"三旧"改造水平，更好地发挥国土资源的基础性保障作用，广东省人民政府发布了《关于提升"三旧"改造水平促进节约集约用地的通知》（粤府〔2016〕96号）。

（二）"三旧"改造工作具体实施的指导意见

为贯彻落实广东省人民政府《关于推进"三旧"改造促进节约集约用地的若干意见》（粤府〔2009〕78号），为确保广东省"三旧"改造工作有序推进，广东省人民政府办公厅就"三旧"改造工作发布了《转发省国土资源厅关于"三旧"改造工作实施意见（试行）的通知》（粤府办〔2009〕122号）。

鉴于全省各地反映在推进"三旧"改造过程中遇到了一些新的情况和问题，广东省国土资源厅发布了《关于"三旧"改造实施工作有关事项的通知》（粤国土资试点发〔2011〕199号），以期切实解决推进过程中所遇到的新情况和问题，规范和加快推进"三旧"改造工作。

国土资源部印发的《关于深入推进城镇低效用地再开发的指导意见（试行）》（国土资发〔2016〕147号），是在总结广东"三旧"改造实践经验的基础上，从国家层面对城镇低效用地再开发进行的顶层设计和总体部署。就是将广东等地的经验提炼升华为国家政策，在全国予以复制推广。

（三）"三旧"改造中相关事项的规范

为做好"三旧"改造地块标图建库工作，明确"三旧"改造地块的具体位置、范围、面积和现状，全面掌握"三旧"改造用地的总体情况和实施改造工作动态，加强对"三旧"改造的有效监控，规范管理"三旧"改造工作，2010年3月，广东省国土资源厅印发《关于做好"三旧"改造地块标图建库工作的通知》（粤国土资测绘发〔2010〕137号）。

由于广东省各地上交的"三旧"改造地块标图建库成果中均存在不完全符合"三旧"改造政策要求的地块，为确保"三旧"改造地块标图建库成果的真实、准确，需进一步开展检查工作。广东省国土资源厅印发了

《关于开展"三旧"改造地块标图建库成果检查的通知》（粤国土资测绘发〔2010〕387 号）。

2017 年 9 月，基于每种模式的典型案例，广东省地方税务局、广东省国家税务局、广东省国土资源厅联合制定关于印发《广东省"三旧"改造税收指引》的通知（粤地税发〔2017〕68 号），梳理"三旧"改造过程中涉及的增值税、土地增值税、契税、房产税、城镇土地使用税、企业所得税和个人所得税等主要税种相关税务处理事项，用于指导"三旧"改造项目的涉税管理。

2018 年 2 月，广东省国土资源厅对"三旧"用地报批材料清单及范本进行修订完善，发布了《关于印发"三旧"用地报批材料清单及范本的通知》（粤国土资三旧发〔2018〕26 号）。

（四）"三旧"改造规划编制相关工作

为全面推进"三旧"改造工作，确保 2010 年"三旧"改造工作初见成效，2010 年 3 月，广东省国土资源厅印发了《关于加快"三旧"改造规划编制工作的通知》（粤国土资试点发〔2010〕53 号）。

为促进"三旧"改造规划有效实施，推动全省"三旧"改造工作按照"封闭运行，结果可控，严格规范，加快推进"的要求，实现"一年初见成效，两年突破性进展，三年大改观"的工作目标，广东省住房和城乡建设厅制订了《关于加强"三旧"改造规划实施工作的指导意见》（粤建规函〔2011〕304 号）。

2014 年，广东省住房和城乡建设厅与广东省国土资源厅针对"三旧"改造规划的修编工作联合发布了《关于开展"三旧"改造规划修编工作的通知》（粤建规函〔2014〕1972 号）。

二、"三旧"改造政策落实的组织形态与运行机制

（一）"三旧"改造政策落实的组织形态

市、县人民政府为了城市基础设施和公共设施建设，或者为了实施城

市规划进行旧城区改建需要调整使用土地的，由市、县人民政府依法收回、收购土地使用权，纳入土地储备。土地使用权收购的具体程序、价格确定，由市、县人民政府依法制定实施办法。

发展和改革局负责"三旧"改造中涉及投资项目的立项、产业政策制定及行业发展规则编制；财政局负责制定并落实"三旧"改造土地税费优惠政策，负责土地出让金的拨付和使用监督工作；国土资源局负责指导"三旧"改造方案的编制，负责办理农用地转用、征收土地等用地报批手续以及国有或集体建设用地供地手续，负责土地确权、登记；建设局负责"三旧"改造项目房屋安全鉴定和工程项目建设监管；城市规划局负责指导和审查"三旧"改造专项规则及年度实施计划、"三旧"改造单元规则，提供项目的规划设计条件，办理项目的规划手续；城市管理综合执法局负责"三旧"改造中房屋的拆迁管理；法院、检察院、经贸、监察、公安、农业、外经贸、环保、法制、房管、消防、地税和工商等相关部门在各自职责范围内对"三旧"改造进行指导和管理；各镇街负责编制"三旧"改造专项规则及年度实施计划、"三旧"改造单元规则，负责编制或指导编制具体项目的"三旧"改造方案。

（二）"三旧"改造政策落实的运行机制

1. 坚持土地政策创新，鼓励原土地权利人参与改造

受到现行法律政策的制约，原土地权利人的积极性不高是"三旧"改造一直难以大规模实施的主要原因。对此，广东省探索了针对性的创新做法，激发原土地权利人自行改造主动性，对其所涉及用地手续不完善的，可以按照用地发生时的法律政策落实处理（处罚）后，按土地现状办理，无论改造后用于哪种用途，允许以协议出让方式补办供地手续，使原土地权利人继续保有土地使用权，为自行改造创造条件。

2. 加强规划管控引导，科学统筹推进"三旧"改造

在实施具体改造项目前，由各地开展标图建库工作，将符合条件的地

块纳入改造范围，编制专项规划，对"三旧"改造作出统筹安排。具体项目实施以控制性详细规划为基本依据。深圳、东莞等市创新了规划编制机制，根据改造地块的自然界线和权属界线，合理划定更新改造单元，编制单元规划，确定改造地块的功能定位、开发强度、公共设施布局、开发时序和拆迁捆绑责任等，实施整体改造。

3. 充分发挥市场机制作用，切实加快改造进程

"三旧"改造政策鼓励社会主体通过市场机制参与"三旧"改造。允许市场主体收购分散的相邻地块合并归宗集中改造；允许在拆迁阶段通过招标方式引入社会力量承担拆迁工作；允许将拆迁与拟改造土地使用权一并通过招标等公开方式确定改造主体；允许原土地权利人在一定条件下引入其他社会力量合作开发建设。同时，改造方向统筹考虑市场需求和规划要求，宜工则工，宜商则商，宜居则居，在改造模式上不是一味地拆除重建，有的仅对建筑功能和周边环境进行提升，改造为孵化器、众创空间、创新工厂等，为创新企业提供了用地空间，助力产业转型升级。

4. 合理分配土地增值收益，落实共享发展理念

"三旧"改造政策创新了土地增值收益分配方式。土地权利人可通过开发土地直接获取土地增值收益，土地权利人不愿或者无能力自行开发的，可以引入市场主体合作开发，也可由政府征收或收回土地后公开出让，按不高于出让纯收益的一定比例获取补偿。政府除可以直接参与出让收益分配外，也可运用规划手段，对改造地块的基础设施配建、环境治理和保障性住房建设等提出要求，确保公共利益在改造过程中得到有效体现。

5. 加强倒逼激励，发挥地方政府的主体作用

各级地方政府对"三旧"改造工作负总责。我省在每年分配年度用地计划指标时，将"三旧"改造工作成效作为重要考量因素。在此基础上，每年由省政府下达各地市年度改造任务，对其完成情况进行考核，对于完成任务的地市给予用地指标奖励，未完成任务的地市则扣减用地指标。并

且开发运行监管系统，强化项目批后实施监管。通过上述措施，充分调动地方政府的积极性，督促其落实规划编制、政策制定和项目审批等基础性工作，为"三旧"改造营造良好制度环境①。

三、"三旧"改造政策的亮点与突破

（一）佛山市"三旧"改造政策的亮点与突破

作为"三旧"改造的发源地，佛山市近年来推进"三旧"改造工作所取得的成绩得到了普遍认可，其积累的"宜工则工、宜商则商、宜农则农"的经验模式值得全国借鉴。对于佛山市来说，当前正面临着产业发展转型、城市快速发展的关键时期，一方面土地资源紧缺、发展空间有限正成为新一轮发展的瓶颈；另一方面，土地利用率低、产值不高，经济的持续增长得不到保证，这直接影响到佛山持续、快速、健康的发展。为了整合土地资源，推动城市走上紧凑经营、集约化、内涵式的发展道路，化解土地资源紧迫矛盾，创造产业发展新空间，改善城乡居民生活质量，促进经济增长方式的转变，提升城市竞争力，佛山市于 2007 年开始相继颁布了一系列"三旧"改造政策文件，标志着佛山市"三旧"改造工作全面铺开。佛山市因地制宜，不断创新改造模式以顺利推进"三旧"改造，走出了一条以改造促调整、促转变的特色之路。在旧厂房改造方面，通过实施"优二进三"，淘汰落后产能，就地提升企业层次，促进第二产业向第三产业转型，腾出空间引进新兴产业，成功实现了"筑巢引凤""腾笼换鸟"。在旧城镇改造方面，通过政府引导连片开发，改变过去自发开发、零星开发的格局，最大限度地整合分散、零星的土地，建设具有示范作用的主题功能改造片区和改造项目，成功打造了"岭南新天地"等一批新型产业街区和都市型产业基地。在旧村居改造方面，通过以环境整治改造打造城市标志性生态

---

① 广东省国土资源厅：《广东通过"三旧"改造腾挪出 1 个年度新增建设用地量〔EB/OL〕》，见 http://zwgk.gd.gov.cn/006939932/201605/t20160527 _ 656544.html，2016 − 05 − 26。

景观带，以村集体经济投入改造促进都市型经济发展，以土地入股或 BOT（Build - Operate - Transfer）模式引入开发商联合改造开发，既实现了"拆除旧村居，建设新社区，发展新产业"的目的，又保障了农民长期稳定的收益。佛山市"三旧"改造政策的亮点及突破具体体现在以下几个方面：

（1）树立先进典型，以点带面铺开"三旧"改造工作。在推进"三旧"改造建设过程中，涌现出一批改造进度较快、效果明显的先进典型，创造出了旧城镇改造区、旧村居改造区、工矿厂企改造区、生态环境改造区、都市农业和现代农业综合开发区，以及主题文化公园建设区六种改造类型和多种改造模式。如佛山最大的旧城镇改造项目——祖庙东华里片区改造工程引入瑞安房地产公司开发的改造模式。

（2）研究制定扶持政策，破解改造过程中遇到的难点和重点问题。佛山市政府针对旧村居、旧城镇和旧厂房改造对象分别制定了规划、建设、土地、财政等方面的扶持政策。并加强宣传，营造良好氛围，多次召开"三旧"改造现场会，在媒体上开辟"三旧"改造专栏，解读政策，宣传"三旧"改造前后的巨大变化和效益，提高社会各界特别是农村集体对"三旧"改造工作的认识。

（3）完善工作机构和领导机制，统筹推进"三旧"改造工作。为保障"三旧"改造工作顺利推进，佛山市政府成立了佛山市"三旧"改造工作领导小组，并设立专门办公室作为常设机构，落实了"三定"方案，确保人员、办公和经费到位。另外，为了加强统筹协调，充分调动基层的工作积极性，佛山市明确整个"三旧"改造工作，市、区主要负责指导、审查和监督，以镇（街）为主推进实施，充分发动各方面的力量参与，开展督办考核和领导挂钩，推动各地形成你追我赶、力争上游的竞争局面。

（4）坚持政府引导思路，遵循依法依规及和谐原则。佛山市"三旧"改造的主要做法坚持了"政府引导、规划引领、属地实施、市场动作、分步推进、各方受益"六方面思路，遵循了依法依规、实事求是，规划先行、统筹发展，政府引导、市场运作，以人为本、构建和谐，多方结合、系统推进，分类指导、循序渐进六大原则。

（5）严格"三旧"改造制度建设，规范改造管理。佛山市委市政府主要领导多次强调要求全市"三旧"改造工作要十分重视规范问题，既要放得开，更要管得住，做到"两个严格""四个绝不能"：即严格执行省、市政府文体，严格执行改造规划和计划，该走的程序一步不能缺、规定的资料一份不能少、审批的内容一个不能漏；绝不能弄虚作假，绝不能因小失大，绝不能因"三旧"改造制度不完善而让一批干部出问题，绝不能因利益分配问题而引发不稳定因素。

（二）广州市"三旧"改造政策的亮点与突破

广州市围绕建设国家中心城市的要求，坚持"规划引导、应保尽保、以人为本、能改尽改"的总体策略，把"三旧"改造和产业结构调整、旧城区改造、历史文化保护以及迎接亚运会、创造新生活紧密结合起来，因地制宜合理编制旧城、旧村和旧厂专项改造规划，强化规划引导功能，妥善处理好改造速度与效果的关系，注重选择一些试点项目重点突破，以点带面有序推进广州市"三旧"改造工作。其主要政策的亮点及突破主要有以下几个方面：

（1）城中村改造的亮点与突破。广州市在城中村试点和后期改造中取得了良好的成效，其经验可以总结为：滚动式推进，"回迁本村就地安置"的改造模式，结合市政设施项目来启动城中村改造，大多数村子主张采用房地产开发的方式推进改造，平衡经济利益、建立多元化的补偿机制以推动改造，税费优惠和公共设施配套建设等政策支持。

（2）旧城镇改造的亮点与突破。广州市旧城更新改造方面，采取成片重建改造（拆）、零散改造（改）和历史文化保护性整治（留）三种模式，着重推进重点区域的成片重建改造项目，基本完成越秀、荔湾、海珠区等重点区域的旧城更新改造工作。在改造资金筹措方面，形成政府、市场、改造主体等多元化的资金筹措渠道；在财政扶持和税费减免方面，实行市权限内税费减免返还和重点改造区域未来 5 年的土地出让收益市区 8∶2 分成的优惠政策；在拆迁补偿安置方面，充分尊重居民的改造意愿，坚持"阳光动迁"和"先安置、后改造"，合理提高拆迁补偿标准，实行多种补偿安置方式，多渠道保障安置房建设。

（3）旧厂房改造的亮点与突破。总体来说，广州市旧厂房改造方面，采取公开出让收益返还、企业自行开发改造和依法收购储备三种模式，以"退二进三"为重点推进。旧厂房转变为经营性用途的，45%的土地出让金返还给原业主；低效工业用地实施"退二进三"，发展第三产业；具有历史文化价值的区域，尽量保留历史原貌①。

第三节　实施效果与发展方向

一、"三旧"改造实施的总体情况

根据广东省国土资源厅官方网站显示，自 2008 年至 2017 年 12 月 31 日，广东省已累计投入改造资金 12 002.71 亿元，其中社会投资金额 10 155.56 亿元；实施改造 61.40 万亩，其中，完成改造项目 5 717 个，完成改造面积 34.22 万亩，实现节约土地约 15.91 万亩，正在改造项目 4 077 个，涉及改造面积 27.18 万亩。

通过开展"三旧"改造，全省有效开发存量建设用地，推进土地循环利用，优化了用地布局，提升了土地利用效率，有力保障了经济发展的用地需求。据统计，2008 年以来，广东通过"三旧"改造腾挪增加可利用土地面积占已完成改造土地面积比重为 46.5%，节约用地约 15.91 万亩。

对普通民众来说，"三旧"改造让他们熟悉的旧城乡变得越来越宜居。据广东省国土资源厅统计，截至 2017 年 12 月 31 日，在已完成的改造项目中，建设城市基础设施和公益事业项目 1 214 个，涉及用地 5.72 万亩，新增公共绿地 9 029.23 亩；保护与修缮传统人文历史建筑 777.06 万 m^2。

在优化用地布局的同时，广东省的"三旧"改造工作有效地促进了产业结构调整，既淘汰了落后产能，实现了"腾笼换鸟"，又推动了战略性新兴产业发展与现有支柱产业做大做强，为战略性新兴产业发展和"大众创

---

① 冯路养：《清远市"三旧"改造中的政府角色研究》，硕士学位论文，华南理工大学，2012 年。

业万众创新"拓展了用地空间。据统计，在已改造项目中，属于产业结构调整项目共3 376个，占改造项目总数的59.05%，其中，属于淘汰、转移"两高一资"项目496个，引进现代服务业和高新技术产业项目348个，投资超亿元项目799个。这批项目改造后当年实现产值（营业收入）是改造前的2.04倍。

二、实施效果评估

"三旧"改造是一项长期的综合性工作，需要长期跟踪研究。确保"三旧"改造成功，需要加强政策引导和政府监管，落实规划管控，处理好利益分配。经过10年的探索实践，广东省"三旧"改造工作取得明显成效，取得了良好的经济效益、社会效益、生态效益、文化效益。实践证明，城镇低效用地再开发，对于土地利用适应经济结构调整和产业转型升级、推动生态文明和新型城镇化建设、统筹保护资源保障发展都具有重大作用及深远意义。

（1）盘活低效存量用地，提升节约集约用地水平

"三旧"改造是解决广东省用地空间饱和、新增用地空间不足的发展瓶颈的重要途径。深化土地资源配置，提高节约集约利用水平，按照"三旧"改造政策，边角地、插花地、夹心地纳入收储改造范围，这样可以充分利用每一块土地，无形之中增加了土地收储总量，而合理的土地收益分配政策能够协调各利益方，这些差异性在"三旧"改造政策规划控制下，在一定程度上科学利用有限的土地资源。另外，通过"三旧"改造的大力推进了存量建设用地"二次开发"，盘活了低效用地，缓解了广东省日益严重的土地供需矛盾，使外扩式的新增建设用地和内涵式的存量建设用地两者相互补充，达到提高土地利用效率和节约集约的水平。

（2）促进产业转型升级，拉动经济增长

"三旧"改造通过空间重构和土地重配，就地淘汰落后产业，引入创新型优势产业，推动优势资源和要素集聚发展。城市更新加强产业引领，推动传统产业区块、村级工业园、批发市场和特色商业街等产业转型升级改

造。通过挖掘区位和项目自身优势，因地制宜、突出特色，注入和扶持各类创新型特色产业，通过改造提升传统产业、增加新产业有效地拉动了投资和消费增长，提供了更多的就业岗位，为解决居民就业问题和产业升级转型提供了良好的平台。通过"三旧"改造，完成工业用地向第三产业用地转移、更新创意工业、研发性的服务型等产业结构调整①，可以加快城市更新速度，同时引进更多高新技术人才，拉动社会投资，增强广东省经济发展的内生动力。

（3）改善人居生活环境，保障城市居住安全

"三旧"改造项目中，人居环境改善类的项目占一定比重，采取微改造模式，对存在安全隐患、人居环境差的建筑，进行整治改善、保护活化，完善基础设施，腾退影响环保、危险化工等产业，缓解、消除安全隐患，打造干净、整洁、平安、有序的城市环境。

（4）促进城乡之间、新旧城区之间协调发展

在旧城镇、旧村庄的更新改造中，落实先安置后拆迁，加强公建配套和公共服务设施建设，解决农村土地无序利用、土地收益低等问题，促进城乡之间和新旧城区之间统筹发展、实现农村和农民增收。例如猎德村改造，村民房屋出租收益从改造前的每月每户 800 元提高到改造后的 4 000 元，增长了5 倍；村民自有房屋价值从改造前的 4 000 元/㎡ 提高到 30 000 元/㎡，增长了7 倍多；村集体年收入从改造前 1 亿元提高到 5 亿元，增长了 5 倍；绿地率由改造前的 5% 提高到 30%；建筑密度由原来的 60% 降低到 28%。改造后的猎德村产业功能、环境面貌完全融入珠江新城中心商务区，实现了城乡一体化。

（5）传承岭南历史文脉，打造城市文化品牌

通过城市更新充分挖掘老城区的潜在资源和优势，对历史建筑予以活化利用，实现发挥经济效益与历史遗产功能相结合的良性循环，延续历史文脉，塑造独特的城市魅力。如庐江书院保护性更新模式既还原了书院原貌，又改善了住户的生活环境，实现了历史文化街区的可持续发展。

---

① 叶红玲：《关于广东"三旧"改造的调查与思考》，《国土资源》2012 年第 6期，第 38－41 页。

第六章　村镇建设用地再开发的
产权保护与配置政策研究

第一节　产权政策的焦点：
集体建设用地发展权配置及权利主体确定

集体建设用地再开发是对集体建设用地进行的追加开发和替代开发，是对建设用地的二次开发与利用。这种在土地上进行再发展的权利本质上是土地发展权。集体建设用地再开发必然伴随着土地使用性质（用途）的变更，土地利用集约度的提高以及对土地增加投入，这些过程都会产生巨大的发展性利益和增值收益；而这些发展性利益和增值性收益如何在国家、集体经济组织和集体建设用地使用者之间合理分配，就成了集体建设用地再开发的核心问题。要想明确集体建设用地再开发的增值收益归属，就必须要有一种产权安排，这种产权安排就是土地发展权。可见，集体建设用地再开发中集体建设用地发展权的安排成为产权政策的焦点问题。

一、集体建设用地发展权的内涵

界定集体建设用地发展权内涵之前，首先应明确土地发展权的实质及其内涵。目前国际上关于土地发展权的定义是比较统一的，一般是指土地在利用上进行再发展的权利，包括在空间上向纵深方向发展和在使用时变更土地用途之权，包括土地发展权分为空间（高空、地下）建筑权和土地开发权（季禾禾，2005；胡兰玲，2007）；或者是土地成片开发中界定的改进土地利用条件，进行基础设施建设或提高基础设施等级活动的权利（王小映，2007）。1992 年原国家土地管理局编制的《各国土地制度研究》一书将土地发展权的概念首次引入到我国，提出土地发展权就是"土地变更为不同性质使用之权，如农地变为城市建设用地，或对土地原有的使用的集约度升高。创设土地发展权后，其他一切土地的财产权或所有权是以目前已经编写的正常使用的价值为限，即土地所有权的范围，是以现在已经依法取得的既有权利为限。至于此后变更土地使用类别的决定权则属于发展权。"在这之后，学者们开始对土地发展权进行了深入的研究与探讨，但对于如何界定土地发展权的含义，迄今学者们仍有不同的观点。

沈守愚教授（1998）认为土地发展权即农地发展权，即将农地改变为非农建设用地权；王小映（2003）提出，土地发展权是将农地转为建设用地进行开发的一种权利；周建春（2007）认为农地发展权又指土地发展权，是农地所有权中一项天然的权利，是指将农地改为最佳利用方向的权利；刘国臻（2007）也认为土地发展权称为农地发展权，因为土地发展权创设的主要目的就在于保护农地，保护生态环境和自然资源。可见，这些学者将农地发展权等同于土地发展权，缩小了土地发展权的外延，可以说是狭义的土地发展权概念。

事实上，土地发展权与农地发展权在范围、内涵和特征等方面都应有很大的区别。因此，广义的土地发展权概念逐渐成为主流观点。如胡兰玲（2002）认为，土地发展权是对土地在利用上进行再发展的权利，即在空间上向纵深方向发展、在使用时变更土地用途之权。如将临近城市的农地变更为商业用地或对土地原有集约程度的提高。刘明明（2008）认为，所谓土地发展权是对土地在利用上进行再发展的权利，即土地所有权人或土地使用权人改变土地现有用途或者提高土地利用程度的权利。柴强（1990）、王群（2005）都认为，土地发展权是指土地变更为不同用途使用和对土地原有集约度提高的权利。上述观点都突出了土地发展权的再发展的权利，以及土地用途的变更和集约度的提高。

杜业明（2004）提出，土地发展权是基于土地的所有权，是从使用权和收益权中分离出来的一种物权，是以土地所有权人或土地使用权人通过改变土地现有用途而获取额外收益的权利。朱道林（2003）同样认为土地发展权是对土地进行改变用途或者改变利用方式并获取收益的权利。这种观点强调通过改变土地用途获取收益，是土地发展权的本质特征之一。而王利明（2002）则认为土地发展权为空间权，即空间利用权，是指权利人基于法律及规划的规定对于地上和地下的空间依法利用，建造建筑物、构筑物及其附属设施的权利。黄祖辉（1998）从土地发展权的历史形成原因揭示土地发展权的本质，认为土地发展权是因限制土地发展而形成的，若无限制则无土地发展权一说。

从广义的土地发展权概念可以看出，农地发展权只是土地发展权的一个子集，土地发展权的外延更加广泛。如侯丽华（2005）认为，土地发展权应包括农地变更为非农用地的发展权（或称为农地发展权）；未利用土地变更为农用地或建设用地的发展权；在农地使用性质不变的情况下扩大投入的发展权以及在建设用地上进行建设的发展权。范辉（2005）认为，土地发展权可以具体分为农地发展权、建设用地发展权和未利用土地发展权。王万茂（2005）认为，土地发展权包括农地发展权和市地发展权。其实，对于土地发展权的分类，可以采取不同的分类标准。如果按照土地发展权的主体不同，可以将土地发展权范围分为国有土地发展权（国家享有土地的发展权）和集体土地发展权（集体经济组织拥有土地的发展权）；按照土地类型可以将土地发展权分为农地发展权、建设用地发展权和未利用地发展权。

据此，本研究认为，集体建设用地发展权是指农村集体建设用地在利用上进行再发展的权利，土地所有权人或土地使用权人通过改变现有集体建设用地用途（建设用地类型内改变用途），增强土地利用强度，提高土地利用集约程度，并从中获取土地发展权收益的权利。

二、集体建设用地发展权的归属

集体建设用地发展权的归属问题是集体建设用地发展权制度设计的核心问题之一，它不仅仅关系到集体建设用地再开发的收益分配，而且涉及集体建设用地再开发过程中一系列政策制定，乃至农村集体产权制度的完善，具有重要的理论和现实意义。而在讨论集体建设用地发展权归属之前，首先要讨论的是土地发展权的归属。

（一） 国外典型国家土地发展权的归属

土地发展权肇始于 20 世纪 40 年代末的英国，20 世纪 70 年代美国、法国和日本开始设置或创设相同或类似的土地发展权，目前在西方国家是一种比较普遍的权利形态。而土地发展权在我国目前还仅限于理论界，在实践以及法律文件中并没有明确的界定。因此，关于土地发展权归属的讨论也大多是借鉴国外的研究和实践。国外土地发展权归属主要有三种模式：土地发展权归国家所有的英国模式、土地所有权归土地所有者的美国模式以及土地发展权归土地国家和所有者共有的法国模式。

1. 英国模式：土地发展权国家所有与"涨价归公"

英国在第二次世界大战后，面临着国家重建和人口增加的双重压力，城市规划和土地利用管理方面的研究及法制建设就成了当时迫切需要解决的工作。因此，有关部门于 1940 年公布了《关于有计划分散产业和人口的巴罗报告》，1942 年又公布了《关于保护田园部分的斯考特报告》和《阿斯瓦特报告》，这些报告分别是针对产业、人口、保护田园和土地征用方面产生的问题提供建议或解决方案。其中，《阿斯瓦特报告》的许多研究成果被英国于 1947 年制定的《城乡规划法》采纳，其中最突出的一点是，实行土地发展权"国有化"。可以说，《阿斯瓦特报告》是第二次世界大战以后英国建立的整个规划体系的奠基石（刘国臻，2013）。在英国，所谓的土地发展权"国有化"是指一切私有土地将来的发展权（即土地变更使用类别之权）移转都归国家所有，由国家独占。虽然私有土地仍然保持私有，但土地发展权"国有化"之后，任何私有的土地只能保持原有使用类别的占有、使用、收益与处分的权利；而变更使用类别的权利则为国家所有，由国家独占。因此，私有土地所有人或其他任何人如果想变更土地的使用类别，在土地开发之前，都必须首先向政府购买发展权（土地发展权）。相反，如果由于政府公布土地利用规划，致使私人土地因变更原有用途而有所贬值时，政府也将对地价的差值向土地私权人进行补偿。

土地发展权"国有化"制度实施之后，英国开发土地过快的状况得到了有效改善。1947 年至今，虽然在英国各党派执政的过程当中该项制度有所变化，但总的来说，通过设立土地发展权"国有化"制度，控制土地开发利用，确保因开发而引起的土地自然增值部分归公的基本制度并没有改变。

英国的这种国家所有的土地发展权制度的理论基础是"涨价归公"理论。"涨价归公"思想最早源自英国古典经济学家约翰·斯图亚特·穆勒，他意识到当时英国土地私有制中的种种不平等现象，主张对英国所有土地的市场价值进行全面评估，把土地自然增长的价值收归公有。美国空想社会主义者亨利·乔治在他 1879 年出版的《进步与贫穷》一书中，将土地价值的增加归因于人口的集聚和生产的需求，而非某个人的劳动或投资，同样主张土地增值的收益应该归全社会所有。孙中山先生推行的"平均地权"、涨价归公的做法，也是主张让全社会大众公平地分享土地增值收益。

2. 美国模式：土地发展权土地所有者所有与"涨价归私（农）"

1968 年美国纽约市的《界标保护法》（Landmark preservation law）首次规定了土地发展权转移制度，1974 年又创设了土地发展权征购制度，随着社会经济发展和可持续发展思想的深入人心，美国的土地发展权制度由最初的保护农地，特别是耕地，扩展到了保护生态环境和有历史意义的建筑、界标、风景资源等（刘国臻，2013）。

在美国，土地的发展权归土地所有者拥有，并通过土地发展权移转（Transfer of Development Right，简称 TDR）和土地发展权征购（Purchase of Development Right，简称 PDR）两种制度运行。土地发展权的转移，就是土地所有权人在土地的用途被限制之后，如果土地的所有权人为了获取相应的收益可以将土地上的发展权转移给其他的相关权利人，而相关权利人在获得土地发展权后可以按照土地规划用途开发利用土地。美国在土地规划的过程中，会设定土地发展权转移区，在转移区内的土地所有权人可以选择转让土地发展权，也可以不转让，并按照政府规划自行使用土地。为了更好地支持土地发展权的转移，美国多个州均设立了土地转移银行，在土地发展权交易中给予资金支持（罗云方，2014）。土地发展权征购，则是指美国各州以及地方政府为了特定目的，如保护城市周边的优质耕地，通过公共资金从土地所有者手中购得土地发展权，从而抑制土地所有者改变土地用途；土地发展权征购行为发生后，土地所有者并没有丧失土地，但是只能维持土地原有用途。土地发展权的征购是一种政府行为，是出于公共利益的需要。

美国的这种私人所有的土地发展权制度的理论基础是"涨价归私"理论。其实，关于"涨价归公"理论，很多学者（周其仁，2004）曾明确地提出反对意见，认为"涨价归公"理论的根本缺陷在于：错误的人认为各种资源的市值是由其成本决定的。一块农地在转为市地后因位置优势而身价百倍，而土地所有者或使用者对"位置"的生产显然没有贡献，也不耗费代价，因此不该分享土地增值。但是"涨价归公"理论忽略的最重要一点是，土地所有者或使用者对农地转用中的土地增值有一项重要贡献：放弃农地的使用权，而放弃一项权利要有代价，自然应当获得正当的补偿。

3. 法国模式：土地发展权国家和所有者共有与"公私兼顾"

20世纪五六十年代，法国政府先后颁布了一系列关于城市规划的法律法规，来完善城市规划体系，实现土地资源优化配置，以满足工业化和城市化过程中城市新建、改建和扩建的用地需求，但是并没有取得理想的效果。到了20世纪70年代以后，法国迎来了高速发展的工业化和城市化，并引发了城市布局过密、居住环境恶化、环境污染和土地过度开发等一连串的问题。为了解决这些问题，法国政府于1975年颁布了《改革土地政策的法律》，1976年修改了《城市规划法典》，确立了"法定上限密度限制"和"土地的优先购买权"制度。至此，法国的土地发展权制度正式建立。

"法定上限密度限制"，是政府对土地所有者在自己土地上享有的建设权设定一个低水平的上限，这个限度范围内的发展权归土地所有者，而超过限度的发展建设权则归国家所有。同样，在限度范围内，土地所有者可以自由地进行开发建设，若土地所有者或其他开发者需要进行超过限度标准的开发建设，则必须通过向政府支付一定的费用，来购买超过限度标准的建设权。上限指标一般采用建筑容积率（总建筑面积与总用地面积之比）来控制。"土地优先购买权"制度，是指政府或公共机构根据国家法律的授权，可以对土地所有者出售的土地享有优先购买权；而且这种"土地优先购买权"具有一定的强制性，即土地所有者一旦打算出售土地，就必须出售给政府或公共机构（郑贤超，2012）。

关于土地增值归属的问题，还有学者（周诚，1994）认为，"涨价归公"和"涨价归私（农）"都不全面，而应该按照"谁贡献，谁得益"的原则，将土地的增值在国家、土地所有者和土地使用者之间合理分配，每个主体都拥有部分的土地增值权益，各个主体都不能越限侵权。

（二）农村集体土地发展权归属

如前所述，源于不同的法律理念和国情，国外典型国家土地发展权归属各有不同。通过对国外土地发展权制度的研究与借鉴，我国学者对我国的土地发展权归属也做了大量的研究；但由于我国实行城乡二元土地所有，土地所有权与使用权相分离，以及特殊的土地征收制度，使得土地发展权的归属变得复杂起来。目前，学术界对于国有土地的发展权归属没有异议，因为无论采取归国家所有，还是归土地所有者所有，土地发展权主体都是国家。所以，目前争论的焦点主要在集体土地发展权的归属上。农村集体土地发展权依据土地利用现状，主要包含农地发展权和集体建设用地发展权，因此本研究就从这两个方面论述集体土地发展权的归属。

1. 农地发展权归属

农地发展权，简言之，就是将农用地转为建设用地之权。国内学者关于农地发展权归属主要有以下三种观点：

（1）第一种观点：农地发展权归国家所有

持这种观点的学者认为，农地发展权是独立于所有权的财产权，农地在保留农村集体所有，将发展权归国家所有。如季禾禾（2005）提出将农地发展权的决策权交于国家，由国家作为行使发展权的法律主体，决策土地向更高价值方向流动，地方政府作为国家代理人具体行使征地权，农民可以参与发展权分享。王万茂（2006）认为，从农地发展权的权源及其本质特征、公共产品供给与公共治理，以及农地发展权的估价和市场运作几个角度考虑，农地发展权的主体包括国家和农地使用者两大类，农地发展权的权源是国家主权，因此最终农地发展权应归属于国家，但农民可以社会个体身份参与这部分农地发展权增值的分享。

该观点体现了"涨价归公"的思想，认为由于土地利用性质发生变化而产生的土地增值利益是城市建设投资的外溢（苏志超，2000），该利益是因政府的社会性公共投资产生的（胡兰玲，2002）；并认为农地发展权归国家所有可以保护耕地、维护生态环境、协调经济发展与用地紧张之间的矛盾，实现整个社会稳定协调发展（万磊，2005；藏俊梅，2007）。

（2）第二种观点：农地发展权归农村集体所有

持这种观点的人认为，发展权应当与土地所有权一样，属于同一个主体，为了保护农民集体权益，农地发展权可随同所有权归属于农地所有者，即集体经济组织。如邹秀清（2006）认为，以哪种方式赋予农民可转移农地发展权，理论上有两种不同观点：一是农地私有化；二是在保持集体所有制的前提下，明确可转移农地发展权为农民所有，无论怎样，农地发展权都应该属于农民集体。郭熙保（2006）认为，农地发展权收益是指土地用途转变之后由于土地用途不同而形成的土地价格差异或者土地增值，农地所有权人有权享有这种土地的增值。廖喜生（2007）认为，我国农村土地发展权应归属于其所有者，即拥有农地的各农民集体。

该观点主要体现了"涨价归私"的思想和效率原则。其实，对于发展权的归属问题，其本质是发展权价值增值收益如何分配的问题。这类观点有助于维护农民集体产权权益，解决很多当前土地管理工作中的问题，并且国家当前实施的农村集体土地流转制度改革、征地补偿制度改革等内容都在某种程度上认可农民对农村集体土地发展权权益的分享或占有。

（3）第三种观点：农地发展权归国家和农村集体共同所有

持这种观点的学者认为，农地发展权的产生是由于很多因素造成的，应在国家与农民集体之间合理分配，共同分享农地发展权权益。如周建春（2005）认为，农地转为非农用地增值为农地所有者所有，该增值的分配与市场交易的实际情况相符，即土地增值的第一次分配，各国和地区的通行做法是开征土地增值税，将部分自然增值收归社会，即第二次分配。王永慧（2007）将农地发展权细分为基本发展权、实体发展权和虚拟发展权，认为基本发展权价值应归国家以解决外部性问题，实体发展权价值应由国家和农地产权人共享，虚拟发展权价值应归被限制开发农地所有者和使用者。有些学者还提出，由于我国征地制度的缺陷，农地发展权还应严格区分公益性征地和非公益性征地。如丁德昌（2010）和周建国（2010）都提出非公共利益目的征收农地国家必须向农民集体购买农地发展权或向农民集体给予农地发展权的补偿。

2. 农村集体建设用地发展权归属

目前学术界鲜有学者单独研究农村集体建设用地发展权的归属问题，但是通过研究学者们关于农村集体土地发展权归属问题的争论，也可以为本研究提供借鉴。如刘国臻（2005）提出，仅增加投入而形成的发展权和建设用地的建设权均归土地所有权人所有；周诚（2006）认为农村集体非农建设用地的发展权归农村集体所有；周建国（2010）认为严格区分农用地与非农建设用地的发展权，非农建设用地的发展权归属农民集体；戴中亮（2004）认为解决当前农村土地发展权二元主体矛盾的一个政策选择就是将农村集体土地中的一部分——集体建设用地的发展权赋予农民，以增量改革的方式为土地发展权权利主体的一元化做好铺垫。本研究认为农村集体建设用地发展权应该归属于集体建设用地所有人，即集体经济组织。主要理由如下：

（1）土地发展权作为财产权平等保护的要求

首先，从土地发展权的性质和权源来分析，目前学术界主要有两种不同的观点：一种观点认为，土地发展权是一项从土地所有权中分离出来的，并具有独立性和可转移性的财产权（杨明洪，2004；周建春，2005；刘俊，2006；郑振源，2006；刘明明，2007；孙鹤汀，2009；任艳胜，2009；王彦，2012）。这种观点也是现行的主流观点。另一种观点认为，土地发展权并非土地所有权的派生权利，它是因国家管制权的行使而成为一项独立的权利。这种观点的代表学者如陈柏峰。这里笔者也赞同第一种观点，即土地发展权是一项可与所有权相分离的财产权。作为财产权就应受到国家法律的保护。如我国《宪法》第十三条规定"公民的合法的私有财产不受侵犯""国家依照法律规定保护公民的私有财产权和继承权"。表明公有财产与私有财产具有平等的法律地位，平等地受到宪法的保护。《物权法》也明确规定：国家、集体、私人的物权和其他权利人的物权受法律保护，任何单位和个人不得侵犯。目前我国法律还未明确界定土地发展，仅限于学者们的学术讨论，但从目前来看，对于国有土地的发展权归属国家毫无疑义。那么，我国土地分为国家所有和集体所有两种形式，而且在法律上，国家所有财产和集体所有财产是平等的。我国的法律条文从来就没有规定集体所有制的地位要比国有制的地位低（孙海冰，2006）。既然国有土地发展权归属于国家，那么，我们认为，农民集体作为集体建设用地的所有者也应自然享有集体建设用地的发展权，否则便与物权平等保护原则相违背。可见，基于产权的原则，集体建设用地发展权的初次分配应该是其财产的所有者，即集体经济组织。

（2）集体建设用地使用制度改革的要求

我国《土地管理法》明确规定国家为了公共利益，可以依法对集体所有的土地实行征收或征用，但同时又规定任何单位和个人进行建设需要使用土地的，必须依法申请国有土地，依法申请使用的国有土地包括国家所有的土地和国家征收的原属于农村集体的土地。正是由于一部法律中存在相互矛盾的规定，两类不同性质使征地适用于同一法律程序。《土地管理法》又规定，农民集体所有的土地的使用权不得出让、转让或者出租用于非农建设。国家这种对农村集体土地发展权的控制，一方面造成政府突破公共利益进行大规模征地，另一方面集体经济组织对其拥有的建设用地自发隐性流转。集体建设用地使用制度的改革势在必行。从改革的方向和路径来看，从最初的自发、违规流转，发展到试点改革，再到允许地方法规出台，说明农民集体的发展权主体地位正在逐步显化。如《广东省集体建设用地使用权流转管理办法》，实质上是把农民集体作为农村集体建设用地的发展权的主体，保证农民集体在不丧失土地所有权的前提下，获得因土地性质改变而产生的利益，即农地发展权收益。可见，将集体建设用地发展权赋予农民集体是集体建设用地使用制度改革的要求，对集体建设用地使用制度改革和完善有极大的推动作用。

（3）建设城乡统一的建设用地市场的要求

我国现有的土地市场制度中，农村集体建设用地只有通过国家征收以后才能进入土地市场，国家实际上垄断了土地一级市场。而城乡统一的建设用地市场要求农村集体经济组织拥有完整的产权，并自由行使包括发展权在内的土地权利，与城市国有建设用地"同地""同价""同权"，进行市场化流转。集体建设用地市场化流转，不仅可以发挥市场机制在集体建设用地的配置中的基础性作用，提高集体建设用地的配置效率和利用效率；而且有助于农民集体和农民以土地权益分享工业化、城市化成果。可见，将集体建设用地发展权赋予农民集体是城乡统一建设用地市场建设的要求，反过来，也必将极大地促进城乡统一的建设用地市场的形成。

三、集体建设用地再开发中发展权配置及权利主体确定

集体建设用地再开发中涉及的权利主体主要有国家、集体经济组织和建设用地使用者（包括农民），处理好三者之间的利益是集体建设用地再开发的关键，即要明确界定国家、集体和使用权人的发展权。

集体建设用地的初始发展权属于农村集体经济组织，不再赘述。这里，首先对集体建设用地使用权人的发展权配置进行分析。在我国，城市国有土地的所有权属于国家，发展权同样依附于用益物权人，即国家所有；当国有土地使用权人通过出让、转让等方式取得国有土地的使用权后，随着出让、转让合同的建立，由于合同关系同样表现为物权属性，因此国有土地的用益物权人随着合同转为国有土地使用权人，发展权由于自身的物权属性同样依附于国有土地使用权人。在我国，集体建设用地的使用权取得相对较为复杂一些，但不管是因为合同，还是因为破产、兼并等，或是因地方政策（如广东省、安徽省等地建设用地流转管理办法）取得集体建设用地使用权，集体建设用地使用权人作为土地的用益物权人，都应该拥有

集体建设用地的发展权。

国家出于公共利益的需要，对集体建设用地征收土地发展权的变化可以分为两个阶段：第一个阶段是在征收阶段，集体建设用地的所有权和使用权发生变更，归国家所有，土地发展权也应归属国家，但这个阶段国家对农村集体补偿要考虑到发展权的补偿。第二个阶段是征收后国家出让土地使用权产生的发展权及其收益，发展权变化如前所述。建设用地再开发中发展权的配置主要是集中于征收阶段。集体建设用地再开发中发展权配置及权利主体变化如图 6－1 所示。

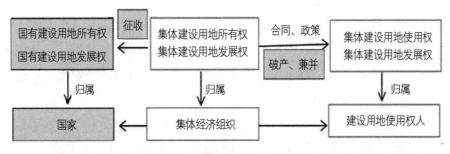

图 6－1　集体建设用地再开发中发展权配置及权利主体

第二节　产权政策的困境：
城乡二元土地制度下集体产权制度的缺陷

我国长期实行的城乡二元土地制度，以及由此带来的农村集体产权制度的缺陷，是集体建设用地再开发面临的产权困境，具体表现在以下三个方面：

一、集体建设用地所有权主体缺位

我国实行的是社会主义土地公有制，城市土地属于国家所有，农村和城市郊区土地除由法律规定属于国家所有的以外，属于农民集体所有。国有土地所有权主体是国家，由国务院代表国家行使，国务院又授权地方人民政府及其职能部门行使国家土地所有权，是一种委托代理关系。而我国法律对"农民集体"作为集体土地所有权主体的构成要素和运行原则的规定并不明确。如《土地管理法》和《物权法》规定，农民集体所有的土地属于村农民集体所有的，由村集体经济组织或者村民委员会代表集体行使所有权；分别属于两个以上农民集体所有的，由村内各该集体经济组织或者村民小组代表集体行使所有权；属于乡镇农民集体所有的，由乡镇集体经济组织代表集体行使所有权。《民法通则》规定，集体所有的土地属于村农民集体所有，由村农业生产合作社等农业集体经济组织或者村民委员会经营、管理。已经属于乡（镇）农民集体经济组织所有的，可以属于乡（镇）农民集体所有。《农村土地承包经营法》规定，农民集体所有的土地属于村农民集体所有的，由村集体经济组织或者村民委员会发包；分别属于两个以上农村集体经济组织的农民集体所有的，由村内各农村集体经济组织或者村民小组发包。

上述法律不同规定表明，"农民集体"的概念存在多元解读，在不同的情况下被表述为村农民集体、乡（镇）农民集体、乡（镇）农民集体经济组织等形式，而这些不同的"集体"都是虚化的，没有明确的指称对象。不仅"农民集体"存在多元主体和虚化，而且能代表农村集体对土地进行经营、管理的主体也存在多重规定。从上述立法可以看出，能代表农村集体来经营、管理土地的主体包括村集体经济组织、乡镇集体经济组织、村民委员会、村民小组等。这些经营、管理者也都还是一个组织的概念，不仅具体对象不确定，其经营、管理的角色也逐渐在淡化，而且随着工业化、城市化的发展，部分经营、管理农村集体土地的组织甚至退出了历史舞台。可见，这种集体土地所有权主体的多元化和缺位，使得集体建设用地缺乏明确的人格化代表，在建设用地再开发过程中就会出现主体不明确，开发混乱，集体土地财产得不到有效保护等问题。

二、集体建设用地使用权主体混乱

改革开放以后，我国城市土地使用制度改革最大的功绩是实现了城市土地使用从"无偿、无限期、无流动"的"三无"状态，到"有偿、有限期、有流动"的"三有"状态。主要的阶段性的政策、法规如下：1979年《中华人民共和国中外合资经营企业法》和1980年《关于合资企业建设用地的暂行规定》明确规定了中外合资企业建设用地实行有偿使用，揭开了国有土地使用制度改革的序幕。1987年深圳市率先在全国第一次进行土地使用权有偿出让。1988年《宪法》和《土地管理法》进行修订，明确土地使用权可以依照法律规定转让。1990年颁布的《城镇国有土地使用权出让和转让暂行条例》和《外商投资开发经营成片土地暂行管理办法》，大大推动了城市国有土地使用权出让、转让工作。2002年国土资源部颁发了《招标拍卖挂牌出让国有土地使用权规定》，规定商业、旅游、娱乐和商品住宅等各类经营性用地，必须以招标、拍卖或者挂牌方式出让。目前，国有土地使用权流转已经非常规范，国有土地使用权属明晰，并且拥有完善的土地登记制度。

而我国农村土地使用制度改革却举步维艰。农村集体土地使用制度从一开始就没有明确提出"有偿使用"，农村宅基地、乡（镇）村企业长期无偿使用。而且按照现行法律，集体建设用地的使用权使用及流转都被限制在集体经济组织内部，以及破产、兼并等狭小的范围内。但是，现实中却出现了大量的自发、隐形流转，以及安徽省、广东省等地出台地方法规试行集体建设用地市场化流转。可见，当前客观上已经形成了集体建设用地的流转，但相关的流转管理却没有跟上，导致了集体建设用地流转比较混乱的局面，出现使用权属不清晰，流转价格不合理等现象。20世纪80年代末90年代初，我国原国家土地管理局就致力于推进农村集体土地确权登记发证工作。1993年，国务院为了减轻农民负担，取消了包括农村土地登记在内的一系列收费。1998年，国土资源部成立后，先后就加快农村集体土地所有权登记发证工作、宅基地使用权登记发证工作作出了部署。2001年年底，国土资源部下发了《关于依法加快集体土地所有权登记发证工作的通知》和《集体土地所有权调查技术规定》。2008年，党的十七届三中全会提出：要赋予农民更加充分而有保障的土地承包经营权，现有土地承包关系要保持稳定并长久不变；搞好农村土地确权、登记和颁证工作等。2010

年和 2012 年中央 1 号文件都明确提出，要推进包括农户宅基地在内的农村集体建设用地使用权确权登记颁证工作，但是这项工作一直进展缓慢。可见，在村镇建设用地再开发中，由于集体建设用地使用权主体不清晰、混乱，缺乏集体建设用地的确权、登记，给开发改造带来很大的困扰，尤其是在拆迁补偿中，不仅容易产生补偿纠纷，而且增加了改造项目的运行成本，降低了运行效率，造成了不利的影响。

三、集体建设用地发展权权能缺失

按照我国现行的土地管理立法规定，我国实行土地的社会主义公有制，并且实行国家所有和集体所有的二元制，其中，国家所有土地的权能是完整的，包括占有权、使用权、收益权和处分权的权利；但集体所有的土地在使用、收益和处分等方面受国家法律的限制。如《土地管理法》第四十三条规定："任何单位和个人进行建设，需要使用土地的，必须依法申请使用国有土地；但是，兴办乡镇企业和农民建设住宅经依法批准使用本集体经济组织农民集体所有的土地的，或者乡（镇）公共设施和公益事业建设经依法批准使用农民集体所有的土地除外"，对集体土地所有土地的使用权能作了限制。同时，集体土地所有者代表对土地行使处分权时，受农民集体经济组织成员共同意志的限制及国家法律和政府管理的限制。

虽然我国法律没有明确规定土地的发展权，但现行法律规范却隐含着土地发展权归国家所有，集体土地发展权被法律无偿国有化。集体土地发展权受限主要体现在以下三个方面：第一，体现在农村集体所有的农用地的用途转变环节上。我国 2004 年修订的《土地管理法》第四条规定："国家实行土地用途管制制度"，"国家编制土地利用总体规划，规定土地用途，将土地分为农用地、建设用地和未利用地。严格限制农用地转为建设用地"。第四十四条规定："建设占用土地，涉及农用地转为建设用地的，应当办理农用地转用审批手续"。由此可见，我国对农用地转为建设用地作了严格的规定。第二，体现在集体建设用地使用权流转方面。《土地管理法》第六十三条规定："农民集体所有的土地使用权不得出让、转让或者出租用

于非农建设";第四十三条又规定:"任何单位和个人进行建设,需要使用
土地的,必须依法申请使用国有土地"。我国《城市房地产管理法》第八条
规定:"城市规划区内的集体所有的土地,经依法征用为国有土地后,该国
有土地的使用权方可有偿出让。"这些法律条文表明:"土地使用权出让"
是特指国家"批租"行为,实际上是一种国家行政性垄断。第三,体现在
国家的征地行为之中。《土地管理法》第二条规定:"国家为了公共利益的
需要,可以依法对集体所有的土地实行征收或征用并给予补偿"。而在现实
的征地过程中,征地范围过宽,其间巨大的土地增值收益却由用地单位和
地方政府共同分享。以上事实说明,国家通过土地用途管制、禁止农村建
设用地流转和土地征用等手段控制着农村集体土地的发展权,享有农村集
体土地发展权的收益(廖喜生,2007)。集体建设用地再开发过程中,集体
建设用地发展权权能的缺失,导致农民集体和农民作为再开发主体地位的
缺失,获取再开发过程中土地增值收益的权利被排斥或剥夺,无法获得合
理的补偿。农民集体和农民为了获取发展权收益,可能还会出现一些不合
作、甚至是抗争的行为,导致再开发陷入混乱、失控状态。

第三节　广东省"三旧"改造中的土地产权选择

本节将在对广东省"三旧"改造各种模式介绍的基础上,探讨各种改
造模式的产权选择。

一、广东省"三旧"改造的模式

广东省"三旧"改造,按照改造主体参与的角度不同,可以分为:政
府主导型改造模式、村集体主导型改造模式、使用权人自行改造模式和开
发商主导型改造四种模式。

(一) 政府主导型改造模式

政府主导型改造模式的改造主体为政府,由村集体配合,政府直接投

资改造旧村居、旧厂房等，解决村民的拆迁安置问题，进行开发建设，从而达到改造目的。政府主导型改造模式，一是为了城市基础设施和公共设施建设或实施城市规划进行旧城区（城中村）改建需要使用土地；二是针对个别涉及主体多、拆迁难度大、改造工作十分复杂的大型项目，由政府依法征收或者收回、收购土地使用权之后，纳入土地储备；然后按照有关规定，通过公开招标、拍卖、挂牌等方式将经过前期开发的土地进行出让。实施这种模式的前提是政府经济实力雄厚，村民接受政府的改造方案。

政府主导型模式的优点：首先，能够充分考虑全社会的综合效益，有利于调配各相关部门的资源。政府代表了全体市民的利益，在改造的过程中不会仅仅集中在经济利益上，而更关注的是社会、环境和经济等方面的综合效益。其次，旧村居改造涉及国土局、规划局、民政局和劳动局等相关部门的配合，由政府主导改造可以更好地整合各职能部门的资源，有利于改造工作顺利推进。再次，能够进行较为彻底的改造，不仅可以从空间（硬件）上对旧村居进行改造，同时也从体制、保障、发展（软件）上对旧村居进行改造，为旧村居的全方位改造创造条件。

政府主导型改造模式的缺点和局限性主要有以下几点：首先是适用范围，该模式仅适用于尚存有土地且即将被城市建设所覆盖的旧村居，从某种意义上来说，这只是一种防止新的成熟型旧村居出现所采取的手段；其次是资金问题，也是最重要的问题。由于政府独自承担所有改造的费用，资金是这种改造模式最大的困难；最后是政府将被农村集体、村民、用地单位和个人排除在改造利益分配之外，极易产生冲突和对抗，加大改造难度。

（二）村集体主导型改造模式

村集体主导型改造模式又分为保留集体所有的自主改造型和申请转为国有的自主改造型两种模式。

1. 村集体主导型——保留集体所有

保留集体所有的村集体自主改造模式，是在政府指导下，由村集体独立或是与其他单位合作，承担旧村居的改造工作，包括拆迁安置、土地平整、回迁返建和商品房的建设等。村集体经济组织自行进行改造，不改变土地所有权的性质，获取土地的增值收益。

> 东莞市石碣镇唐洪村食街项目是集体经济组织在其所有的集体土地上自行改造的典型。改造前为集体建设用地承租人所建的商业物业，集聚商贸、餐饮、娱乐和休闲等功能，吸引了相对固定的消费群体，形成较为良好的商业氛围。"三旧"改造政策出台后，唐洪村经济合作社对地上的商业建筑进行补偿收回出租的土地，计划投资 5 亿元进行商业、服务业开发，将已有的"唐洪美食一条街"提升以餐饮功能为主，集娱乐、休闲、购物和美食文化于一体的中高档特色品牌美食街。

2. 村集体主导型——申请转为国有

在广东省"三旧"改造中，还出现了村集体经济组织将集体建设用地转为国有后，集体经济组织自行改造或与有关单位合作改造的另一种村集体主导型改造模式。

> 东莞市茶山镇的旧村改造项目采用了集体建设用地转为国有后与有关单位合作改造的模式。首先，茶山村举行村民代表大会并将集体建设用地转为国有事项进行表决，经 2/3 以上代表同意后，茶山村经济合作社向东莞市土地主管部门提出将集体建设用地转为国有的申请。然后，在尊重原建设用地使用权人意愿的前提下，通过协商解决补偿问题，进行拆迁补偿。最后，与东莞市华拓房地产投资有限公司合作开发，通过协议方式取得国有土地使用权，缴交土地出让金后，合作开发商业街、建安置房安置拆迁农户。

具体操作为：村集体组织编制新村规划，经过规划部门审批之后，根据情况，逐步按照规划实施。

村集体主导型改造模式的优点：首先，村集体独立或与其他单位合作进行改造开发工作，获利丰厚，开发积极性高；其次，由于其代表了绝大多数村民的利益，村民的积极性容易调动，拆迁、安置和改造工作容易达成共识，有利于改造工作的顺利进行。

村集体主导型改造模式的缺点：该模式对村集体经济组织和村股份公司的经济实力、技术力量及企业的经营管理、协调能力都是一个严峻的考验；同时，对于投资巨大的拆迁和建设费用，村集体经济组织可能难以应对，会面临巨大的资金问题。

（三）使用权人自行改造模式

使用权人自主改造模式，是在政府指导下，由原土地使用权人在符合土地利用总体规划和城乡建设规划的前提下，土地使用权人自己或是采取与他人合作等方式，对土地进行再开发。

东莞市长安镇小天才科技有限公司旧厂房改造项目采取的是原土地使用权人自行改造模式。该项目位于东莞市长安镇霄边社区东门中路 26 号，总面积 $3.6595hm^2$，该地块改造前用途为工业，为东莞市长安镇对外经济发展总公司自 1998 年开始使用，建筑面积约 $60\ 269m^2$，容积率为 1.5，年产值约为 500 万元。长安镇对外经济发展总公司于 2013 年 3 月将该地块推出市场进行挂牌，最后由广东小天才科技有限公司竞得，该公司将投入 7.5 亿元资金申请自行改造，项目计划于 2013 年实施建设，建成后建筑面积为 $180\ 049m^2$，主要用于科研设计和办公。该项目纳入产业类改造项目计划，在旧厂房拆除或地块平整时可获得拆除补助 40 元/m^2 及其容积率在 3.0 以上的，补助 100 元/m^2，享受最高额 1 000 万元补助。项目属原土地权利人自行改造项目，以协议出让方式供地。

使用权人自行改造模式的优点是尊重了土地权利人对改造地块进行再开发利用的自主权，支持并鼓励社会力量积极参与改造，而且充分保障了原土地使用权人的利益。该改造模式的缺点是对原土地使用权人的公司的经济实力、技术力量及企业的经营管理和协调能力等要求比较高。

（四）开发商主导型改造模式

按开发商获得的建设用地权属特性，可以将开发商主导型改造模式分为以下两种：

1. 开发商主导型——使用国有土地

开发商主导型是指开发商成立项目公司，负责征地、拆迁、补偿、安置、建设和销售等，按市场化方式进行综合开发，整体方案、布局和资金运作都由开发商自己负责。考虑到开发商独立承担拆迁、改造，资金压力巨大，同时大多数地方政府人力和资金有限，如果有意参与改造的社会资金难以进入的话，改造工作将难以推动。因此，按照 2009 年广东省出台的《关于推进"三旧"改造促进节约集约用地的若干意见》（粤府〔2009〕78号，以下简称为《若干意见》）及其实施意见，明确在"三旧"改造范围内，"三旧"改造的地块可采取拆迁安置与土地使用权捆绑的方式进行公开出让。

深圳市龙岗区回龙埔的旧村改造项目就是由政府委托深圳市龙岗佳兆业房地产开发有限公司和深圳市益田集团股份有限公司和深圳京基开发有限公司等公司与原土地使用权人及原地上建筑物所有权人达成补偿协议，在完成改造范围内全部土地收购、拆迁补偿等工作基础上，公开挂牌捆绑出让改造地块的土地使用权，通过改造主体资格与土地使用权捆绑出让，保证了前期介入的拆迁主体的利益，使拆迁主体与实施主体合二为一，利用土地二次开发的增值收益弥补拆迁补偿安置的成本，增强开发商参与改造的意愿，顺利推动改造项目实施。

2. 开发商主导型——使用集体土地

按照《若干意见》的规定，还可以采取在不改变集体土地所有权的前提下，开发商通过转让、租赁等方式获得集体建设用地使用权，然后进行投资开发和改造。

佛山国际家具波澜城项目是佛山市"三旧"改造的重点工程和示范项目。2007 年 5 月，塘头村和东风村将城镇建设规划范围内的集体建设用地约 600 亩租赁给投资商，租期 40 年，用于打造一个世界级的家居用品博览城。改造前现状都是三四十年前建成的简易仓库、厂房，建筑面积 23 万 m²，容积率为 1.2。改造后项目总建筑面积 200 万 m²，投资约 35 亿元，容积率达到 4.87。村集体每年获得的土地租金超 4 000 万元。租赁期满后，村集体收回土地使用权，租赁方将建筑物和所有设施、设备无偿移交给村集体。

开发商主导型改造模式的优点是：首先，开发商开发地产的经验丰富、经营管理能力及技术力量强，资金有保障，同时有利于保证改造片区的开发档次与品质，实现土地开发的最大价值；其次是开发商独立运作有利于整体规划和整体协调，控制开发运作时间，保证改造的整体效果。

开发商主导型改造模式的缺点是：开发商独立承担整个旧村居的开发改造，利益相对集中，拆迁安置、土地开发、回迁返建、商品房的开发过程中的大部分利润流入开发商。同时，由于开发商利益所致，改造难以彻底进行，仅仅可以从空间（硬件）上对旧村居进行改造，而在体制、保障、发展（软件）等方面则难以顾及，造成旧村居改造的不彻底，留有后患。

二、广东省"三旧"改造中的土地产权选择

（一）广东省"三旧"改造中的土地所有权选择

从前述广东省"三旧"改造模式，我们可以看出，目前广东省"三旧"改造中可供选择的土地所有权模式主要有两种：第一种是"转权模式"，即将集体建设用地转为国有土地，然后开发、改造，将国有土地使用权让渡给用地者的模式；第二种是"保权模式"，即在不改变土地集体所有权性质的前提下，进行开发、改造，实现集体建设用地使用权流转的模式。

通过转权模式，实现集体土地的国有化，主要通过两种途径：①政府、开发商或政府与开发商结合，对集体建设用地进行拆迁、安置、改造，改

造后的土地变为国有土地，再经过政府市场化出让方式取得国有建设用地使用权；或是在开发商完成拆迁、安置工作后，政府以"毛地"出让给开发商，开发商在扣除拆迁费用和合理利润之后，缴纳土地出让金，取得土地使用权。②经农民集体自愿申请，地级以上人民政府可以批准将存量集体建设用地直接转为国有建设用地，不再办理征收手续。自愿申请转为国有之后，集体经济组织可以自行改造，也可以与有关单位合作改造。

保权模式主要有三种途径：①村集体在收回集体建设用地使用权后，独立或与有关单位合作进行拆迁、改造、安置工作；②村集体经济组织可以将集体建设用地的使用权通过转让、租赁等方式让渡给开发商，由开发商完成拆迁、改造工作，进而获得集体建设用地使用权；③村集体经济组织保留集体建设用地所有权，由集体建设用地原使用权人自行进行改造，改造完成后继续拥有原土地使用权。广东省"三旧"改造模式及土地所有权选择如图6-2所示。

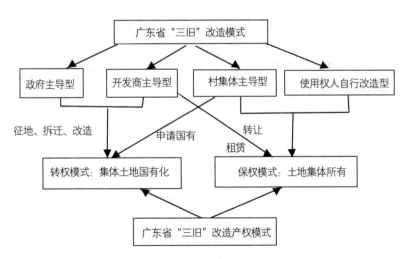

图6-2 广东省"三旧"改造中的土地所有权选择

（二）广东省"三旧"改造中的土地发展权选择

广东省"三旧"改造的产权选择模式，按照发展权的归属可以分为发展权归国家、集体经济组织和原土地使用权人三种产权选择。"三旧"改造中发展权归国家主要有两种：第一种是"转权模式"中的第一种途径，即对集体建设用地进行拆迁、安置和改造，改造后的土地变为国有土地，再经过政府市场化出让方式取得国有建设用地使用权；第二种是在开发商完成拆迁、安置工作后，政府通过将拆迁安置与土地使用权捆绑，以"毛地"出让给开发商，开发商在扣除拆迁费用和合理利润之后，缴纳土地出让金，取得土地使用权。"三旧"改造中发展权归集体经济组织主要有三种：第一种是保留所有的村集体自主改造，即由村集体独立或是与其他单位合作，承担旧村居的改造工作，包括拆迁安置、土地平整、回迁返建、商品房的建设等。第二种是村集体主导型的申请转为国有，即原农村集体经济组织申请将集体建设用地征为国有，补缴土地出让金后取得国有建设用地使用权，然后由农村集体经济组织自行改造或与有关单位合作开发建设。第三种是开发商主导型的使用集体土地，即开发商以转让、租赁等方式获得集体建设用地使用权，然后进行"三旧"项目的投资、改造。广东省"三旧"改造中土地使用权人自行改造的模式，就是将集体建设用地再开发的发展权赋予原土地使用权人。广东省"三旧"改造模式及土地发展产权选择如图6-3所示。

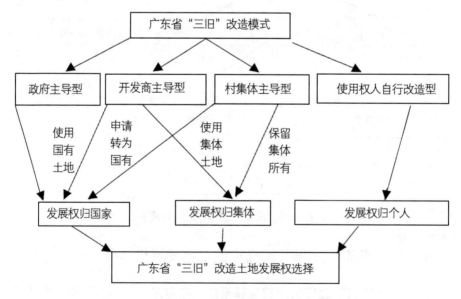

图6-3 广东省"三旧"改造中的土地发展权选择

第四节　广东省"三旧"
改造中土地产权制度障碍及政策选择

本节将对广东省"三旧"改造中上述两种土地产权选择，从相关法律、制度现状以及广东省实践的角度出发，探索两种产权选择实现中存在的问题，提出完善"三旧"改造中土地产权政策对策建议。

一、集体土地国有化、发展权归国家的制度基础及存在问题

（一）法律和制度基础

1. 集体土地所有权国有化的相关法律、制度

我国《宪法》和《土地管理法》中都明确规定，农村和城市郊区的土地，除由法律规定属于国家所有的以外，属于集体所有；宅基地和自留地、自留山，也属于集体所有。国家为了公共利益的需要，可以依照法律规定对土地实行征收或者征用并给予补偿。《土地管理法实施条例》第2条第五款规定：农村集体经济组织全部成员转为城镇居民的，原属于其成员集体所有的土地属于全民即国家所有。在广东省及全国很多地方的"三旧"改造中，都将上述条款作为集体建设用地国有化转制的法律依据。

在中央立法的指导下，为了推进"三旧"改造，很多地方都结合自身实际，制定了一系列地方政府规章。如《中共广州市委员会办公厅、广州市人民政府办公厅关于"城中村"改制工作的若干意见》规定："实施改制的'城中村'，在农民从建制镇转为城市居民后，村行政管辖范围内的剩余集体土地，按《中华人民共和国土地管理法实施条例》第二章第2条第五

款的规定，一次性转为国有土地，其合法土地使用权人和用地功能性质不改变，原农用地承包继续享有国有农用地的承包经营权，对转制后的土地使用权人核发国有土地使用证。"

2. 集体土地所有权国有化的征管补偿的相关法律、制度

《宪法》第 10 条第三款规定："国家为了公共利益的需要，可以依照法律规定对土地实行征收或者征用并给予补偿。"同时国家也对征收集体土地的管理做了相应的规定，从而预防我国集体土地所有权征收的任意性。《土地管理法》第 4、10、37、43 条也有相关规定，任何单位和个人进行建设，需要使用土地的，必须依照公共利益的需要申请使用国有土地。可见，通过征收将集体土地所有权变为国有，首先是出于公共利益的需要，同时要依照法定程序。

关于农村土地征收补偿标准，《土地管理法》第 47 条规定，征收土地的，按照被征收土地的原用途给予补偿。征收耕地的补偿费用包括土地补偿费、安置补助费，以及地上附着物和青苗的补偿费，根据耕地产值设定了不同的补偿倍数标准；征收耕地以外的其他土地，由省、自治区、直辖市参照征收耕地的补偿标准制定具体的规定。该法同时还规定了补偿的最高额，即土地补偿费和安置补助费的总和不得超过土地被征收前 3 年平均年产值的 30 倍。《土地管理法实施条例》第 26 条对补偿费用的用途作了具体的规定，土地补偿费归农村集体经济组织所有；地上附着物及青苗补偿费归地上附着物及青苗的所有者所有。

同时，《国务院关于深化改革严格土地管理的决定》在"完善征地补偿和安置制度"中也对补偿标准作了一些原则性的补充规定，如"依照现行法律规定支付土地补偿费和安置补助费，尚不能使被征地农民保持原有生活水平的，不足以支付因征地而导致无地农民社会保障费用的，省、自治区、直辖市人民政府应当批准增加安置补助费。""土地补偿费和安置补助费的总和达到法定上限，尚不足以使被征地农民保持原有生活水平的，当地人民政府可以用国有土地有偿使用收入予以补贴。"以上可以看出，真正补偿到农民的费用并不是很多，农民从集体土地所获得的权益少之又少。

在"三旧"改造过程中，关于征地补偿的地方性规定不仅繁多，标准也不统一，下面只列举广州市猎德村改造的补偿标准，其他不再赘述。猎德村在改造过程中，依据《广州市关于"城中村"改制工作的若干意见（穗办〔2002〕）》，制定了《猎德村旧城改造实施方案》。被拆迁房屋有合法产权证明部分的建筑面积以回迁安置后关门面积计算，1平方米补回1平方米。村民如需要增加安置面积，按3 500元/m^{2}购买，村民也可选择放弃该部分面积，村集体将按1 000元/m^{2}的标准给予补偿。此外，违章建筑房屋还将给予框架结构1 000元/m^{2}的材料损失补偿。阶梯式安置以四层为上限，即按证内（合法产权证明）建基面积不足二层的补平二层，原二层及以上不足三层的补平至三层，原三层及以上不足四层的补平至四层，四层及以上的按证内合法面积安置回迁。

（二）广东省的制度创新

1. 拆迁安置与土地使用权捆绑：征地供地制度创新

为了推动"三旧"改造的顺利实施，鼓励社会资金开展"三旧"改造，《若干意见》明确提出，在确定开发建设条件的前提下，由政府将拆迁及拟改造土地的拆迁安置与土地使用权一并通过招标等公开方式，捆绑进行出让，之后由开发商成立项目公司，负责征地、拆迁、补偿安置、建设和销售等工作，拆迁费用可以作为收（征）地（拆迁）补偿成本从土地出让成本中支付。拆迁安置与土地使用权捆绑的方式，很好地解决了开发商拆迁、改造资金压力问题，拓宽了"三旧"改造筹资渠道，解决政府独自承担"三旧"改造的人力和资金困境，也是广东省"三旧"改造中集体土地国有化，征地收储制度之外的供地制度的创新。

2. 共享土地增值收益：征地补偿制度创新

在现行法律框架下，征收集体建设用地并完成拆迁后，由建设单位完成开发改造任务的"三旧"改造模式，在政府或开发单位与被拆迁改造单位和个人之间容易因补偿问题发生争议。随着所在区域经济的发展，"三旧"用地蕴藏着巨大的潜在经济价值，但在政府征收改造模式下，被改造地块单位及个人仅能按照法律规定获取房屋和土地的相应补偿，无缘分享因"三旧"改造而产生的巨大土地收益，巨大的土地收益主要成了政府的土地出让收入和建设单位的开发利润。没有充分考虑占有改造地块的单位及个人利益的改造和补偿方案往往遭到拒绝，致使改造困难重重。

为了充分体现利益共享的要求，调动包括被改造地块单位及个人在内的社会各方力量支持和参与改造的积极性，《若干意见》在明确可以采用多种改造模式的同时，也明确了不同改造模式下土地利益分享的具体办法。提出政府征收农村集体建设用地进行经营性开发的，其土地纯收益按不高于60%的比例专项用于支持原农村集体的发展。各地市根据当地情况进行了细化，《关于广州市推进"城中村"（旧村）整治改造的实施意见》规定的标准为60%，《东莞市"三旧"改造实施细则（试行）》规定的标准为30%－60%。该补偿制度的创新使农村集体参与分享改造的后续利益，形成利益共享格局，顺利推进了"三旧"改造。

（三）法律和制度存在的问题

1. 土地征收的公共利益与现行法律相悖

我国《宪法》和《物权法》以及《土地管理法》都对土地征收做了明确的法律规定：国家为了公共利益的需要，可以依照法律规定及程序对土地实行征收并给予补偿。但公共利益包括哪些内容没有明确，公共利益的内涵和外延都很模糊，造成人们在认识上有意无意地存在很大"偏差"。现实表明，在"三旧"改造过程中，政府征收的土地只有一部分用于"公共利益"的需要，大部分则用于商业等目的。可见，"三旧"改造中，国有化土地征收的目的已经远远偏离了公共利益的范畴，甚至成为政府部门以及房地产开发商等利益集团滥用"公共利益"谋求私利的理由，明显与现行法律相悖。

2. 土地征收补偿标准缺失

我国《土地管理法》并未对征收集体建设用地的补偿标准作出明确的规定，只提出"征收耕地以外的其他土地，由省、自治区、直辖市参照征收耕地的补偿标准制定具体的规定。"同样，集体建设用地上房屋、厂房等建筑物和构筑物的补偿标准也缺乏规定。国家法定的补偿标准的缺失，导致各地补偿标准不统一，甚至是同一地区不同项目补偿标准不统一。

3. 剥夺了集体经济组织和土地使用权人的发展权能

政府主导型和开发商主导型的土地征收、国有化改造的"三旧"改造模式，改造的土地增值收益主要成为政府的土地出让收入和开发商的利润，被改造地块的所有权人及使用权人仅能依照法律规定获得房屋和土地的相应补偿，无缘分享改造产生的土地增值收益，剥夺了所有权人集体经济组织和农民，以及使用权人再开发的发展权能。

二、集体土地国有化、发展权归集体的制度基础及存在问题

（一）法律和制度基础

按照《土地管理法》等规定，只能通过征收的办法将集体建设用地转变为国有土地，即使农村集体经济组织和农民对征收没有意见，也需要按照征地程序逐级报批省人民政府或国务院审批，程序复杂，耗时较长，影响了各方的积极性。

广东省"三旧"改造过程中，农村集体经济组织基于提高用地的开发价值，愿意自行改造或与有关单位合作改造，来获取土地增值收益，有将集体建设用地转为国有建设用地的强烈愿望。因此，在实践中，在征收之外，建立了由农民集体申请将集体建设用地转为国有的制度，既能达到简

化审批手续，又能达到保护农民权益的目的。

按照《若干意见》，土地利用总体规划确定的城市建设用地规模范围内的旧村庄改造，原农村集体经济组织申请将农村集体所有的村庄建设用地转变为国有建设用地的，可依照申请报省人民政府批准征为国有。《广东省人民政府办公厅转发省国土资源厅关于"三旧"改造工作实施意见（试行）的通知》（粤府办〔2009〕122号）进一步明确了相关的条件和程序，明确纳入"三旧"改造规划的旧村庄建设用地，符合下列条件的，有关农村集体经济组织可向所在地县级以上国土资源管理部门申请转变为国有建设用地。①该集体建设用地在土地利用总体规划确定的城市建设用地规模范围内且符合城乡规划。②土地权属清楚，无争议。③经本集体经济组织（或村民代表大会）2/3以上人员同意。④已纳入"三旧"改造年度实施计划。就村庄集体建设用地申请转变为国有建设用地的，由县级以上国土资源管理部门负责审查后报批同级人民政府审核，并由国土资源管理部门逐级上报省国土资源厅；省国土资源厅审核并报批省人民政府同意后批复地级以上市人民政府。可见，《若干意见》设定的转国有制度是在征地制度以外，开辟了农村集体建设用地转为国有的新途径。

（二）法律和制度存在的问题

广东省"三旧"改造中的申请转为国有的制度创新，开辟了农村集体建设用地国有化的新途径，赋予了集体经济组织和农民土地再开发中的发展权能，但存在的最大制度问题是国有化申请村民身份转变的缺失。

根据《土地管理法》实施条例第2条规定，当农村集体经济组织全部成员转为城镇居民的，原属于其成员集体所有的土地转变为国家所有。在目前的法律框架下，"三旧"改造中集体土地申请转为国有，必须先完成集体经济组织全部成员身份的转变和集体经济组织的转制，即"先完成改制，后进行改造"，实现因集体经济组织主体的消失，集体土地产权归国家所有。但现实中，一方面出现了强行改变城中村农民身份，撤销集体建制的情况；另一方面只是村民户籍改变为城镇居民，除了身份名称发生变化，其他都没有改变的情况。

三、土地集体所有、发展权归集体的制度基础及存在问题

（一）法律和制度基础

《土地管理法》第63条规定：农民集体所有的土地的使用权不得出让、转让或者出租用于非农业建设；但是，符合土地利用总体规划并依法取得建设用地的企业，因破产、兼并等情形致使土地使用权依法发生转移的除外。第43条规定：任何单位和个人进行建设，需要使用土地的，必须依法申请使用国有土地；但是，兴办乡镇企业和村民建设住宅经依法批准使用本集体经济组织农民集体所有的土地的，或者乡（镇）村公共设施和公益事业建设经依法批准使用农民集体所有的土地的除外。《物权法》也规定，"集体所有的土地作为建设用地的，应当依照土地管理法等法律规定办理。"可见，在现行法律和制度框架下，"三旧"改造中仅仅用于乡（镇）村公共设施和公益事业建设，以及乡镇企业和村民住宅建设的范围内，可以保留和使用集体土地。

（二）广东省制度创新

如前所述，按照现行法律规定，农村集体土地只能用于农村公共设施公益事业、乡镇企业和村民住宅建设，且不允许流转给农村集体以外的单位和个人进行非农业建设。而广东省在"三旧"改造过程中发现，大量的旧村庄用地，仅靠农村集体自身的力量难以完成改造，而且如果将大量位于城市建成区和近郊区的集体建设用地的用途定位于农村公共设施公益事业、乡镇企业和村民住宅，也难以适应城镇建设发展的需要。为推进旧村庄的改造，结合2005年颁布的《广东省集体建设用地使用权流转管理办法》，在制定《关于推进"三旧"改造促进节约集约用地的若干意见》时，放宽了对集体建设用地使用主体和用途的限制。

《广东省集体建设用地使用权流转管理办法》明确提出依法取得的集体建设用地可以出让、转让、出租和抵押等方式流转，除商品住宅以外，可以用于兴办各类工商企业，包括国有、集体、私营企业，个体工商户，外资投资企业（包括中外合资、中外合作、外商独资企业、"三来一补"企业），股份制企业，联营企业；也可以用于兴办公共设施和公益事业。

为了规范集体建设用地使用权流转，保护农村集体成员的合法权益，《广东省集体建设用地使用权流转管理办法》明确农村集体经济组织出让、出租和抵押集体建设用地使用权，须经本集体经济组织 2/3 以上成员或者 2/3 以上村民代表的同意。集体建设用地使用权出让、出租用于商业、旅游和娱乐等经营性项目的，应当参照国有土地使用权公开交易的程序和办法，通过土地交易市场招标、拍卖、挂牌等方式进行。集体建设用地使用权出让、转让和出租的，应当向土地行政主管部门申报价格，并依法缴纳有关税费。集体建设用地使用权转让发生增值的，应当参照国有土地增值税征收标准，向市、县人民政府缴纳有关土地增值收益。

广东省《关于推进"三旧"改造促进节约集约用地的若干意见》，放宽对集体建设用地使用主体和用途的限制，赋予其与国有建设用地相同的权能，允许用地者按照城乡规划开发利用，并允许其和国有土地一样自由流转，不仅有助于顺利推进"三旧"改造工作，而且有利于统筹城乡协调发展目标的实现。同时，提出因公共利益必须对土地进行收购储备外，土地使用者在符合土地利用总体规划和城乡建设规划的前提下，可以自己，也可以与他人合作等方式，对土地进行再开发。这极大地保护了原土地使用权人的利益，而且有助于推进"三旧"改造工作。

（三）法律和制度存在的问题

1. "三旧"改造中集体土地保留集体所有的相关立法缺失

如前所述，目前国家层面的法律将农村集体建设用地的使用和流转的主体、用途限制在狭小的范围，"三旧"改造中集体土地通过集体经济组织自主改造、开发；或是开发商通过转让、租赁等方式获得集体土地使用权进行改造、开发，在国家层面找不到立法支持。

由于立法滞后于社会实践，各地为了便于开展工作，纷纷以政府名义出台各种政策，这些政策从施行起就起到了法律的作用，各地根据政策试行的情况以及实践中产生的经验和模式，按照法定程序和权限纷纷制定了相关地方立法，从而完成了从政策到立法的过渡。如广东省《广东省集体建设用地使用权流转管理办法》《关于推进"三旧"改造促进节约集约用地的若干意见》，都起到了积极的作用。

2. "三旧"改造中集体土地保留集体所有与现有法律相悖

"三旧"改造中，尤其是城中村改造，通过集体自主改造，将出现在城市范围保留集体建设用地的情形，这与《宪法》规定的"城市的土地，属于国家所有"相悖。同时，这种产权的安排模式延续着集体经济组织自治模式，保留着土地所有权主体的存在，日后对村民转居民、集体经济组织的转制等相关法律也会提出新的挑战和要求。

四、土地集体所有、发展权归使用权人的制度基础及存在问题

（一）法律和制度基础

长期以来，集体建设用地再开发主要依据的是《土地管理法》的相关规定，通过征收集体建设用地并完成拆迁后，出让或划拨土地使用权，由建设单位完成开发改造任务。这种模式由于将被改造地块的所有权人和使用权人排除在改造利益分配之外，政府或开发建设单位与被改造者双方容易产生冲突和对抗，改造难度加大，加之政府财力有限，导致改造效率低下，甚至难以开展。

针对这一问题，《若干意见》明确，除了因公共利益需要必须对土地进行收购储备外，土地使用者在符合土地利用总体规划和城乡建设规划的前

提下，可以自己、也可以与他人合作等方式，对土地进行再开发。这就调动了存量土地使用权人再开发改造的积极性，有利于加快改造进度，最大限度地盘活存量建设用地，显化其资产价值，增加土地的有效供应。原土地使用权人若不愿意自行改造，可以由当地政府依法收回或征收后通过招标、拍卖、挂牌方式公开出让。

（二）法律和制度存在的问题

土地使用权人自行改造模式，保留了土地的集体所有，赋予了原土地使用权人建设用地开发的发展权能，主要依据是《若干意见》，是广东省"三旧"改造的又一制度创新和政策优惠，和"土地集体所有、发展权归集体"的产权选择一样，在国家层面上找不到法律依据，甚至出现相悖。

五、"三旧"改造中土地产权政策完善的几点建议

集体土地产权的实施与转换决定着"三旧"改造的成败，是"三旧"改造的核心。当前可供选择的产权模式主要有"转权"和"保权"两种，而且这两种模式可能还会持续一定时间。随着集体建设用地和国有建设用地"同地、同权、同价"的制度安排逐步实行时，"三旧"不能再仅仅囿于政府主导的如何强行征收集体土地，需要创新思路，从如何统筹城乡发展的视角解决"三旧"改造集体土地的产权问题，理顺和盘活集体建设用地。

（一）赋予农村集体土地发展权

"三旧"改造中，土地产权制度的重大变革就是要"还权于民"，土地不仅仅是农民的财产，更要尊重依附于土地上的发展权，使农民可以利用土地参与工业化、城市化的进程，分享城市化土地的增值收益。首先通过《宪法》对土地发展权做出一般性的规定，然后由《土地管理法》及相关的土地管理的法规，《物权法》等从不同侧重点对集体建设用地的发展权作具体详细的规定，包括明确界定集体建设用地发展权的主体是农村集体经济组织，并明确规定集体建设用地发展权的实现方式等。

（二） 明晰集体土地产权

首先要明晰集体土地产权的主体，解决产权虚置和错位问题，明确集体土地所有权主体为一定组织范围内的全体村民，将占有权、使用权、收益权和一定时期的土地处置权划归农户所有。在此基础上，做好规范化的确权工作，抓紧完成集体土地所有权、使用权的确权，以及房屋等建筑物的登记发证工作。通过发放统一的、具有法律效力的土地证书及房屋等建筑物产权证书，明确赋予农民及其他集体建设用地使用权人完整的物权，消除他们对土地及房屋归属的不安全感，也为农民及其他使用权人行使土地权利提供法律保障。

（三） 完善土地征收制度

首先要明确"三旧"改造中公共利益的边界，同时建立公开、公平、公正及高效的土地征收管理体制和程序，加强对征地过程的监督，充分保证被征地集体和村民的知情权、参与权和申诉权。完善征地补偿，对于集体建设用地上建筑物及构筑物的补偿办法和补偿标准，可以参照《城市房屋拆迁管理条例》，制定出统一的集体建设用地上房屋等拆迁管理办法和补偿标准。另外，征地补偿中还要充分考虑对集体建设用地发展权的补偿，在对土地发展权价值及价格评估的理论和实践研究的基础上，探索发展权价值在国家和集体经济组织之间合理分配的方式及比例，确保征地中农民和集体经济组织的发展权益得到保护。

（四） 实现国有土地和集体土地产权平等

统一和健全相关法律法规，让国有土地产权和集体土地产权对等起来。在《宪法》《土地管理法》《物权法》中将国有和集体土地产权对等起来，取消"城市的土地，属于国家所有"规定，弱化所有权的属性，突出使用权的平等交易和权能，并对集体土地使用权进行分类管理，将产权设置和用途管制分开，对集体土地与国有土地的所有权和使用权实行同等保护。

第七章 土地市场与村镇建设用地再开发

第一节 土地市场与村镇建设用地再开发

一、村镇建设用地再开发市场内涵

(一) 土地市场

市场是资源优化配置的有效途径之一。市场的本质是交换或交易。而这种交换重点在于产权的转移，土地市场表现得更为直接。土地市场（Land Market）是指土地及其地上建筑物和其他附着物作为商品进行交换的总和①。同样，土地市场也可定义为土地产权流动中所发生的土地供求双方关系以及整个产权交易领域。由于我国实行土地公有制，即全民所有制（主要指城市土地）和集体所有制（主要指农村土地），除国家征收外，一般来说土地所有权是不可转让的。而转让的重点将放到土地使用权等其他权利。目前，城市土地市场已形成较为完善的市场体系，但由于城乡二元土地制度的隔阂，农村集体土地使用权限于内部流转，且仍处于试点和探索阶段，与城市土地市场相差极大。我国土地市场包括土地一级市场和土地二级市场，其中土地一级市场主要是建设用地使用权划拨和出让，还包括以租赁、作价出资或入股等有偿方式从取得建设用地使用权的行为；二级市场主要是建设用地使用权

---

① 刘守英：《政府垄断土地一级市场真的一本万利吗》，《中国改革》2005 年第 7 期，第 22 - 25 页。

的转让、出租和抵押。在构建城乡一体化体制机制的改革大背景下，城乡土地产权对等和市场融合将成为今后改革发展趋势。

土地市场的建立重点有以下几个功能[①]：

（1）土地资源的优化配置。计划和市场是土地资源配置的主要方式。计划主要表现为行政划拨方式供地行为。经过我国几十年的实践证明，计划式行政划拨方式造成土地利用效率低下，造成土地资源的巨大浪费。而随着深圳市的"第一锤"——公开市场的有偿使用制度，对优化配置土地资源起到了极大的积极作用。市场竞价机制将土地资源分配到各土地使用者手中，实现土地资源与其他生产生活资料的结合。这种方式在美国、英国和日本等发达国家也被广泛采用。多样化、多目标的人类生产生活活动对土地资源的需求千差万别，难以通过政府的行政划拨手段得到满足，只有通过市场机制的作用，运用市场原则才能得到满足。

（2）调整产业结构，优化生产力布局。经济的健康发展，需要有合理的产业结构和生产力布局。以价格机制为核心的市场机制就像一只"无形的手"，时刻对一个国家或地区的产业结构和生产力布局依市场原则进行调整，以实现最大的经济效益。地租、地价是土地市场中最重要的经济杠杆，是引导土地资源在不同产业中配置的重要信号，这种信号比任何其他非经济信号和指令更科学，更能促进生产力布局的优化。例如，一个城市工业用地供给过多，而商业服务业用地供给过少，则工业用地价格就会下降，商业服务业用地价格就会上升，理性的供给者就会减少其工业用地供给而增加商业服务业用地的供给，以获取更大的利益。这种市场的调节通过对土地在工业与商业服务业之间的合理分配而实现产业结构的合理调整。

（3）健全市场体系，实现生产要素的最佳组合。一个完整的市场体系，不但有消费品市场、一般生产资料市场，还应包括金融市场、土地市场、房产市场、劳务市场和技术市场等。市场机制只有在一个完整的市场体系中才能充分发挥作用。土地是人类的基本生产要素，只有实现其市场配置，

---

① http：//baike. baidu. com/link？ url＝Iyj76hCWI2kLNBlmkdC_ eYae3y_ gfgk3HLAg Q7lAhs－xK7iYwKzGRQnWN1uroJwCr5EdPhC2Nlrcq2TEuU42i_ 。

才能健全市场体系，最大限度地发挥市场机制的作用。

土地市场的形成和运行有其必备的基础条件，其中包括：

（1）市场经济环境。满足个人（集体）需求、理性人和收益最大化是经济学研究的基础假设。当然，这些因素也是市场形成的基础条件。在一定的文化、习俗、道德以及法律的约束下，追求个人理性和收益最大化将与供求关系的形成、价格机制，以及竞价机制共同形成市场运行的基本要素和环境。

（2）土地产权明晰。交易的本质是产权的交换和转移。那么产权就是市场的根本。产权的清晰和可交易才会形成市场交易。同时，产权明晰是现代企业的基本标志，具有明晰产权的现代企业又是市场经济的基本要素。土地市场更是如此。土地市场交易的客体是土地的各种权利，明晰土地所有权及以所有权为核心的各种派生权利是土地市场运行的基本前提。

（3）发达的土地金融市场。土地市场或土地的开发交易是一项投资额巨大、回收期很长的投资活动。世界各国的经验表明，土地产业的发展离不开金融业的支持。大多数土地投资者难以靠个人资本进行土地开发，而必须借助银行的资金。具有健全和完善的银行信贷、土地抵押和土地债券等土地金融形式，土地市场才能繁荣兴旺。

（4）完善的土地法规。法律法规是政府对市场进行干预的基本手段。为了建立正常的土地市场秩序，保护土地投资者利益及交易双方的权益，解决地产纠纷，抑制土地投机，引导土地市场健康发展等，都需要建立配套的土地法规。健全的土地法律法规是土地市场运行的根本保证。

（5）良好的市场中介机构。土地市场是一个不完全市场。由于土地市场信息不全和需要大量专业知识，大多数市场主体处于不对等的位置。为了土地交易顺利进行，服务于土地市场的专业人员和机构是必不可少的。土地价格评估、土地交易法律政策咨询和土地交易经纪等中介服务，是土地市场运行的润滑剂。

（二）村镇建设用地再开发市场内涵

建设用地再开发是指在对现有建设用地功能性综合评价的基础上，通过土地利用结构调整与空间布局优化，综合运用工程、经济、技术与生物等措施对现有收益较低甚至零收益的地块、地段乃至区域进行建设改造、环境整治、功能拓展与升级，从而获取更高综合效益的过程。在这一过程中必然伴随着土地的整合、土地及建筑物的产权主体变更、产权交换等相关内容。所谓村镇建设用地再开发土地市场是指村镇建设用地再开发中土地及相关建筑物产权交易，以及土地产权这种特殊商品在流通过程中发生的多种经济关系的总和，体现着供求双方为确定交易价格而进行的一切活动。村镇建设用地再开发市场主要包含以下两方面内容：一是村镇建设用地相关权利的让渡与取得等，要经过协商或讨价还价；二是权利的让渡与取得产生的补偿费、价格和租金等，明显地受供求关系和竞价机制的影响。由于土地的位置固定性，人们对土地的买卖实质是对土地产权的交易。土地市场的内涵是土地产权的转移，它由土地所有权权能的部分或全部，限期的或永久的让渡所组成。

村镇建设用地再开发市场与一般城市土地市场有相同之处，同时也存在其特有的属性，主要表现在以下几个方面：①村镇建设用地再开发，从概念和范围界定上为存量建设用地。广义上包括城乡建设中已经被占用或使用的建设用地，狭义上包括城乡建设用地范围内已取得土地使用权但闲置、未利用的土地，或是利用不充分、不合理、产出低的建设用地。②大部分拥有上盖建筑的业态形式存在。已经建设使用的建设用地形式存在，涉及的利益主体关系更加多元化。③取得国有土地使用权的土地，基本是产权清晰的。例如：城市市区"退二进三"产业用地；城乡规划确定不再作为工业用途的厂房（厂区）用地；国家产业政策规定的禁止类、淘汰类产业的原厂房用地；不符合安全生产和环保要求的厂房用地；④以集体产权形式存在的旧村庄和产业发展用地。例如：城中村等布局散乱、条件落后，规划确定改造的城镇和村庄，列入"万村土地整治"示范工程的村庄等。

二、土地市场体系建设与功能完善

市场是资源配置的基础方式和有效手段，而其实现资源高效集约配置的前提条件是市场的发育是完善的。只有在完善的土地市场上，市场机制才能充分发挥其资源配置的基础性功能。完善的土地市场是一个多层次、统一、开放、活跃、竞争有序的市场体系，以土地产权的流动为基础，由土地的一、二、三级市场所组成。

目前，建设用地再开发主要存在以下几种形式：一是由政府统一收储供地；二是土地产权人自行开发改造；三是政府和产权人共同开发改造；四是产权人与社会力量共同开发建设。不管是哪种开发形式，其交易的客体并没有改变，表现在土地的供应和发展空间延展上。而不同则在于交易的主体或是市场供应的主体上。最终都要回到现有市场体系框架中来进行分析。本研究按照现有市场层次划分和不同开发形式的产权交易特征，将村镇建设用地再开发中的土地市场交易纳入现行土地市场体系框架，形成的市场体系分析框架如图 7 - 1 所示。

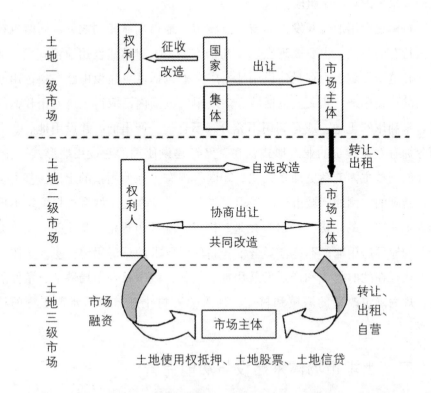

图 7 - 1　村镇建设用地再开发市场体系分析框架

（一）土地一级市场

一直以来，一级市场具有垄断经营性质，由国家以土地所有权人的身份，把土地的使用权投入市场运行，表现为政府与经营者、使用者之间的交易行为，因此又被称作"纵向土地市场"。一级土地市场的交易是在服从城市规划、土地管理的前提下，通过协议、招标、拍卖和挂牌等方式由政府将土地使用权出让给使用者。随着经营性集体建设用地入市，在旧村、旧厂等改造中，集体经济组织也可以土地所有权人的身份将集体建设用地使用权出让给市场主体（土地使用权人）。那么，集体建设用地使用权的出让，也应该被纳入一级市场的范畴。

对于城市更新改造以政府主导的模式中，往往由政府统一征收被改造待开发地区的土地，纳入城市土地储备直接出让给开发商进行开发建设。这种改造模式主要包括两种情况：一种是为了城市基础设施和公共设施建设，或实施城市规划进行旧城区改建需要使用土地的，由政府依法征收或者收回。收购土地使用权之后，纳入土地储备。土地前期开发要引入市场机制，按照有关规定，通过公开招标方式选择实施单位，经过前期开发的土地，依法由市、县人民政府国土资源部门统一组织出让。另一种是针对个别涉及主体多、拆迁难度大、改造工作十分复杂的大型项目，采取"政府主导、统一规划、市场运作"的改造方式，由政府先行征收土地使用权再出让，力争达到和谐拆迁，消除以往的单体翻建、小修小补的旧城改造模式的弊端。政府主导模式的开发改造效率较高，改造成效显著，但存在再开发过程中利益分配不均衡、被征收农民权益难以得到保障等问题。

政府统一收储再出让方式，主要是由政府征收国有土地上房屋并收回国有土地使用权，或征收集体建设用地并完成拆迁后，出让或者划拨土地，由建设单位完成开发改造任务。其中包括两个环节，一个是征收市场，另一个是一级土地出让市场。其中一级出让市场已经非常成熟，并且能够按照年度计划和市场状况进行有秩序地供地。但征收市场尚未成熟，操作非常困难。由于目前的征收市场完全将被改造地块的单位和个人排除在改造利益分配之外，政府或开发建设单位与被改造者双方容易产生冲突和对抗，改造难度很大。同时，存量开发对拆迁、安置等补偿费用高、周期长，政府财力有限，导致这种模式推进速度慢、改造效率低下，甚至难以开展。

在政府主导的改造模式下的村镇建设用地再开发土地一级市场与我国当前的城乡二元结构一级土地市场无明显差异，除了在改造中的补偿价格有所提高外，市场的运作方式基本一致。国有土地的再开发改造参照国有土地征收补偿，集体土地的再开发参照集体土地征收补偿，二者在所有权价值的实现中存在巨大差别。因此，随着国有和集体土地产权的逐步对等，集体建设用地的出让将会成为村镇建设用地再开发中的重要组成部分。

（二）土地二、三级市场

土地二、三级市场具有经营和消费的性质，是土地使用权在不同经济成分的用地单位或个人之间进行的横向转让，表现为土地开发经营者与使用者之间进行交易的市场，体现的是土地使用者之间的关系，是"横向土地市场"。村镇建设用地再开发中涉及土地二、三级市场的改造模式主要有权利人自行改造和市场主体与权利人协商改造两种模式。

其中，权利人主动自行改造的情况包括：一是旧城镇改造范围内，在符合土地利用总体规划、城乡规划和"三旧"改造规划的前提下，鼓励原国有土地使用权人自行进行改造，或者由各宗地的使用权人共同成立项目公司联合自行改造。涉及的划拨土地使用权和改变土地用途（包括经营性用途）以及延长土地使用年限的可免土地收购储备和公开交易，采取协议出让方式出让，并按现行的规定缴纳土地出让金。二是属于"三旧"改造的旧厂房在符合规划前提下改为经营性用途的，原用地单位可向区"三旧"办提出自行改造申请。

市场主体与权利人协商的改造方式，是指权利人通过与市场主体协商，出让部分改造土地用于融资，融资资金用于改造建设。一般在符合相关规划的前提下，市场主体与其他土地权利人协商签订土地转让合同，落实相关补偿安置措施后，就可以自行收购改造范围内的多宗地块及地上房屋建筑，在申请对收购的地块取得拆迁许可后进行集中改造。

在村镇建设用地再开发二级土地市场上，已取得土地开发经营权的房地产经营企业对改造地块进行开发，一般涉及拆迁现有房屋，再将开发后的土地及地上建筑物转让给真正的土地使用者或者用于自身企业经营。主要的运营方式有：转让、出租和自主经营。三级市场具有消费性质，是土地使用权再次在使用权人手中转让的市场，是土地使用者将取得一定年限的土地使用权转让出去的市场，表现为使用者之间的交易行为，市场的主体是土地实际使用者，它属于调剂和重新配置的市场。在村镇建设用地再开发市场中，获得改造地块的企业再对地块进行开发改造后，对二次开发后的土地进行再次流转，实现其二次开发后的增值收益，又或者对二次开发后的土地进行融资用于后期的不动产开发建设。三级市场是土地市场的"末级神经"，对土地市场具有灵敏的指示性。同时，土地三级市场与二级市场又是交叉融合的。同二级市场一样，三级市场仍然存在土地使用权的转让和租赁，同时土地三级市场还有土地金融市场，即土地使用权抵押、土地股票、土地信贷，房地产信托，以及各种中介服务等内容。

三、完善的村镇建设用地再开发市场特征

体制健全完善的土地市场是保障土地市场交易公平、公开、高效进行的重要保障。村镇建设用地再开发市场是在增量建设用地不断减少，逐渐转向存量建设用地的再开发的背景下形成的。村镇建设用地再开发市场作为我国土地市场的一部分，完善的存量建设用地市场应具备完善土地市场的基本特征如下：

（一）土地产权明晰

产权制度的不同安排直接影响市场交易费用的大小。科斯认为在交易费用为零时，产权做任何安排都无所谓；但在交易费用为正时，产权对资源配置效率起至关重要的作用。张五常把产权制度安排以及交易费用看作是决定经济增长的关键因素。土地产权，就是指土地财产权利，它包括土地所有权和由土地所有权派生的土地占有权、土地使用权、土地收益权和

土地处分权，以及与土地所有权有关的其他权利。产权制度是土地制度的核心内容，与土地市场密切相关。土地市场效率在很大程度上受制于土地产权制度，而一个发育完善的土地市场必然存在一个明晰的土地产权制度作为基础。市场交易的本质是产权交换，完善的产权制度是市场有效运作的必要条件。明晰的土地产权使公平、自由的市场交易成为可能；产权内部不同权利的可分割性和分离性，有利于实行专业化分工，提高经济效率；产权的可让渡性能够促进资源向高效率行业流动，避免长期低效占有资源，实现资源配置的帕累托最优状态。因此，清晰的土地产权有助于市场主体形成合理预期，提高交易的成功率；有助于形成有效激励机制，刺激市场主体主观努力；有助于培养合格的市场主体，并有效维护市场进出、交易和竞争秩序等，从而最终有助于促进市场配置资源效率的提高。

（二）统一的市场体系

完善的土地市场首先应该是统一的。其统一性主要表现在，土地产权的流通必须按照市场经济的内在联系，遵循价值规律等客观经济规律的要求，建立共同的交易规则，打破行政的条块分割，形成统一的交易市场。不同主体都有平等的机会进入统一的市场，遵循统一的交易规则，公平竞争。完善的土地市场还应具备健全性的特征，其市场体系具备一、二、三级土地市场，反映了土地由资源转变为资产逐渐商品化、市场化的过程。同时，不同层次的土地市场之间存在相互联系、相互制约、相互依存的关系。例如，村镇建设用地再开发市场中，集体土地性质的改造地块通过政府征收为国有性质，政府出让地块获得改造资金，或者是土地权利人和市场主体直接进入土地一级市场，市场主体获得土地使用权后将土地使用权流入土地二、三级市场。这就要求村镇建设用地再开发市场必须突破城乡二元结构的土地市场，允许集体建设用地进入各级市场，共同参与土地市场的运行。土地一级市场的发展是二、三级土地市场的发展和完善的前提条件，因此，各个层次的土地市场只有发育健全、运行规范、相互配套、相互衔接，才能发挥土地市场体系的整体功能。

（三）规范的市场秩序

市场秩序是市场机制发挥作用的必备条件。完善的土地市场体系具备规范的市场秩序，主要表现在：一是规范的市场进出秩序，即土地市场主体及市场客体按照一定的规范和准则进出市场。从市场主体来看，各种类型的市场主体是否能够进入市场，如何进入市场，以及如何退出市场都必须遵守统一的规范。在村镇建设用地再开发市场中参与的主体主要包括政府、土地权利人及开发商等，完善的再开发市场应该是对政府、土地权利人及开发商等如何进入该市场，以及如何退出市场都有统一的规定；而从市场客体来看，为了建立和维护市场秩序，只能允许符合标准的土地（产权）才能进入市场，否则必须依法坚决清除出市场。二是规范的市场交易秩序，包括市场交易行为秩序、交易方式秩序和交易价格秩序三方面。其中，交易行为秩序是对交易行为的规范，保障市场交易的自愿性和公平性；交易方式秩序是对市场主体交易方式的规范，保证交易的公开化、货币化和规范化等；交易价格秩序保证价格形成制度化、价格标准公平化和价格监督社会化。村镇建设用地再开发涉及国有土地和集体土地两种不同产权属性的土地，在公平完善的土地市场中，这两种土地产权应拥有平等的市场地位，否则对于同样是村镇建设用地的再开发，区别对待不同主体的产权即等同于遵守两套市场规则。三是规范的市场竞争秩序，即市场主体必须遵循一定的规范和准则进行市场竞争，包括公平竞争和正当竞争两方面。公平竞争是对市场主体竞争地位的规范，要求市场主体无论产权性质如何、经济规模大小，都有机会均等地参与市场的平等竞争，公平的承担相应义务。

第二节　我国城乡建设用地市场的演变与特征

一、我国土地市场的演变

我国土地市场是伴随着经济体制改革而形成和发展完善的。改革开放以前，我国的土地使用制度延续计划经济时期的土地资源配置方式。高度计划无市场时期从时间上大约是社会主义改造完成至 1978 年党的十一届三中全会前（实行改革开放前）。1949 年中华人民共和国成立至 1957 年社会主义改造基本完成，一切生产资料归国家和集体所有，我国庄严的宪法在共和国的土地上盖满了公有制的戳记，土地交易活动被严厉禁止，经济在高度计划配置资源的体制下缓慢地运行。这个时期我国土地资源的配置有三大特点：第一，土地的配置是一个高度行政化的过程；第二，政府和政府部门控制着整个土地配置过程，但国家仅对少量城市，主要是新兴城市进行了规划；第三，城市规划与国民经济计划以及城市的经济发展计划缺乏协调。对于城镇土地配置，计划部门拥有无可争辩的影响力，但是，计划部门从未考虑过在制订计划过程中事先制定一个土地供求计划，他们优先考虑的，是为了实现某种经济增长率所需要的投资计划，土地的分配是在分配投资计划过程中顺带完成的。对应该时期的土地资源配置情况，土地利用表现为无偿且无使用期限、无市场流动、土地利用率低下，土地资源浪费严重、政府无来自土地的收益，国有资产流失严重等特点。实践证明，该模式资源配置效率低下，不能适应市场经济的要求。随着改革开放后市场经济的不断发展，土地市场制度也不断调整与完善，这一时期的土地市场演进，根据其所呈现出的阶段性特征，具体可以做如下划分：

（一）市场探索阶段（1978—1987 年）

1978 年 12 月召开的党的十一届三中全会确立了以经济建设为中心的正确路线，住宅商品化和土地商品化的口号相继提出，住房制度改革和土地使用制度改革被提上议事日程，从而为我国公有制条件下城镇土地市场的产生和发展奠定了基础。1979 年 7 月 1 日，第五届全国人民代表大会第二次会议通过《中华人民共和国中外合资经营企业法》第五条第三款规定："中国合营者的投资包括为合营企业经营期间提供的场地使用权。如果场地使用权作为中国合营者投资的一部分，合营企业应向中国政府交纳使用费。"这一法规的实施，拉开了我国城镇土地使用制度改革的序幕。1980年12月9日，国务院批转的《全国城市规划工作会议纪录》的文件中指出：实行综合开发和征收城镇土地使用费的政策，是用经济办法管理城市建设的一项重要改革，它有利于按照城市规划配套地进行建设，节约用地，充分发挥投资效果；有利于控制大城市规模，鼓励建设单位到小城镇去；有利于合理解决城市建设和维护资金的来源。此后，在全国各地的城镇陆续开始征收土地使用费。深圳市在刚开征的1982年，就收取土地使用费约1 000万元。1987年重庆市在全市城镇开征土地使用费，尽管标准仅为0.5元/㎡，征收的范围也仅占应征对象的47%，但当年下半年就收入2 403万元，占城市建设维护费的30%以上。尽管当时征收土地使用费的初衷是为了解决城市基础设施建设资金长期短缺的问题，对旧的土地使用制度触动不大，但这是城市土地使用制度向着市场化方向改革的重要环节和第一步。开征城镇土地使用费，使城市政府获得了部分土地收益，城镇土地的价值得到了初步体现。1987年深圳市率先试行城镇土地批租，有偿出让了第一块国有土地。1987年9月9日，深圳市人民政府采用协议方式将一宗国有土地的使用权出让给中航技术进出口公司深圳公贸中心，兴建单身职工宿舍，面积5 321.8㎡，成交价为200元/㎡，出让期为50年。这是我国首次有偿、有限期出让土地使用权，是我国土地使用制度改革取得关键性突破的标志。改革开放初期，土地市场沿用旧的市场制度，由于经济建设特别是中外合资经营的需要，逐渐开始征收土地使用费，这是城市土地使用制度向着市场化方向改革的重要环节和第一步。总观这一阶段的实践发展可以看出，土地制度的资源配置效率低下，由于计划经济体制的缺陷产生了相应弊端，主要有土地产权关系模糊、企业投入成本不一致、利用浪费与短缺并存和黑市交易存在等诸多问题。

（二）市场形成阶段（1988—2001年）

随着对土地价值认识的不断深入和对土地价值实现方式的理论思考的逐步清晰，以建立土地市场为基本导向的改革方案——在土地所有权与使用权相分离的基础上，有偿取得土地使用权，以及允许土地使用权转让、出租、抵押、赠予和继承等也逐渐成熟。土地市场形成阶段的前期和后期表现出来的特征存在较大差异，因此，将此阶段划分为市场形成前期（1988—1996 年）和后期（1997—2001 年）。

1988 年 4 月 12 日，七届全国人大常委会第一次会议通过了《中华人民共和国宪法修正案》，在《宪法》第十条第四款中增加了"土地的使用权可以依照法律的规定转让"，促进了土地资源配置的市场化进程。1988 年修改后的《土地管理法》规定，国有土地和集体所有的土地的使用权可依法转让，国家依法实行国有土地有偿使用制度，以及 1990 年 5 月 19 日《中华人民共和国城镇国有土地使用权出让和转让暂行条例》（国务院第 55 号令）的发布施行，从法律上确定了土地使用权交易的合法性。1992 年年初，邓小平南方谈话之后，基本确立了从传统的计划经济体制向社会主义市场经济体制转轨的改革总目标，全国经济发展的步伐加快。在此大背景下，我国土地市场呈现出前所未有的活跃态势。此阶段经济体制改革刚起步，市场机制开始发挥作用，土地的使用也开始由无偿使用向有偿使用转变。这一时期土地供应制度变革的主要特征是变无偿、无限期、无流动的行政划拨供地为有偿、有限期、有流动的出让供地。由于大量的建设用地仍然实行划拨供地，因此，制度格局上是划拨制度与有偿使用制度并存，且划拨制度的覆盖面大于有偿制度，由此导致了大量国有资产的流失以及政府官员的腐败问题。市场形成前期阶段的土地市场呈现以下特征：

（1）土地出让方式单一，市场机制不完善。《中华人民共和国城镇国有土地使用权出让和转让暂行条件》令明确规定，我国城镇国有土地出让采用协议、招标和拍卖三种方式。但在我国土地出让市场中，以协议方式出让的土地占绝大多数。1987—1989 年全国共出让国有土地使用权 250 幅，其中，以拍卖、招标方式出让的面积及土地收益分别仅占出让总面积和全部出让收益的 2.5% 和 44%（见表 7-1）。1993 年，全国协议出让的土地占出让土地总数的 99.14%，而以最能发挥市场机制配置土地资源及体现土地价值的招标和拍卖方式出让的土地比例却非常小。

表 7 - 1　1987—1989 年全国土地使用权出让方式一览表

出让方式	占出让面积的比重(%)	占总成交价格(%)
协议	97.5	55.5
招标	0.7	13.2
拍卖	1.8	31.3

　　数据来源：包亚均：《论城市土地批租价格》，《社会科学战线》1993 年第 2 期，第 76 页。

　　（2）土地市场供应不合理。这一时期由于土地市场发展活跃，导致了土地供应方面的失控现象，如"开发区热""房地产热"。有些地方不仅市、县搞开发区，乡镇甚至村也搞开发区，开发项目未落实，也未进行科学论证和市场预测，就盲目地大量圈占土地，设置开发区。由于开发出的土地不能及时出让和转让，不仅造成大量土地闲置和浪费，同时，也占压了大量资金。到 1992 年年底，全国开发区共发展 1 951 个，其中有 1 738 个是由地、市、县越权自行审批的。到 1993 年年底，全国各类开发区达 2 800 个，其中 78% 是盲目设立的。开发区占地总面积达 1.5 万 km²，而真正进行开发建设的只有 307km²，仅占 2%。耕地大量闲置，圈而不开，围而不用。

　　1997 年，中央《关于进一步加强土地管理切实保护耕地的通知》的下发，1999 年新的《土地管理法》颁布，实施土地用途管制，加大了保护耕地的力度，耕地转为建设用地的数量受到严格控制，征用耕地用作建设用地的成本有了较大提高。对新增建设用地的总量和成本控制，使城镇存量土地的利用价值更加突出。土地收购储备制度的建立，打破了我国绝大多数城市中一直存在的"有地没人用，有人没地用"的怪圈，激活了存量土地的利用价值。这一时期的土地市场呈现以下特征：

　　（1）土地市场需求旺盛。据不完全统计，1999 年全国 30 个省、区、市共采用招标、拍卖方式出让城镇国有土地使用权 13 354 宗，面积 1 081.7 万㎡，分别相当于 1990 年的 27.7 倍和 1.14 倍。宗地数量增长远远超过面积的增长速度，说明需求主体数量增长迅速，较小面积宗地出让比重增加①。

（2）市场竞争机制的作用更加充分。招标、拍卖特别是城镇国有土地使用权拍卖出让是最能体现市场竞争机制的出让方式。拍卖出让、招标出让和协议出让三种交易方式的市场竞争程度是不同的，其市场竞争充分性按拍卖—招标—协议的顺序依次递减。通过实践摸索，近年来，全国除西藏外的所有省（自治区、直辖市），对城镇增量土地的使用权出让都采取了招标、拍卖的交易方式，竞争性房地产用地严格实行招标、拍卖已经成为各级地方政府的共识。无论是东部经济发达地区还是内地欠发达地区，无论是北京、上海、广州这样的大城市，还是西部云南边陲的中甸、瑞丽等中小城镇，都敲响了拍卖城镇国有土地使用权的槌子。如 2000 年 1 月广州市拍卖的位于中山大学附近的 10.67 万 ㎡ 地块以 4.8 亿元成交，高出底价 1.2 亿元，升幅为 33.3%。2000 年 2 月，湖北省黄梅市拍卖土地使用权 2.44 万 ㎡，平均地价为 1 079 元/㎡，比过去的协议出让价高出了 3—5 倍②。

（3）有形土地市场初步建立。2000 年国土资源部发出《关于建立土地有形市场促进土地使用权规范交易的通知》（以下简称《通知》），这标志着我国城市土地市场在规范化发展方向上迈出了重大的一步。《通知》指出，为培育和规范土地要素市场，制止炒买炒卖"地皮"等非法交易行为，为国有企业改革盘活土地资产创造良好的外部环境，要加紧建立土地有形市场，促进土地使用权规范交易。各地在加速建立土地有形市场的同时，充分利用有形市场，不断提高土地公开交易的覆盖面，增加交易机会，降低交易风险和交易成本。至 2000 年 10 月，广东全省的全部地级市和 70% 以上的县均设立土地交易机构，并初步建立起土地公开交易制度，经营性房地产项目用地出让和土地使用权转让、出租和抵押等交易逐步进入有形市场公开交易。在广州市、深圳市、汕头市三个城市，招标、拍卖土地已定期化和制度化。仅 2000 年广东省就成功招标、拍卖出让土地使用权 97 宗，

① 该数据根据《国土资源报》2000 年 02 月 18 日 "1999 年全国．土地招标拍卖情况统计表" 计算所得。

② 资料来源：《中国国土资源报》（土地版）2000 年 1 月 14 日和《中国国土资源报》（土地版）2000 年 2 月 8 日。

面积 85 万㎡，出让土地收入约 16 亿元①。2000 年 6 月，江苏省 13 个省辖市的土地市场交易中心全部挂牌，44 个县（市）建立了土地交易所，占应建总数的 73%。土地有形市场的建立，从根本上扭转了长期以来土地转让失控的状态，实现了土地使用权的市场配置。

（三）市场发展阶段（2002 年至今）

2002 年以后，国家以建立"公平、公开、公正"的土地市场运行秩序为目标，运用市场机制调控土地市场，不断深化土地使用制度改革，促进市场的规范。2002 年国土资源部颁布《招标拍卖挂牌出让国有土地使用权规定》，规定了商业、旅游、娱乐和商品住宅等各类经营性用地，必须以招标、拍卖或者挂牌方式出让，这为促进土地市场交易公开、公平、公正，优化土地资源配置提供了规范性指导。2004 年，国务院发布《关于深化改革严格土地管理的决定》，指出各地必须禁止非法压低地价招商，除按照现行规定必须实行招标、拍卖、挂牌出让的用地外，工业用地也要创造条件逐步实行招标、拍卖、挂牌出让，推行土地资源的市场化配置。值得注意的是，这阶段国家给予土地市场建设前所未有的关注，土地不仅作为资源和资产引起政府的重视，而且作为国民经济的一种新的调控手段登上舞台，在宏观经济调控中发挥着更大的作用，成为引导房地产业发展的最主要的政策措施。

二、城乡二元结构市场的变迁

（一）二元土地市场格局的形成并固化

我国的《宪法》和《土地管理法》等都规定了城市国有土地及农村集体建设用地的性质和用途。1982 年的《宪法》第十条规定，"城市市区的土地属于国家所有，农村和城市郊区的土地，除由法律规定属于国家所有的以外，属于农民集体所有；宅基地和自留地、自留山，也属于集体所有。"

---

① 资料来源：《广东省土地转让全部进入市场》，重庆日报 2000 年 10 月 12 日。

1986 年第一部《土地管理法》和 1998 年通过的新《土地管理法》在对待集体建设用地方面有比较大的区别，总体上说就是国家对集体建设用地的用途管制和使用规模有了更严格的控制，最明显的区别就在于审批权上交。1986 年的《土地管理法》规定乡（镇）村建设用地的批准权主要在县及县以下，1998 年的《土地管理法》则规定农村集体经济组织使用建设用地举办企业或与其他单位、个人以土地使用权入股、联营等，另外乡（镇）村兴办公共设施、公益事业和村民自建住宅时，要增加占用农地时的审批。其中第六十三条还明确规定"农民集体所有的土地的使用权不得出让、转让或者出租用于非农业建设"。从这两部《土地管理法》的规定内容和实施情况来看，在 20 世纪 80 年代和 90 年代初期，随着乡镇企业的迅猛发展和农村集体经济的不断壮大，集体建设用地参与非农建设的规模还是相当可观的，政策环境也比较宽松。但到了 20 世纪 90 年代末，随着乡镇企业的逐渐消亡或改制，集体建设用地很难被允许直接用于非农用途，非农建设用地主要靠城市国有土地来满足。应该说，城乡分割的建设用地市场的二元格局在这个时期才正式形成，原则上集体建设用地只有通过征收或征用这个唯一的途径才能进入城市用地的一级市场，当然也有例外。同样是 1998 年的《土地管理法》第六十三条规定"集体所有的土地使用权不得出让、转让或出租用于非农建设。但是，符合土地利用规划并依法取得建设用地的企业，因破产、兼并等情形致使土地使用权依法发生转移的除外。"

从 2003 年开始，虽然中央政府连续发布了关于"三农"问题的 5 个一号文件，初步形成了统筹城乡发展、破除二元土地市场的共识。但国家关于农村土地流转方面的政策法规基本上都是针对农用土地流转而言的，并且只允许在农业用途间流转，对农民把承包的农用土地转为非农建设用地则是严格禁止的。这一阶段正好是我国城市化进程快速推进的时期，城市国有土地的增值幅度上升很快，但对农民和农村组织来说最为重要的集体建设用地，由于不允许直接进入城市土地市场，只能依靠国家征用这一手段使集体土地先转为国有土地，然后再进入完全由国家垄断的土地市场，集体建设用地一直被隔绝在土地增值收益之外，只能以进行各类"隐性流转"的方式来间接获取土地的增值收益。加上 1994 年分税制改革后地方税收比重的下降和以 GDP 为核心的绩效考核体系，在很大程度上又造成了地方政府对土地财政的过度依赖，这就使建设用地的二元市场结构得到更大程度的固化。

在城乡分割的二元土地制度的总体框架下，建设用地的隐性市场交易大量存在。一方面由于大量的存量用地不是用"招拍挂"的方式获取的，而是用行政划拨的方式取得的，一些单位和个人以划拨的方式取得土地使用权后，违反国家有关法规，采取不规范手段来逃避土地出让金和收益金，进行土地使用权交易。另一方面在大量的城乡接合部，农村集体或农民通过变相买卖集体土地或以地入股、长期出租地表建筑物等方式来占用集体土地，催生了大量的小产权房。在所有权流转部分，集体土地市场和国有土地市场之间只有通过在显性市场中的征收环节才能联系起来。在使用权流转过程中，城市土地在土地一级市场可以出让，在二级市场可以转让、出租与抵押等。但同时，在非农用地市场上还存在着一个不规范流转的隐性市场，通过这个隐性市场也可以进入土地二级市场，同样进行着隐性的转让、出租与抵押行为，如图 7-2 所示。

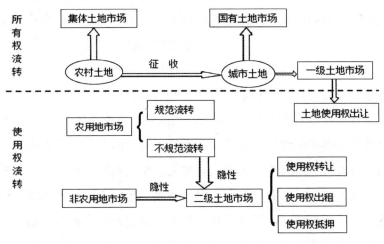

图 7-2　城乡二元结构固化下的土地市场流转[①]

　　①　邵骁：《二元土地市场、城乡收入差距与城市结构体系的研究》，复旦大学 2010年 10月。

（二）土地市场从城乡分割逐步走向城乡融合

十七届三中全会中《中共中央关于推进农村改革发展若干重大问题的决定》提出的"要打破非农建设用地必须征为国有的现有格局，赋予农村集体建设土地与国有土地同等的地位"。在破除城乡分割的二元土地制度方面迈出了重要一步。早在 20 世纪 90 年代我国就开始了城乡一体化的土地市场的试点探索，1999 年，安徽省的芜湖市成为首批农村集体建设用地使用权的流转试点地区。2001 年，广东省顺德市（2003 年，顺德并入佛山市）被列为农村集体土地管理制度改革试点。2007 年以来，天津滨海新区、重庆市和四川省成都市的统筹城乡综合配套改革试验区等综合改革试点地区，也将集体建设用地逐步推向市场作为试验内容。十七届三中全会也明确提到："改革征地制度，严格界定公益性和经营性建设用地，逐步缩小征地范围。逐步建立城乡统一的建设用地市场，对依法取得的农村集体经营性建设用地，必须通过统一有形的土地市场、以公开规范的方式转让土地使用权，在符合规划的前提下与国有土地享有平等权益。"这代表了我国今后很长一段时期内土地制度改革的基本方向，在制度和政策层面都确定了城乡一体化的土地市场建设。按此逻辑推理下去，未来征地制度会逐步缩小到公益性建设用地，也就是说，经营性建设用地将更多的来自集体建设用地的直接入市，城乡一体化的建设用地市场将初步得到构建，城乡关系、工农业关系和中央地方关系也将得到更大的利益调整。

尽管从国家相关政策的出台看来，当前城乡土地市场正向一体化发展，但不可否认的事实是城乡二元结构的土地市场依旧存在。非农用地市场从以前的不规范的隐性流转市场到当前规范的显性流转市场的转变，使得农村土地市场的流转形式更加多元，农村非农用地的价值得到体现，但这与城市国有土地的流转存在巨大差别，如流转限制条件、流转价格等。由于我国土地征收制度的存在及土地出让市场由国家垄断，为城乡二元结构土地市场的形成提供了前提条件。政府通过征收方式，将农村集体所有的土地转为增量国有土地，然后和存量国有土地一起，采用出让、划拨、出租和入股等方式，将土地使用权让渡给城市土地使用者，形成城市一级土地市场；城市土地使用者之间再通过转让、出租、抵押等方式实现使用权的再转移，从而形成城市二、三级土地市场。农地承包经营权在国家法律法规的约束下，实现了在使用者之间有偿、有限期地流转。农村建设用地市场方面，按我国现行法律规定，农村集体建设用地进入市场尚未受法律保护，但目前自发流转现象大量存在，且国家也出台相关政策表示支持各地区试行农村建设用地入市，如广东省、安徽省等地。此外，部分乡镇企业用地因破产、兼并等原因发生合法流转，客观上已经形成集体建设用地市场（如图7-3所示）。

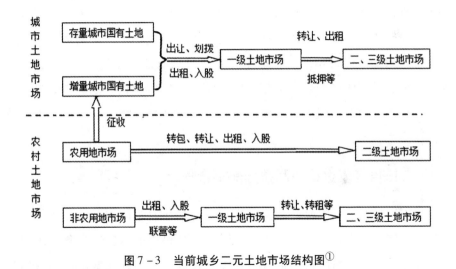

图7-3　当前城乡二元土地市场结构图①

三、当前村镇建设用地再开发市场存在的问题

（一）集体土地产权制度缺陷

村镇建设用地涉及国有土地和集体土地两种产权性质的土地，在现实的开发改造中，往往因我国特有的集体土地产权体制而导致国有性质和集

---

① 李景刚等：《我国城乡二元经济结构与一体化土地市场制度改革及政策建议》，《农业现代化研究》2011年第32期，第3页。

体性质土地的收益差别，给开发改造带来诸多障碍。我国的集体土地产权
制度存在的缺陷主要表现在以下三个方面：①集体土地产权存在多元主体，
界定不清晰；②集体建设用地产权的不完整，造成了其交易成本的增多，
并且割裂了建设用地市场的资源配置；③由于集体土地产权社区边界的不
稳定等因素导致了集体土地的重新调整，从而产生了集体土地产权不稳定
的问题；④由于代理人的道德风险和逆向选择及不合理的集体土地征收，
导致农民集体土地产权不安全，容易受到其他当事人的侵犯。完善的土地
市场的运行必然要以明晰、完整的土地产权制度作为基础。当前村镇建设
用地再开发市场中，一方面，因集体土地产权主体的模糊给开发改造带来
许多困难，尤其是在拆迁补偿中，由于各种原因导致的产权主体模糊致使
补偿纠纷的产生，降低了改造项目运行效率，进而影响市场的运行。另一
方面，因为集体建设用地产权的不完整，与国有建设用地产权存在差异，
导致村镇建设用地再开发土地市场的不统一。集体建设用地流转受限，不
能与国有建设用地共同进入土地一级市场，再开发一级市场中主要仍以政
府出让为主。

（二）再开发过程中利益分配不合理

目前，村镇建设用地再开发利益分配中存在以下问题：一是在再开发
改造中的绿化、道路、公交站场、学校、医院和超市等公建配套的比例较
低，尚未从发展的角度科学设置公建配套设施，可能存在城市功能布局和
生态环境压力的问题。二是保障性住房配建尚未设置强制标准。在改造中
未强制规定保障性住房的比例，导致保障性住房科学配比建设未与存量低
效用地改造建设同步。三是尚未考虑到原改造范围内的非户籍人口、城市
租住流动人口的后续住房问题。由于在城市存量低效用地改造地区往往涉
及的非户籍常住人口、外来租住人口数量较多，若在改造时没有考虑和解
决这部分人群的住房保障问题，将会给后续的社会管理带来不稳定因素。
四是改造规划中原土地权利人、开发商和政府这三者之间的利益分配有失
协调。开发商可随着房地产市场行情的上涨，获得超额利润，而政府代表
的公共利益及土地权利人所得的利益分配比例则偏低。

除了存在再开发改造中参与主体间的收益不平衡的问题外，村镇建设用地再开发利益分配不合理还体现在再开发市场地域间的不公平。中心镇或中心村的再开发改造常常出现因改造拆迁致富的农民，但同时一些偏远地区的村镇则会出现拆迁致贫的现象，这种天差地别的改造结果使得城乡差距进一步拉大。

（三）城乡二元结构土地市场的制约

当前村镇建设用地市场主要由国有和农村集体所有这两大块组成。国有建设用地运行比较规范，而农村集体建设用地市场这块只隐性存在。由于我国二元结构国情的特殊性，长期以来建设用地使用制度一直是"城乡有别"，这一制度对我国集体建设用地限制诸多，使其流转面临许多障碍，再加上现行法规缺乏对集体建设用地的保护，甚至有些法律还限制集体建设用地的流转，这就造成农村集体建设用地开发无序、隐性流转，并引发一系列问题，如寻租行为大大侵害了农民的权益，流转产生的纠纷甚至引起社会不稳定等。土地征收制度使国有建设用地产权凌驾于集体建设用地产权之上，造成两种土地产权的不平等。集体建设用地不能合理合法地进入土地市场，使其基本被排斥在合法的土地市场之外，城乡建设用地市场之间缺乏有机联系，是一个城乡割裂的建设用地市场。割裂的城乡建设用地市场所引发的市场失灵主要表现在：国家垄断土地一级市场造成社会福利净损失；集体土地所有者缺位导致寻租行为市场发生。在前述种种原因下，集体存量建设用地由于国有和集体性质的差别会降低供给，给村镇建设用地再开发市场的发展带来重重障碍。

（四）存量土地市场价格机制不合理

村镇建设用地再开发市场实际上就是村镇存量建设用地市场。从理论上说，存量市场的土地价格的机制是建立在供需双方博弈基础上的，如果双方信息是充分的，不存在恶意欺瞒，双方达成共识的价格就是供需量实现的平衡点。但在实际的再开发活动中，参与开发改造的部分主体拥有其他主体无法拥有的信息，因此造成信息不对称，从而产生交易关系和契约安排的不公平或市场效率降低的问题，这样价格可能被扭曲。如果出现过多的错误预期和信息不对称问题，将容易造成价格机制失效，土地价格人为压低或抬高的结果，从而导致价格扭曲。当前，就广东省的建设用地开发土地市场而言，较难形成合理有效的价格机制。首先是因为过分预期造成对城市更新土地的供求失衡。如以土地拍卖方式决定价格增长，按理土地供应就应当有预见性，根据需求确定拍卖的土地量。而实际做法是，地方土地储备中心将土地储备下来，然后像挤牙膏一样慢慢拿到市场上拍卖，造成稀缺假象，从而使更新土地地价过高。虽然可使用招标或挂拍的供应方式，为竞买者提供足够的时间进行全面考虑，仍然难以解决过分预期造成的盲目冲动；其次是因为信息不对称时，造成城市更新土地价值被低估。在城市更新过程中，由于市场主体局限性和政府提供服务有限性，城市更新供需双方的信息不能充分流通，导致部分市场主体没有参加竞争，因此交易过程不公开导致寻租行为存在，且由于缺乏竞争。市场秩序不规范，造成严重的价格扭曲甚或出现土地价值被低估的怪现象。

第三节　广东"三旧"改造中
市场建设的做法与经验（与成效）

一、以"毛地"出让方式解决政府改造的资金困境

（一）面临问题

"三旧"改造属于已经使用的存量建设用地，大多已承载大量的建筑物和构筑物，且涉及土地权益人多，利益关系错综复杂，收购储备的成本和难度远高于新增建设用地。在政府统一组织实施的改造过程中，若单由政府负责实施征地拆迁安置、土地前期开发，需要大量的人力、物力和财力，绝大多数地方政府难以承担。同时，随着房地产市场的不断升温，拟改造

地块的原权利人表现出强烈的经济诉求，土地增值收益分配成为博弈的焦点，征收补偿协商谈判也越来越难。特别是 2011 年 1 月《国有土地上房屋征收与补偿条例》颁布实施后，取消了行政强制拆迁，对属非公共利益性质的"三旧"改造项目，政府必须与其他市场主体一样，在公开、公平、公正的市场规则下，从原权利人手中取得土地使用权，这进一步增加了政府的改造投入，也影响了改造的效率。因此，单由政府来承担前期开发工作，将难以开展相关改造，必须引入社会力量和社会资金。

但为严格落实房地产用地调控政策，加强房地产用地和建设管理，国家禁止商品房用地以"毛地"方式出让。《关于进一步加强房地产用地和建设管理调控的通知》（国土资发〔2010〕151 号）规定，土地出让必须以宗地为单位提供规划条件、建设条件和土地使用标准，严格执行商品住房用地单宗出让面积规定，不得以"毛地"出让。《关于严格落实房地产用地调控政策促进土地市场健康发展有关问题的通知》（国土资发〔2010〕204号）规定，省（区、市）国土资源主管部门对发现存在超面积出让、"毛地"出让等违反政策规定，"三旧"改造地块用于房地产开发用途的，必须由政府征收集体所有土地或国有土地上房屋，完成拆迁补偿，并进行"三通一平"等前期开发后，再以"净地"方式出让。此外，《关于印发〈限制用地项目目录（2006 年本增补本）〉》和《〈禁止用地项目目录（2006 年本增补本）〉的通知》（国土资发〔2009〕154 号）规定，商品住宅项目宗地出让面积，小城市（镇）不得超过 7hm^2，中等城市不得超过 14hm^2，大城市不超过 20hm^2。

（二）主要做法

从广东省推进"三旧"改造实践来看，仅将土地使用权作为交易标的、禁止"毛地"出让的常规做法，许多"三旧"改造项目将无法实施。因而，《关于推进"三旧"改造促进节约集约用地的若干意见》（粤府〔2009〕78号，以下简称《若干意见》）规定：鼓励各地探索利用社会资金开展"三旧"改造。除鼓励原土地使用权人自行改造外，对由政府统一组织实施"三旧"改造的，可在拆迁阶段通过招标的方式引入企业单位承担拆迁工作，拆迁费用和合理利润可以作为征地拆迁补偿成本从土地出让收入中支付；也可在确定开发建设条件的前提下，由政府将拆迁及拟改造地块的使用权一并通过招标等公开方式确定土地使用权人。考虑到存量建设用地二次开发的特点和要求，《若干意见》允许将拆迁与土地使用权捆绑后进行"毛地"出让，引入社会力量全程参与"三旧"改造，有利于解决政府资金不足的问题，进而推进"三旧"改造工作。

《深圳市城市更新办法》（深府令第 211 号）第三十一条规定：除鼓励权利人自行改造外，对由政府统一组织实施城市更新的，可以在拆迁阶段通过招标的方式引入企业单位承担拆迁工作，拆迁费用和合理利润可以作为收（征）地（拆迁）补偿成本从土地出让收入中支付；也可以在确定开发建设条件且已制定城市更新单位规划的前提下，由政府在土地使用权招标、拍卖、挂牌出让中确定由中标人或者竞得人一并实施城市更新，建筑物、构筑物及其他附着物的拆迁清理由中标人或者竞得人负责。该办法也为拆迁与土地使用权捆绑出让提供了依据。

"三旧"改造属于存量建设用地二次开发，不存在新增建设用地"毛地"出让的弊端。过去，新增建设用地实行"毛地"出让时，常常出现房地产开发企业以土地前期开发条件不具备为由进行"囤地""圈地"的现象，造成土地闲置浪费。但"三旧"改造的地块属于存量建设用地，已经处于使用状态，即使改造进程延缓，也不会导致土地闲置的问题。

二、土地使用权人可自行改造或合作开发建设

（一）面临问题

由于新增建设用地的开发和供给是由政府垄断，原土地使用权人无法参与土地转用、增值收益分配等过程。对于存量建设用地开发来说，同样延续这种新增建设用地开发的思路，主要是依据《土地管理法》及《城市房屋拆迁条例》（现为《国有土地上房屋征收和补偿条例》）的相关规定，由政府征收国有土地上房屋并收回国有土地使用权，或征收集体建设用地

并完成拆迁后，出让或者划拨土地，由建设单位完成开发改造任务。但由于新增和存量两类建设用地的开发过程各有其特殊的属性。新增建设用地的来源必须来自征收转用，属于一级垄断。而存量建设用地则是分散在各土地使用权人手中，使用权可直接进行转让并享受土地增值收益。在存量建设用地再开发过程中，将被改造地块的单位和个人排除在改造利益分配之外，政府或开发建设单位与被改造者双方容易产生冲突和对抗，改造难度很大，加之政府财力有限，导致改造效率低下，甚至难以开展。

（二）主要做法

针对这一问题，广东省在设计"三旧"改造政策时，把尊重原土地权利人的自主权摆在突出的位置。除了因公共利益需要必须对土地进行收购储备外，土地使用者在符合土地利用总体规划和城乡建设规划的前提下，土地使用者可以自己、也可以与他人合作等方式，对土地进行再开发。对于土地利用总体规划确定的城市建设用地规模范围内的旧村庄改造，原农村集体经济组织申请将农村集体所有的村庄建设用地改变为国有建设用地的，允许依照申请报省人民政府批准征为国有，并交由农村集体经济组织自行改造或与有关单位合作开发建设。城市建设用地规模范围外的旧村庄改造，除属于政府依法征收外，允许农村集体经济组织或者用地单位自行组织实施，但不得用于商品住宅开发。与此同时，广东省的"三旧"改造政策还鼓励市场主体参与"三旧"改造。如允许市场主体收购相邻地块，申请合并归宗后集中实施改造。这就调动了存量土地使用权人再开发改造的积极性，有利于加快改造进度，最大限度地盘活存量建设用地，显化其资产价值，增加土地的有效供应。原土地使用权人不愿意自行改造，可以由当地政府依法收回或征收后通过招标、拍卖、挂牌方式公开出让。坚持市场运作，充分尊重土地权利人对存量建设用地再开发利用的自主权将有效推进"三旧"改造。

三、以协议出让方式吸引社会力量参与改造

（一）面临问题

为加强规范新增建设用地市场的供应秩序，对于工业和经营性用地的供给，政府必须采取招标、拍卖、挂牌方式出让。《关于继续开展经营性土地使用权招标拍卖挂牌出让情况执行监察工作的通知》（国土资发〔2004〕71号）规定，商业、旅游、娱乐和商品房住宅等经营性用地供应必须严格按照规定采用招标、拍卖、挂牌方式，在2004年8月31日前将历史遗留问题界定并处理完毕。《国务院关于促进节约集约用地的通知》（国法〔2008〕3号）规定，工业用地和商业、旅游、娱乐、商品住宅等经营性用地（包括配套的办公、科研、培训等用地），以及同一宗土地有两个以上意向用地者的，都必须实行招标、拍卖、挂牌等方式公开出让。但对于存量建设用地再开发来说，除由政府收购储备后重新供地的之外，若要求由原土地使用权人自行改造或与市场主体合作改造、市场主体收购相邻地块改造的项目，也必须采用招拍挂方式办理再次供地，许多拥有"三旧"用地的使用者及市场投资者将缺乏进行改造和参与改造的积极性。

从土地产权的交易形式来看，除政府收购储备后重新供地的之外，存量建设用地的再开发过程实质上是土地二级市场中的重新配置过程。只要符合规划和相关建设许可等法律规范要求，其他都应该是市场主体之间的合作和交易行为。同时，存量建设用地开发是土地产权人根据需求和实际情况双向选择合作人的行为，相互认同非常重要。但如果要求必须采取招拍挂方式进行土地产权转让，势必会影响很多存量建设用地再开发的项目实施。

（二）主要做法

《关于推进"三旧"改造促进节约集约用地的若干意见》（粤府〔2009〕78号）规定：属于政府收购储备后再次供地的，必须以招拍挂方式

出让，其他可以协议方式出让。《广东省人民政府办公厅转发省国土资源厅关于"三旧"改造工作实施意见（试行）的通知》（粤府办〔2009〕122号）第八条规定，涉及"三旧"改造的供地，属政府收购储备后再次供的，必须以招标、拍卖、挂牌方式出让，其余则可以协议方式出让。

《深圳市城市更新办法》（深府令第211号）规定：拆除重建类更新项目的实施主体在取得城市更新项目规划许可文件后，应当与市规划国土主管部门签订土地使用权出让合同补充协议或者补签土地使用权出让合同。

佛山市《关于贯彻省政府推进"三旧"改造促进节约集约用地若干意见的实施意见》（佛府办〔2009〕261号）规定：设计的划拨土地使用权和改变土地用途（包括经营性用途）以及延长土地使用年限可免土地收购储备和公开交易，采取协议出让方式出让，并按现行规定缴纳土地出让金。各地块的使用权人可共同成立项目公司联合自行改造；或市场主体与其他土地权利人协商签订土地转让合同，区以上国土资源部门根据收购人的申请，将分散的土地归宗，为收购人办理土地变更登记手续。

广东省各地的实践证明，"三旧"改造用地采取协议方式出让，不仅提高了原土地使用权人释放土地、参与"三旧"改造的积极性，增强了市场主体的投资信心，同时由于"三旧"改造项目得以启动实施，也使政府能够获得即期的土地收益和长远的税收增长，形成"多方共赢"的格局。

四、土地出让金的计收标准和方式由市、县政府自行制定

（一）面临问题

为保障国有土地资产的收益，现行法律法规政策对国有土地使用权协议出让最低价、招拍挂出让底价等作出具体规定，并对国有土地使用权出让收支管理进行了规范。《协议出让国有土地使用权规定》（国土资源部令第21号）第五条规定，协议出让最低价不得低于新增建设用地的土地有偿

使用费、征地（拆迁）补偿费用，以及按照国家规定应当缴纳的有关税费之和；有基准地价的地区，协议出让最低价不得低于出让地块所在级别基准地价的70%。《招标拍卖出让国有土地使用权规定》（国土资源部令第11号）第十条规定，市、县人民政府国土资源行政主管部门应该根据土地估价结果和政府产业政策综合确定标底或者底价；标底或者底价不得低于国家规定的最低价标准。国土资源部《关于发布实施〈全国工业用地出让最低标准〉的通知》（国土资发〔2006〕307号）规定，市、县人民政府出让工业用地，不得以土地取得来源不同、土地开发程度不同等各种理由对规定的最低价标准进行减价修正。《财政部国土资源部中国人民银行关于印发〈国有土地使用权出让收支管理办法〉的通知》（财综〔2006〕68号）规定，土地出让收支实行"收支两条线"管理，不得违反规定通过签订协议等方式，将应缴地方国库的土地出让收入，由国有土地使用权受让人直接将征地和拆迁补偿费支付给村集体经济组织或农民等。上述地价计收政策主要是基于新增建设用地的客观实际，"三旧"改造项目主要采取"毛地"和协议方式出让，征地拆迁补偿等土地二次开发成本多由土地受让方承担，上述地价计收政策在"三旧"改造项目实施过程中难以操作，也导致一些地方从实际出发制定的相关地价收取标准与计收方式突破了现行政策规定，形成地价减免或优惠的表象。

地价计收标准方面。现行的基准地价或协议出让最低价、工业用地出让最低价等地价标准，均涵盖了征地和拆迁补偿费用、土地前期开发成本、土地出让收益等费用。但对"三旧"改造项目，拆迁与拟改造土地使用权往往须一并通过招拍挂等公开方式捆绑出让（即"毛地"出让），征地拆迁补偿暗宅尚未完成；采取协议出让的，征地拆迁补偿的支付主体并非国家，且土地前期开发条件不能满足"净地"要求。显然，"三旧"改造项目的征地拆迁补偿、土地前期开发成本等非由政府支付的费用，应从政府收取的地价中扣除，"三旧"改造出让地价的计收标准不能简单套用新增建设用地出让价格的标准。

地价计收方式方面。对拆迁与拟改造土地使用权一并通过招拍挂等公开方式捆绑出让（即"毛地"出让）的，因拆迁补偿安置任务将随土地使用权出让一并转移给受让人承担，政府在确定出让底价时，必须扣减拆迁补偿、基础设施建设等二次开发成本。对由原土地使用权人和市场主体实施拆迁补偿等前期工作的项目，大量拆迁补偿费用在出让前就已由市场主体支付给相关权利人，若政府按照"收支两条线"规定，先将拆迁补偿等前期开发费用纳入土地出让金统一收取，再从土地出让收入支出，一方面，因先征后返的程序非常复杂，增加了市场主体的资金成本，另一方面，拆迁工程项目非由政府组织实施，也未单独通过政府公开招投标程序，拆迁补偿成本及利润的核算非常困难，将相关费用直接转付给市场主体也存在较大的制度障碍和风险。

（二）主要做法

广东省在推进"三旧"改造中，提出"三旧"改造用地涉及土地出让金的计收标准和方式，由市、县政府在统筹考虑征地拆迁成本等因素的基础上合理制定。《关于推进"三旧"改造促进节约集约用地的若干意见》（粤府〔2009〕78号）规定，土地使用权收购的具体程序、价格确定，由市、县人民政府依法制定实施办法；自行改造、市场主体收购相邻多宗地块涉及的划拨土地使用权，可采取协议方式补办出让手续，设计补缴地价的，按地级以上市人民政府的统一规定办理。省政府将"三旧"改造涉及的地价计收标准交由市、县人民政府根据实际制定，但必须事前公开，确保公平、公开。

《深圳市城市更新办法》（深府令第211号）结合"三旧"改造实际需要，在公告基准地价的基础上，统筹考虑土地使用权剩余期限、原有建筑面积的搬迁成本、城中村的基础设施水平、产业发展政策等因素，按照项目类别制定适合于"三旧"改造项目土地私用权出让地价计收方式和标准。具体包括：拆除重建类城市更新项目中城中村部分，建筑容积率在2.5以下的部分，不再补缴地价；建筑容积率在2.5—4.5的部分，按照公告基准地价标准的20%补缴地价；建筑容积率超过4.5的部分按照公告基准地价标准补缴地价；深圳市政府《关于发布深圳市宝安龙岗区规划国土管理暂行办法的通知》实施前已经形成的旧屋村拆除重建的，现状占地面积1.5倍的建筑面积不再补缴地价，超出部分按照公告基准地价标准补缴地价。拆除重建类的工业区升级改造项目升级改造为工业用途或者市政府鼓励发展产业的，原有合法建筑面积以内部分不再补缴地价，增加的建筑面积按照公告基准地价标准的 50% 缴纳地价；拆除重建类的工业区升级改造项目升级改造为住宅、办公和商业等经营性用途的，原有合法建筑面积以内部分，按照其改造后的功能和土地使用权使用期限以公告基准地价标准计算应缴纳的地价，扣减原土地用途及剩余期限以公告基准地价标准计算的地价，增加建筑面积部分，按照其改造后的功能和土地使用权使用期限以内市场评估地价标准计算应缴纳的地价。上述规定情形以外的拆除重建类城市更新项目，按照其改造后的功能和土地使用前期限以公告基准地价标准计算应缴纳的地价，扣减原有合法建筑面积按照原土地用途及剩余土地使用权期限以公共基准地价标准计算的地价。

各地根据当地实际，统一制定和公布实施"三旧"改造用地涉及土地出让金标准和管理办法，有力推动了当地"三旧"改造项目的实施。

第四节　完善土地市场，推进村镇建设用地再开发的政策建议

一、进一步梳理土地市场体系，完善市场功能

现行土地市场体系和运行的总体制度框架主要是以新增建设用地为主要对象，通过政府征收、收储，然后进行出让、转让等一系列的市场行为和活动。改革开放 40 年，市场与政府的双重失灵导致建设用地无序扩张和低效利用。随着我国经济发展进入新常态，存量建设用地挖潜和再开发将同样成为建设用地供给的重要组成部分，其市场行为同样要纳入土地市场体系。同时，随着城乡统一建设用地市场的逐步形成，集体建设用地的出让、转让等市场行为也将逐步融入统一土地市场体系。必须进一步梳理市

场体系，根据现有市场层级和村镇建设用地再开发的属性，进行类型划分，分别制定市场运作的制度规范，完善市场功能。

建议：将政府统一收储的部分纳入一级土地市场，对于政府收储出让的土地，必须以公开招拍挂方式进行出让；将土地使用权人自主改造和合作开发等形式进行改造的纳入土地二级市场，其转让行为和交易形式可以多样化、多元化。

二、规范和完善政府统一收储制度，完善一级土地市场

进一步明确政府统一收储改造的范围，构建市场化收储机制，明确收储土地的出让方式。

建议：各地根据实际情况拟定政府统一收储的范围要求或项目清单，或土地产权人要求政府统一收储的，由政府统一按照市场价格进行收储、补偿和安置，并要求收储土地出让必须以招拍挂方式进行公开市场交易。

三、进一步研究集体建设用地出让规范细则

根据经营性集体建设用地入市试点情况，研究总结市场行为和交易特征，进一步规范集体建设用地出让的市场行为。

建议：将经营性集体建设用地出让行为纳入一级土地市场，按照一级市场公开出让方式规范集体建设用地出让行为。

四、强化土地使用权人的主体权利，激发市场活力

除政府统一收储外，鼓励土地使用权人以自主改造、合作开发、转让等多种方式推进建设用地再开发，激发市场活力。

建议：设立土地开发权或者发展权作为政府审核条件，在符合规划、建设和环境等一系列条件下，允许土地产权人自主开展相关改造工作，形式可以多样化、多元化。

五、允许社会力量以多种形式参与再开发

由于存量建设用地再开发耗资大、时间长，需要社会力量参与，也是市场化改革的必然趋势和方向。

建议：存量建设用地再开发过程中，无论是政府统一收储还是土地产权人自行改造、合作开发、转让等，可以将拆迁安置与土地使用权捆绑作为交易标的，采取"毛地"交易方式；改造面积大小和宗地出让面积依据"三旧"改造专项规划确定；原国有土地使用权人自行改造或与市场主体合作改造的，可以协议方式交易土地使用权。

六、制定适合地方改造实际的存量用地再开发价格评价标准和补偿机制

除政府收储出让行为，其他土地产权人自主改造、合作开发，以及转让开发等都属于二级市场范畴，交易价格和标准都可根据市场情况自行拟定。

建议：在存量建设用地再开发中，根据各地实际情况，制定并公布实施存量建设用地再开发中的涉及土地价格标准和管理办法。

第八章　建设用地再开发规划与
实施管理政策研究

第一节　现有规划体系与再开发规划编制管理

一、建设用地再开发规划在规划体系中的定位

建设用地再开发规划的特殊性决定了它与法定规划之间"若即若离"的特殊关系。首先由于现行的法定规划几乎都是政府主导的"蓝图式""终极式"的规划，其中难以容纳利益博弈的动态变化和市场运作的弹性空间。而那些政府主导式的建设用地再开发行为往往是"运动式"的阶段性行为，与法定规划的捆绑可能会束缚"手脚"，所以一些地方政府宁愿选择放弃建设用地再开发规划的"法定化"。因此国内大多数城市的建设用地再开发行为一般有城市规划的约束与指导，但少有政策或制度明确建设用地再开发规划在法定规划体系中的定位。现有的城市总体规划和控制性详细规划在编制过程中少有全面地考虑建设用地再开发的问题，尤其是在控制性详细规划中无法对具体地块的改造提出技术指导和控制要求，有些甚至直接采取"开天窗"的形式来解决。

目前我国的建设用地再开发规划主要分为两类。一类是政府主导的城市更新概念规划。这类规划一般基于政府对某些大范围旧城区运动式的更新改造，其中有明确的政府意志，但却往往缺乏真实的市场运作主体，因而也导致了规划的"无的放矢"，缺乏可操作性，甚至可能由于政府改造意愿的提前透露，而变相地提高了改造的市场成本。另一类主要是市场主导的单个开发项目的修建性详细规划。市场往往将此类规划作为与政府博弈

的手段，特别是容积率、公共配套设施等。但是由于缺乏从上层次规划的控制与指引，政府在此类规划中找不到保护公共利益的底线，或是一些公共利益的底线条件（如配套公共设施、市政道路等）被开发商作为谈判的筹码。而且由于缺乏上层次规划对地区整体空间研究的依据，仅仅从某一个改造项目或某个街区出发，通过个案的专项规划进行单个改造的影响评价是不科学的。这更为后续实施更新埋下了隐患。

建设用地再开发规划的模糊定位，可能会直接导致规划编制、管理和实施中的一系列问题。首先是规划编制缺乏依据，缺乏与法定规划的有效对接。城市规划编制的技术标准和方法存在滞后，难以应对未来以建设用地再开发规划为主的城市规划工作要求，突出体现在建设用地再开发规划的几项重要技术标准，如容积率、用地类型划分等。规划审批过程中不仅缺乏审批依据，更可能连行政审批的层次和级别都难以准确定位，因而拖延了审批的时间，增加了不必要的博弈环节。简而言之，建设用地再开发在规划体系中的定位，其实就是在定位建设用地再开发规划中政府与市场的边界，寻找各自的底线。建设用地再开发在高层次的法定规划层面，则应更多地体现政府对公共利益和整体目标的意图；在面向建设实施的非法定规划层次，则应更多地为市场留有经营和运作的弹性空间。因此，只有合理地明确建设用地再开发相关规划的规划内容、深度和规划类型归属，以及审批的层次和机构，才能有效地推进建设用地再开发工作。

二、再开发规划对规划体系的挑战

（一）总体规划难以统筹建设用地再开发的需求

建设用地再开发的政策明确了城市总体规划（以下简称"总规"）在确定"三旧"改造范围以及改造模式的角色，赋予其调整土地经济利益的可能性，然而在目前的规划体系下，总体规划难以统筹建设用地再开发的需求。

首先，总规覆盖面广，建设用地再开发资源分布零散，而旧城、旧村和旧厂各自改造政策导向不同，总规难以对城市建设用地再开发资源进行社会、经济和环境的系统研究；且总规审批时限长，凝固的静态总体规划往往被不断变化的实际发展所突破，建设用地再开发缺乏动态的时间观念，无法引导建设用地再开发地块的具体改造要求。

其次，在实际操作中，土地利用总体规划（以下简称"土规"）是土地管理的依据，农用地转为建设用地的数量、建设占用耕地的数量、新增建设用地的空间布局都受到土规及年度用地计划的严格限制和约束。由于总规和土规的编制管理分置于不同部门，因此用地业主在向规划部门申请建设用地再开发时必须先核查地块的"土规"资料，审核用地指标。两种规划的矛盾增加了建设用地再开发的审批环节和工作流程，使规划在产权界定的低成本、高效率优势被削弱甚至架空。

（二）分区规划与专项规划思路冲突

分区规划是总体规划的细化和延伸，基于发展的视角进行规划，强调发展优先，对历史保护考虑欠缺。如为解决交通问题，荔湾分区规划对旧城区的历史街道进行全面拓宽，对旧城保护与更新的全面指导意义有所削弱。历史文化名城保护规划往往以保护的视角对历史文化名城保护的内容和策略提出详尽的建议，但存在就保护论保护的立场，面对旧城大量的危破旧房，难以改善人居环境。广州以往的旧城更新规划往往只针对居住、建筑或景观等单一目标进行，虽然旧城的物质得到了部分更新，但产业结构、人口结构仍然被锁定在较低档次，旧城的竞争力受到影响。

由于分区规划和专项规划缺乏对城市空间联动、对冲机制的把握，导致新旧区之间开发缺乏关联。建设用地再开发应突破分区规划的行政范围限制，建立新区、旧区土地配套机制；改变专项规划的单一规划目标，将产业结构、人口结构等指标纳入改造目标，实现功能置换，提升城市竞争力。

（三）控规难以对"三旧"地块进行开发控制

控制性详细规划（以下简称"控规"）是我国规划体系的重要组成部

分，也是规划管理的直接依据，在城市开发和建设中发挥着重要的作用。然而，控规在现实中所暴露的开发强度指标制定缺乏经济分析、忽视产权利益等问题，导致控规对"三旧"地块开发控制的可操作性较弱。

1. 地块划分缺乏产权地块的理念

产权地块可以说是开发活动在用地上的最基本单元和城市形态肌理的重要组成元素。法律上，按照用地产权划分的地块是保护业主权益的基础。但实际上，由于道路、绿化和公共设施的用地需求，用地产权边界往往需要按照规划进行调整。为保护私人产权利益，日本、德国等国家为此建立了一套成熟的土地整理制度。

在我国编制体系下，主要由法定性控规实施土地整理的角色。目前控规地块划分主要是以景观和道路作为划分依据，而往往忽略产权地块的因素。这种做法对于如同一张白纸的城市新区来说，其局限性不明显。然而对于旧城、旧村等产权复杂的地区，控规地块划分过程中所进行的土地置换，必然会影响到土地使用权人的利益。法理上，基于公共利益的规划造成土地价值分配不公的应得到协调以保障私权，而控规缺乏土地利益的协调机制。即使用地产权的边界线完全和规划的地块边线重合，如果忽略业主的改造意愿，将其规划成公益性设施，则加大用地收储的难度。

规划机制不仅需要考虑各层级政府和职能部门的使用目标，也要考虑业主的用地权益，秉持规范公权和保障私权的基本法治理念。

2. 指标制定缺乏经济分析的环节

在我国经济高速发展的背景下，控规编制的前瞻性和预见性不足。在地块经济性指标的确定上，缺乏经济分析环节，尚未将地块开发建设的经济因素与地块经济技术指标结合起来进行分析，也未将城市建设的经济因素与城市基础设施和公共设施建设紧密地结合。由于控规编制缺乏有机的科学评价指标体系，因此也为用地业主提出调整高度、增加容积率；或者利用土地级差地租进行土地置换而向外寻找发展空间等修改控规的行为提供了理由。

"三旧"政策为刺激业主改造的积极性，为容积率调整留下了余地。本已不合理的控规编制，在"三旧"政策的点燃下，面临大量的控规调整申请。面对"再城市化""三旧"地块用地性质的改变所带来的对城市布局、城市功能产生的影响，容积率的提高所带来的建筑容量增加、城市环境变化、市政、交通设施的压力等问题，现行控规无以应对，原控规的地块指标对"三旧"地块的实际开发控制失去指导意义，控规调整是必然的选择。

以往的控规调整，调整范围仅仅限于项目本身用地。然而，在"三旧"政策下大量的局部单项的调整累加起来并不等于宏观整体的调整。如果没有宏观层次的规划引导，控规调整论证将缺乏对周边地区的整体综合研究，尤其是缺乏对城市和地区总体容量的研究，最终将导致城市建设的失控。

三、建设用地再开发规划与现行规划体系的衔接

现行的城市规划体系主要是建立在对新增建设用地的规划管理基础上。随着我国大城市建设用地资源日趋饱和，未来可以预见的是建设用地再开发可能取代新增建设用地而成为规划管理工作的主流。因此有必要对现行城市规划体系进行必要的修正和完善，以适应建设用地再开发规划管理需求。但城市规划体系调整的目的并非要游离于现行规划体系以外设立一套新的独立的城市规划体系，而是应在现行的城市规划体系基础上，对应相关的规划层次，采用补充、调整和"镶嵌"的方法纳入建设用地再开发对城市规划的管理要求，使建设用地再开发规划与法定规划（特别是控制性详细规划）能够积极主动地相互对接。结合现行的城市规划体系，初步建议从以下几个规划层次中纳入或对接建设用地再开发规划管理的内容。

（一）城市总体规划

城市总体规划应对全市建设用地再开发的区域及其更新方向、总体规模作出初步规定。在城市总体规划指导下，应编制全市范围内的建设用地再开发专项规划，其中应明确规划期内实施建设用地再开发的规模和范围，建设用地再开发工作的目标与策略，建设用地再开发各范围区的功能定位

及发展目标。

（二） 近期建设规划

近期建设规划应对规划期内实施建设用地再开发的区域及其更新后的功能定位，实施更新的时序，为建设用地再开发配套的城市基础设施和公共服务设施作出必要的规定。

（三） 控制性详细规划

随着我国各大城市控制性详细规划的不断开展和成熟，它已经成为建设用地出让和规划管理的主要规划手段，而且其意义和功能已经逐渐深入人心，成为市场和公众参与城市规划最重要的平台。因此控制性详细规划也应成为与建设用地再开发规划管理对接的重要平台。控制性详细规划的控制作用在于，可以将建设用地再开发中政府与市场的角色进行必要区分，将理应由政府控制的公共利益因素从可以交由市场运作的博弈因素中抽离出来，并通过控规这一重要的规划控制手段予以强力保护。控制性详细规划应划定建设用地再开发的实施范围，确定其中涉及的建设用地再开发项目的功能定位、基本公共服务设施和市政配套设施安排、容积率的控制范围、景观生态和文物保护要求、保障性住房的供应量、城市设计控制要素、拆迁居民安置策略，以及捆绑改造计划等。除了尚未编制控规的地区在控规编制中应加入建设用地再开发地区的规划控制内容外，对那些已经完成控规编制的地区也应采取必要的控规修订程序，对建设用地再开发规划的内容进行补充完善。深圳市针对这一问题，特别设立了建设用地再开发单元规划，这一规划经过与控规类似的审批程序后，能够与其衔接成为相关地区控规的重要组成部分。

（四） 建设用地再开发修建性详细规划

经过控规对政府和市场要素的区分，在控规保障公共利益因素的基础上，建设用地再开发的修建性详细规划才能保留利益博弈和市场运作的相对灵活自由。建设用地再开发项目的修建性详细规划应全面面向更新规划实施的要求，最大限度地纳入相关利益群体的诉求，保留市场运作的弹性空间。在一般修建性详细规划的基础上，建设用地再开发规划需要重点增加土地市场的经济核算，拆迁安置的具体安排等应对更新的特殊内容。同时还需要增加相关利益方谈判和博弈的程序。因此，建设用地再开发项目规划不同于传统的指令式规划那样重视规划结果的技术表达和政府计划的传达，而更多地需要采取"协作式规划"的方法。

（五）综合整治（改善）规划

随着物权的逐步清晰，特别是《国有土地上房屋征收与拆迁补偿条例》的出台，未来"渐进式""针对性"和"小尺度"的环境综合整治也可能逐步取代大拆大建的建设用地再开发方式。《深圳市城市更新办法》提出"综合整治、功能改变、拆除重建"3类模式并行。城市综合整治规划，要求对建设条件、现状权属以及各方目标的充分尊重和全面把握，要求根据居民的经济承受能力及实际需要来确定更新改造的方法和内容，需要更加倾向于人的视角的空间思考，以及更加精细化的微观空间技术。以香港《尖沙咀地区改善计划》为例，该规划面对的是亚洲最繁华的街区之一，在其环境改善规划中提出的是一些看似朴实，但与人的行为和现实生活密切相关的规划议题，如人车争路、交通黑点等，而规划中也广泛地涉及汽车减速装置、行人过街安全设施（包括残障人士的过街设施），乃至地砖等深入到生活细节的技术方法。由此可见，将综合整治规划纳入城市规划体系的范围，将有利于城市规划向"精细化"管理的方向发展，也将有利于为城市规划增加更多人文关怀的温情，引领城市规划回归人的尺度，回归空间细节，回归寻常生活。

规划体系要应对建设用地再开发的规划管理要求，不能单纯依靠调整各层次城市规划的编制内容，还必须对城市规划技术标准及规范进行调整和完善。我国现行的规划技术标准仍停留在"大建设、大发展"的时代，主要针对一般性的新增建设行为，而且已经远远跟不上目前大城市城市功能的演变。现行城市规划标准对建设用地再开发管理的不适应，突出地体现在无法支持用地性质和建筑功能混合的管理要求，难以提供以轨道交通引导的城市高密度开发的规划控制依据，以及难以为建设用地再开发的土地经济效益研究提供支撑等。因此有必要针对建设用地再开发的特点对现行的城市规划技术规范进行必要的修正，而且这也将有利于推动城市规划技术向目标更为广泛、内涵更为丰富、执行更为灵活和管理更为精细的方向转变。

第二节　不同尺度下建设用地再开发规划定位

一、不同层级村镇建设用地再开发规划差异分析

（一）不同层级村镇建设用地再开发规划目标差异分析

村镇建设用地再开发规划的目标体系之间有 3 种可能存在的关系：目标间无依存关系；目标间互补促进；目标间互相冲突。其中最后一种是复杂的多目标村镇建设用地再开发规划大系统中最需认真对待、最难解决的情况，也是多目标协调的重点。目标间相互冲突又有两种情况：一种是弱冲突的情况，其相互冲突的目标之间还有相容或并存的可能性，所以原则上两种目标均可保留。另一种是强冲突的情况，此时必须放弃或改变某个分目标。这种情况一般有几种处理方式：一是保持原目标，用其他方式补偿或部分补偿受损方的利益，如寻求耕地替代资源等；二是"替代选择"，即在多目标中，决定选择其中一个目标，而放弃其他目标，以便集中资源，保证这一目标的实现。三是优先原则，即优先保证某一目标，如保证耕地需求，待该目标满足后再考虑其他目标。这些方式为村镇建设用地再开发规划目标的协调提供了思路。不同层级的村镇建设用地再开发规划总目标均包含上述 4 个分目标，4 个分目标的不同比例组合形成了不同的总目标。即：$Q = a1 \times Q1 + a2 \times Q2 + a3 \times Q3 + a4 \times Q4$。$ai = 1$，2，3，4，表示各个分目标占总目标的比重。$ai \geq 0$，且 $a1 + a2 + a3 + a4 = 1$。由于村镇建设用地再开发规划是一系列的强政治行为和弱技术行为的过程，因而村镇

建设用地再开发规划的编制与实施过程中或多或少的以规划的制度环境为背景，这就为各种利益集团提供了寻租机会，"规划中的技术因素往往受控于经济、社会和政治等非技术性因素"。因此村镇建设用地再开发规划目标受制度环境的影响较大。

在我国，不同层次村镇建设用地再开发规划总目标中，分目标的构成比例往往决定于各级政府的主导意志。结合我国国情，大尺度的村镇建设用地再开发规划总目标中，耕地保护目标是其主要目标，占大部分比重；中尺度的村镇建设用地再开发规划总目标中，耕地保护、集约节约用地、生态保护目标是其主要目标；小尺度的村镇建设用地再开发规划总目标中，耕地保护、集约节约用地、促进新农村建设与城乡统筹发展、生态保护是其主要目标。

1. 省级村镇建设用地再开发规划目标

统筹安排、科学指导村镇建设用地再开发活动，落实最严格的耕地保护制度和最严格的集约用地制度，促进新农村建设和城乡统筹发展，从节约集约用地和保护生态环境等角度统筹区域村镇建设用地再开发，实现省域范围内的土地利用效益提高。

2. 市级村镇建设用地再开发规划目标

在我国，村镇建设用地再开发规划建议实行逐级控制，即省级规划控制市级规划，并且村镇建设用地再开发规划是土地利用总体规划的专项规划，因而市级村镇建设用地再开发规划目标的确定，需要依据省级村镇建设用地再开发规划以及市级土地利用总体规划所确定的目标，为跨县区域经济社会的可持续发展提供资源保障，实现村镇建设用地再开发的区域分工与合作，统筹区域村镇建设用地再开发的经济、社会与生态效益。

3. 县级村镇建设用地再开发规划目标

依据国民经济和社会发展的要求、生态建设和环境保护的要求、市级村镇建设用地再开发规划和县级土地利用总体规划的要求、规划期内可实现的村镇建设用地再开发潜力等，统筹安排农村建设用地和城镇工矿建设用地的整治、土地复垦等。

（二）不同层级村镇建设用地再开发规划任务差异分析

所有层级的村镇建设用地再开发规划均有村镇建设用地再开发方向和目标、村镇建设用地再开发的规模、结构和布局方案、村镇建设用地再开发项目和资金安排的任务。具体地说，尺度越大，村镇建设用地再开发调控越宏观，村镇建设用地再开发宏观布局越笼统。尺度越小，村镇建设用地再开发安排越具体，村镇建设用地再开发宏观布局越精确，村镇建设用地再开发微观规划越具有针对性和控制性。也就是说，随着尺度的放大，村镇建设用地再开发规划的任务从微观控制趋向于宏观调控。如全国村镇建设用地再开发规划的任务应是在战略和政策层面调控全国和各区域村镇建设用地再开发方向，统筹各类村镇建设用地再开发和区域空间总体布局。县级村镇建设用地再开发规划的任务应是统筹安排村镇建设用地再开发项目，并落实到具体空间位置，针对具体村镇建设用地再开发项目制定村镇建设用地再开发的工程措施条件等。

1. 省级村镇建设用地再开发规划任务

省级村镇建设用地再开发规划应充分考虑村镇建设用地再开发的社会经济和生态环境效益，稳妥推进农村建设用地和积极开展城镇工矿建设用地整治，优化土地利用结构、布局和节约集约用地。提出省域村镇建设用地再开发战略目标和差别化的区域村镇建设用地再开发政策，为省内跨市区域级和市级村镇建设用地再开发规划的编制提供依据。

2. 市级村镇建设用地再开发规划任务

在具有一定同质性和关联性的自然、社会、经济属性的地区的基础上，提出统筹区域村镇建设用地再开发和促进集约节约利用土地，协调村镇建设用地再开发与生态环境建设的村镇建设用地再开发战略，制定差别化的村镇建设用地再开发政策，为编制区域内县级村镇建设用地再开发规划提供重要依据。

3. 县级村镇建设用地再开发规划任务

以促进农业现代化、新农村建设及城乡统筹发展为出发点和落脚点，以统筹农村建设用地整治、损毁土地复垦项目，安排好城乡建设用地增减挂钩、工矿废弃地复垦调整利用，以及旧城镇旧厂矿改造等各项活动。

（三）不同层级村镇建设用地再开发规划内容的差异分析

不同层级的村镇建设用地再开发规划均包括上面的一般内容，但侧重点和内容深度有所差异。尺度越大，村镇建设用地再开发规划内容越侧重战略性，着重研究村镇建设用地再开发战略思路，制定村镇建设用地再开发方针、政策；尺度越小，村镇建设用地再开发规划内容越侧重操作性，着重研究村镇建设用地再开发指标和空间的落实。例如，全国村镇建设用地再开发规划内容应主要包括：村镇建设用地再开发战略研究；差别化村镇建设用地再开发政策研究；国家级的村镇建设用地再开发重大工程建设安排；规划实施保障措施。

县级村镇建设用地再开发规划内容应主要包括：市（地）级村镇建设用地再开发任务的落实；村镇建设用地再开发特别是村镇建设用地再开发项目实施时序以及地块的具体落实，提出村镇建设用地再开发资金投入和安排计划，制定实施规划的保障措施等。

1. 省级村镇建设用地再开发规划内容

省级行政区的区域范围比较大，土地利用结构比较完整。省级村镇建设用地再开发规划，是地方高层次的具有综合性、整体性、战略性和长期性的村镇建设用地再开发规划，它的内容与全国性规划相近，但更强调区域村镇建设用地再开发的规模、结构和布局，村镇建设用地再开发的重点区域更加明确，村镇建设用地再开发政策的区域差异更加具体。具体包括：分析省域村镇建设用地再开发的特点和问题，以及村镇建设用地再开发的总体状况；制定省域村镇建设用地再开发战略；优化全省土地的利用结构和空间总体布局；构建全省村镇建设用地再开发生态建设与保护总体格局；根据各市的经济发展状况与土地资源利用状况，提出各市的村镇建设用地再开发目标和方向，把相关整治规划指标分解到市，重点明确各市高标准基本农田建设和补充耕地任务，确定全省各市农村建设用地规模和总体布局；进行村镇建设用地再开发地域综合分区，制定差别化的村镇建设用地再开发政策；做好跨市、县域的重点区域、重点工程（或重大项目）布局，如农用地整治、土地开发和复垦等的布局，防止重复建设；从省级层面提出规划实施保障措施等。

2. 市级村镇建设用地再开发规划内容

市级村镇建设用地再开发规划起承上启下的作用，对上承接省级村镇建设用地再开发规划的内容，对下起到指导县级村镇建设用地再开发规划编制、需要解决跨县村镇建设用地再开发问题的作用。其基本内容包括：分析本区域村镇建设用地再开发的特点和问题；制定区域村镇建设用地再开发战略；提出区域村镇建设用地再开发优化方案，包括村镇建设用地再开发结构和布局的调整；构建区域生态建设和环境保护格局；进行村镇建设用地再开发分区，充分衔接好省级村镇建设用地再开发分区，制定差别化的村镇建设用地再开发政策；提出各县的村镇建设用地再开发目标和方向，把相关整治规划指标分解到县，重点确定各县农村建设用地规模和总体布局；做好跨县域的重点项目布局，提出区域村镇建设用地再开发规划实施保障措施等。

3. 县级村镇建设用地再开发规划内容

县在历史上就是我国行政区划设置的基本单位，同时又是一级基本的经济区，是相对独立、相对完整的经济行政区域，基本资料翔实。县级规划是县级行政辖区组织实施村镇建设用地再开发活动的基本依据，是落实市级村镇建设用地再开发规划和县级土地利用总体规划的重要手段。在各级规划中，县级规划具有特殊意义，以县级地方政府为编制和执行主体的县级村镇建设用地再开发规划有可能得到较好的落实，应作为新时期我国村镇建设用地再开发规划探索与强化落实的突破口，从国外的实践来看也是如此。

县级规划作为实施的最基本层次，其规划内容要体现定性、定量、定位、定序的要求，又具有低层次规划较强的可操作性。约束性指标除高标准基本农田建设、补充耕地外，还需有建设用地整治规模、城乡建设用地增减挂钩指标以及预期性指标，包括人均用地、生产、生活、环境条件改善指标等。在土地的整治、环境保护上，县级规划要具体确定各类型整治项目的类型、时序、规模和范围。主要内容有：评价上一轮村镇建设用地再开发实施情况，分析县域村镇建设用地再开发的特点及问题；提出未来村镇建设用地再开发的目标，明确县域村镇建设用地再开发的总体要求；构建村镇建设用地再开发基础设施与生态环境建设体系，明确整治项目的类型、时序、规模和范围；制定近期规划；拟定实施规划的措施。

二、不同层级村镇建设用地再开发规划功能定位

（一）省级村镇建设用地再开发规划功能定位

村镇建设用地再开发目标的确定是村镇建设用地再开发规划制定及实施的前提和基础，为村镇建设用地再开发规划指明了发挥哪些功能、完成哪些任务等。村镇建设用地再开发体现了经济社会发展与土地利用现状矛盾如何协调的问题，因而村镇建设用地再开发规划的具体内容、任务会随着时代的发展变化而不断发展变化。但是，村镇建设用地再开发的根本目标都是通过土地资源的科学利用，为社会经济可持续发展提供稳固的资源基础和支撑条件。省域作为全国范围内的重要区域，属于政策性引导规划，承担一个或多个全国村镇建设用地再开发功能，其主要功能是土地资源保障、粮食安全功能、促进区域统筹发展等。

（二）市级村镇建设用地再开发规划功能定位

市级区域在我国行政管理层级中处于中间层级，市级村镇建设用地再

开发规划在我国村镇建设用地再开发规划体系中，居于承上启下的特殊地位，既承接省级村镇建设用地再开发规划目标任务，又指导县级村镇建设用地再开发规划实施，位于省域范围内某个分区，受到省级目标的约束，属于布局性规划，在区域间起到相互衔接作用，主导功能为资源保障、粮食安全功能，促进区域协调发展、城乡统筹发展。

市级规划是落实省级规划的重要环节，是实施和深化市级土地利用总体规划的重要手段，是指导市级村镇建设用地再开发活动的政策性文件。要在省级规划的控制和指导下明确本行政区村镇建设用地再开发的方向以及具体目标，从而提出市级村镇建设用地再开发规划的规模、数量结构以及空间布局，并为全面、深入、有序开展村镇建设用地再开发工作提供基础。

（三）县级村镇建设用地再开发规划功能定位

按照国际村镇建设用地再开发已有的成熟经验，区域性、时空性的安排成为新形势下村镇建设用地再开发事业发展的必然趋势，县乡级村镇建设用地再开发规划成为村镇建设用地再开发重点，属于具体落实性规划，通过土地利用现状结构以及权属关系的调整，在县域范围内优化土地利用结构，改善生态环境；通过土地综合整治项目的实施，在项目实施区范围内改善提升生产生活条件，实现土地的经济效益、社会效益和生态效益最优。县级村镇建设用地再开发规划主导功能为资源保障、粮食安全、环境友好，实现农村城市化、景观生态化功能等。

县级规划是深化及实施市级村镇建设用地再开发规划和县级土地利用总体规划的重要手段，是指导县级行政区村镇建设用地再开发活动的实施性文件，也是村镇建设用地再开发项目立项及审批的基本依据。要在市级规划的控制和指导下，确定本行政区村镇建设用地再开发项目布局和实施时序，提出村镇建设用地再开发资金投入和安排计划，制定实施规划的保障措施。

第三节　村镇建设用地再开发
规划编制内容与管理措施

一、建设用地再开发规划内容

建设用地再开发除包含"拆除重建区"外，还可能包含"功能改变区"和"综合整治区"两个部分。建设用地再开发规划的控制内容是规划编制时必须研究和表达的基本内容，由针对建设用地再开发单元的整体以及其中的拆除重建区、功能改变区、综合整治区的规定共同构成。

（一）内容与深度

（1）范围：包括拆迁用地和建设用地范围，以及土地清理及房屋确权的相关成果。

（2）目标与功能定位。

（3）模式与改造策略：明确拆除重建、综合整治和功能改变对应的区域，并针对不同区域提出相应的对策。

（4）开放空间和园林绿地系统。

（5）配套设施的总体对策和布局。

（6）道路交通的总体对策和道路网络构成。

（7）技术经济指标和经济可行性评价。

（8）专项研究：对于单元功能发展方向不明确，或涉及地区核心功能发展的重点单元，需要进行市场策划研究，具体内容包括产业发展趋势、市场供需平衡、发展模式选择、财务风险评价等，充分体现建设用地再开发项目对市场经济规律的尊重，并以此作为确定建设用地再开发整体发展定位与规模的依据之一。

对于现状设施压力较大的建设用地再开发单元，或者改造后建筑和人口增量比较大的高强度开发单元，以及影响城市景观风貌的重点地区，需要进行配套设施、道路交通、市政工程和城市设计等方面的专项研究，对建设用地再开发后设施及景观进行分析和预测，作为确定规划指标的依据之一。

（9）其他要求：如历史文化遗存保护、自然生态资源保护等。

（10）地权重构：明确相关政策对建设用地的再开发的具体规定，确定拆迁责任、公共服务设施、市政基础设施及其他公益性设施的捆绑开发、保障性住房建设、综合整治区整治责任等方面的要求。

（11）单元内拆除重建用地由业主区分所有情况下，还需依据各自用地布局、规划指标及捆绑拆迁建设责任，经协商谈判形成利益平衡方案。

（12）实施方案：包括分期实施计划、拆迁和实施进度以及相关配套措施。

（二）规划文本的要求

规划文本是对规划各项目标和内容的规定性要求。文本必须用法律文件的文体阐述如下内容：

1. 总则

说明城市更新单元规划编制的主要依据和原则、拆迁用地和建设用地的范围与规模、土地清理及房屋确权的结论、法律效力、生效日期、解释权归属及其他事项。

2. 更新目标与主导功能

确定城市更新单元规划的目标和更新单元的主导功能。

3. 更新模式与改造策略

更新单元包含的更新模式：拆除重建、综合整治和功能改变；更新单元的改造策略：明确拆除重建区、综合整治区和功能改变区的范围与规模，说明各类策略分区的更新策略和建设管制规定。

4. 土地利用与地块控制

确定更新单元整体的用地布局方案。一是明确"拆除重建区"内各地块的土地利用性质和相容性规定、开发强度控制要求、建筑总量及各类建筑量、绿地率及绿化覆盖率、居住人口和户数等控制指标。二是明确"功能改变区"内各地块的土地利用性质和相容性规定。针对上述两类用地编制"地块控制指标一览表"。

表 8 - 1　地块控制指标一览表

地块编号	用地性质	用地代码	用地面积/m²	建筑面积/m²	容积率/%	建筑覆盖率/%	绿地率/%	建筑限高/米	配套设施	备注	二类用地性质
										拆除重建	
										功能改变	

5. 综合整治区规定

在包含综合整治区的城市更新单元规划中,确定综合整治区的整治目标、范围和工作内容。

6. 功能改变区规定

在包含功能改变区的城市更新单元规划中,确定功能改变区的规划目标、范围和相关要求。

7. 其他规定

确定更新单元内基本生态控制线、一级水源保护区、橙线(重大危险设施管理控制区)、黄线(城市基础设施管理控制区)、紫线(历史文化遗产保护区）等城市控制性区域管制要求。

8. 地权重构

（1）落实捆绑改造责任：确定更新单元内各改造实施主体必须承担的独立占地和非独立占地的城市基础设施、公共服务设施或城市公共利益项目的类型、位置、规模及其他要求；确定更新单元内各改造实施主体必须承担上述设施的拆迁、土地移交和代为建设等责任。

（2）制定利益平衡方案：更新单元内拆除重建用地由业主区分所有情况下，依据各自用地的区位价值情况、综合贡献情况以及面积大小等的综合比较，经协商谈判形成利益平衡方案；制定各业主所拥有用地的技术经济指标。

9. 实施方案

（1）分期实施计划：确定单元内各期实施范围，包括各期拆迁、建设用地范围，以及各期的责任划分。

（2）拆迁和实施进度：确定规划期内拆迁责任与实施责任的具体时间期限。

（3）配套措施：提出保障规划顺利落实的相关措施。

10. 附图

附图为规划文本必要的图示性说明。附图必须包含如下七部分内容：

（1）拆迁与建设用地范围图。

在最新有效的地形图上，标绘"拆迁用地"和"建设用地"的范围线、控制点坐标、占地面积（单位平方米，精确到小数点后一位）。

（2）土地清理与建筑确权示意图。

在最新有效的地形图上，标绘"拆迁用地"范围线；标绘更新单元内所有宗地的宗地编号、宗地号（或用地方案号）、宗地边界、用地权属单位和土地权属性质，同时用不同颜色标示土地清理的结论，包括产权完备用地（包括行政划拨用地、产权合同用地、产权用地和合同用地）、产权尚待完善用地（包括用地方案、历史红线、地籍地块和自制地块等）、国有未出让用地、非农建设用地（如征地返还用地、工商发展用地）、非农建设用地范围外形成的建设区域、老屋村、已按历史遗留用地有关政策处理的用地等。

标绘单元内所有建（构）筑物平面位置与轮廓线、建筑物编号、楼层、建筑结构、使用年限，同时用不同颜色标示建筑确权的结论，包括产权完备建筑、产权尚待完善建筑如违章建筑等；如有危房的，须进行标注和说明。

（3）地块划分与控制指标图。

在最新有效的地形图上，标绘"拆迁用地"和"建设用地"的范围线；标绘更新单元内所有地块（包括拆除重建、综合整治、功能改变和现状保留）的地块线、地块编号、用地性质代码、设施图例以及用地填色；并编制《地块控制指标一览表》。

（4）建设用地空间控制图。

在最新有效的地形图上，标绘更新单元内所有地块（包括拆除重建、综合整治、功能改变和现状保留）的地块线、用地性质代码、设施图例；标绘非配套设施类拆除重建地块的规划容积率；标绘一级、二级建筑退线、公共开放空间范围与规模、建筑高度、建筑遮蔽空间、车行与人行出入口示意位置，以及其他需要表达的控制要素。

（5）分期实施规划图。

在最新有效的地形图上，标绘"拆迁用地"和"建设用地"的范围线；每一期对应的"拆迁用地"范围线；每一对应的"建设用地"范围区域颜色填充；填写"实施摘要"，内容包括各期主要建设功能类别、捆绑责任等。

二、规划管理措施

（一）发展与公众意愿相结合

现在村镇建设正处于"大发展、大建设、大环境"的关键阶段，应当围绕加快村镇的发展抓效能建设，让效能建设同村镇可持续发展相结合，使村镇建设用地再开发规划建设工作落在实处。村镇建设用地再开发规划中的相关部门，要和国土资源部、城市规划局、发改委等部门紧密配合，要支持市、县及各镇、开发区、软件园区项目的签约和建设，高效率地做好引进项目的规划选址、规划方案和工程项目的许可审批落实。所以，村镇建设用地再开发规划管理要满足城市市民和投资者的需要，做好服务于城市发展的工作。

（二）大力推进机制的创新

1. 加快审批流程

在项目审理中，用"否定报备制"检查"首问责任制"和"一次性告知制"，用"首问责任制"加强"AB 岗工作制"。要求接办与受理同时进行，在第一时间与建设单位沟通，并且确定好现场查勘等相关事宜，让技术骨干前台受理、咨询，必须保证资料齐全。采用"AB 岗工作制"，坚决杜绝建设单位报建的"扑空"。审批过程中严格执行责任追究制、超时默认制和两次办结制，坚决禁止层层汇报制。符合报建规定的，坚决要求在承诺时间内办结，快速反应解决问题。形成共同服务、上下联动，确保服务品质。用微机"红绿灯"的管理策略，要求当日办结率，公布各人周办结率，监督限时办结制，人力资源在窗口统一调配，可以有效地集中力量，确保行政提速。在报建审批过程中，应推行工业项目绿色通道、重点项目特事特办、招商项目超前服务等工作原则。

2. 优化行政资源

为进一步提高效率，应实行建设项目并联审批制度，即规划项目报建按照"一家受理，抄告相关，并联审查，限时完成"的程序进行，报建单位将不用再到各个职能部门盖章，而是由规划主管组织协调各相关参审部门进行联合审查。实行并联审批是缩短项目办理时间的有力措施。审批中涉及相关部门时，用科学的并联审批取代传统的模糊的串联审批。需征求相关职能部门意见的，用并联审批会解决，减少建设单位不知往哪儿跑、多头跑、无用功的接力赛。加强沟通，慎用否决权，增加部门协调，强化行政合力。

3. 抓好政风行风

对外要全程阳光，创新地实行"批准、批复、批驳"三种行政审批方式。限时办结，文字量化明确，不得模棱两可、不置可否或口头答复。暗箱操作，推诿、拖拉等腐败土壤将失去存在的空间。审批环节全部集中在行政服务中心大厅办理后，避免了出现脸难看、门难进、事难办的"衙门"作风，破除了"官即管"的观念，拉近政府与群众的距离。同时要有效地防止政府权力部门化、部门权力利益化。使建设工程项目的审批程序公开化、透明化，显著地提高了行政管理效能。

4. 强化依法执政

必须严格按《城乡规划法》明确执法主体，依法行政。同时按《行政诉讼法》《行政处罚法》《赔偿法》和《刑法》，加大对越权审批、违法审批、违法占地和违法建设的处罚力度，保证规划管理有一个良好的并能独立执法的社会环境。加强规划部门执法监察队伍建设，形成强有力的执法体系。随着近年来规划事业的飞速发展以及建设项目的增多，尤其是《中华人民共和国土地管理法》《中华人民共和国城乡规划法》颁布实施以来，规划监察的任务越来越繁重，规划监察的职能越来越重要。随着形势发展，依法行政工作的推进，规划工作将面对新的课题，规划监察工作难度越来越大。鉴于以上问题，为了切实加大规划监察力度，提高规划监察机构的机构规格显得尤为重要，以树立规划的权威性、严肃性，确保规划的实施。

（三）提高编制水平

1. 重视多视角的切入，多目标的统筹，加强规划"广度"

村镇建设用地再开发规划牵扯到经济、社会伦理、生态环境、空间布局等方方面面，若以规划论规划，未免视线过于狭隘。因此规划强调多视角的切入，按照目标与问题双重导向的思路，强化多目标的统筹。为规划方案的制定提供较为全面的视角考虑。

2. 以人为本，强调公众参与的实践规划

村镇建设用地再开发规划涉及政府、公众和开发商等多方主体，各方主体在目标导向和主体利益上会有所不同，在主体的观念和思想上，会存在较大的分歧。因此，村镇建设用地再开发规划编制过程中要多路径推进规划的公众参与。通过公众参与能保证规划成果较为全面地反映不同主体的要求和意见，通过公众参与实现不同利益主体分歧的协调，减少实施中矛盾的激化。

3. 多方统筹，重视多部门利益的综合协调，调动各部门参与规划的积极性

长期以来，村镇建设用地再开发规划制度的研究往往集中在规划部门本身，村镇建设用地再开发规划获得的权限也是建立在特定的行政组织结构基础之上的。导致村镇建设用地再开发规划编制的侧重点也往往偏重在建设规划部门归口，对其他部门职能利益考虑不全，规划的实施也往往得不到相关部门的应有的支持。村镇建设用地再开发规划的综合性要求在规划编制过程中加深对其他职能部门职权与城乡规划之间关系的研究，重视多部门利益的综合协调，突出各部门价值的导向，主动引导、明确职责，以期能得到相关政府部门的积极响应，为规划的实施提供良好的政府基础，充分发挥村镇建设用地再开发规划对社会经济发展的统筹和综合调控作用。

4. 重视规划的政策属性，加强"配套政策"的研究和支撑

规划编制具有技术与政策的双重特性，规划成果既是蓝图，也是规划管理的依据。规划编制既是分析问题、解决问题的技术，也是建立目标，指导实践的公共政策过程。为了体现规划"公共政策"的属性，在规划编制过程中，应该加强配套政策和实践保障措施方面的研究，进行体制创新。配套政策是村镇建设用地再开发规划发挥效用的制度基础，也是规划具有较强可操作性的主要体现。从政策层面来研究规划实施中的管理制度、标准和政策等问题，可以大大提高规划的可操作性。

（四）规划管理应体现社会监督和行政监督并重

1. 规范公示内容和程序

一是明确规划许可内容建设项目的批前、批后，村镇建设用地再开发规划管理职能、工作依据、办事程序和时限及查处结果；二是社会监督和投诉方式，受理时限和程序；三是形成横向覆盖的规划编制、规划审批和规划监察三大职能，纵向覆盖的事前、事中、事后三个过程的"阳光规划"体系。

2. 拓宽公示形式和载体

对不同的公开内容采取不同的公开方式，便于群众了解和监督。一是通过规划网站、报纸、公示牌和规划展示馆，开展四位一体的项目审批规划公示；二是采取调查问卷、广场咨询、召开座谈会和规划报告会等形式进行公示；三是通过咨询、征询、听证、论证和评审等方式，对公众普遍关注的居住区、公共设施和重要建设工程的规划设计方案等内容进行公示；四是依托行风监督员、专家组、咨询委员会和规划委员会等队伍或载体开展公示。

3. 加强公示互动和沟通

在公示实施过程中，注重强化公众参与，及时处理并答复群众意见。采取畅通信访渠道、公布信箱、监督电话和举报电话等方式，积极引导市民参与和监督规划。对各界群众提出的意见建议，及时进行整理，分门别类地研究，落实具体经办的责任处室和责任人。在加强社会监督的同时，重视机关内部行政管理执法教育和监督。

第四节　基于生态环境视角的村镇建设用地再开发规划研究

结合村镇建设用地再开发与生态建设的相关理论，本文提出了"生态建设型村镇建设用地再开发"这样一个概念，是指将生态和景观因素引入村镇建设用地再开发中，针对企业拆迁、居民区拆迁等方式整理出的部分建设用地和闲置的零散建设用地，通过生态修复或生态建设的方式，使其转变为生态用地，增加生态用地规模，优化生态用地布局；同时，通过改造生态用地类型，提高生态用地的生态服务价值。按照其整治前整治区域是否以生态保护为主导功能，继续细分为非生态区域的生态建设型村镇建设用地再开发和生态区域的生态建设型村镇建设用地再开发，此处的生态区域划分主要是依据村镇建设用地再开发区域的主要功能是否为生态保护功能。在具体的生态区域判断中，可以依据整治区域的相关生态区划，重要生态功能区划，生态省、市、县建设规划以及城市总体规划、土地利用总体规划等规划中涉及生态用地区域划分和生态功能保护区的划分等。

其中，非生态区域的生态建设型村镇建设用地再开发主要是零星分布于整治区域内的绿化、公园等建设，其整治前可能是建设用地或者未利用地等土地利用类型；生态区域内的生态建设型村镇建设用地再开发则是针对生态区域的生态质量提高进行的村镇建设用地再开发，包括生态区域内产业搬迁后的生态修复、原有生态用地的质量提升及原有绿化空间的立体化建设等。

一、生态建设型村镇建设用地再开发的整治模式

根据上述村镇建设用地再开发分类体系的研究，本课题认为生态建设型村镇建设用地再开发的整治模式研究按照其内涵可以分为四大类，分别是生态修复型生态整治、生态质量提高型生态整治、景观改善型生态整治和景观创建型生态整治。

（一）生态区域的生态建设型村镇建设用地再开发模式

1. 生态修复型生态整治

生态修复型生态整治模式是指针对生态区域内完成拆迁后的工业用地、居住用地等建设用地进行的生态修复工程，该模式下主要是非生态用地类型向生态用地的转变。在整治前，这些用地类型往往不具有生态功能，有些甚至受到了一定程度的污染，通过生态修复型生态整治，达到提升土地生态服务价值的目的。针对整治后生态用地的具体用途，可根据整治的生态区域的生态环境及物种情况进行选择，以达到绿化美观且维护生物多样性的要求。

2. 生态质量提高型生态整治

生态质量提高型生态整治是指通过改造生态用地，提高生态用地的生态服务价值，维护整治区域的生态多样性。该类整治模式主要适用于生态区域的村镇建设用地再开发，其整治对象主要是生态用地，其主要的目的是为了提高原有的生态用地的生态服务价值。在具体措施的选择上，包括发展立体绿化、生态景观连通性建设、河道清淤疏浚工程等。

（二）非生态区域的生态建设型村镇建设用地再开发模式

1. 景观改善型生态整治

景观改善型生态整治主要是针对非生态区域内现有的居住社区和商服中心进行的配套性质的生态整治模式，其整治的对象主要是现有的居住社区和商服中心内的零星分布的生态用地。整治的目的主要在于改善现有的居住社区和商服中心的生态环境，为生活在其中的人们改善人居环境。具体的工程包括河道绿化工程、道路绿化工程和小区绿化改善工程等。

2. 景观创建型生态整治

景观创建型生态整治主要是针对非生态区域内已经完成拆迁的居住用地、工业用地和基础设施用地等进行的生态整治。在整治前，这类用地类型是不具有生态功能的，主要是建设用地，按照城市总体规划、绿地规划等相关规划的要求，这部分用地将作为城市绿地进行使用，可以作为绿地空间、公园等，面积较之景观改善型生态整治区域更大一些。该整治模式主要适用于非生态区域的村镇建设用地再开发，在整治过程中，考虑到原先土地利用对土壤或水体环境的影响，需要进行一些必要的生态修复措施。

二、基于生态环境视角的村镇建设用地再开发路径研究

目前，国内涉及村镇建设用地再开发与生态的相关研究内容主要是关于生态化村镇建设用地再开发和景观设计与建设的研究，还停留在理论研究层面，很多内容并未深入展开研究。本文根据上述生态建设型村镇建设用地再开发的内涵与整治模式，提出生态区域和非生态区域的不同村镇建设用地再开发模式，并根据其不同的整治模式提出相应的路径研究。

本文中提及的生态区域和非生态区域划分的依据，主要是根据整治区域的主体功能是否具有生态保护功能。因此，本文中"生态区域"的内容包括：①具有生态功能的农用地（包括耕地、林地、园地等）；②城市绿地

（包括城市绿化带、隔离带、生态廊道等）；③具有生态功能的水域与湿地
（包括河流、湿地等）；④重要生态功能保护区（包括自然保护区、风景名
胜区、水源保护区等）。上述区域包括已经存在的区域或规划建设的区域。
除了上述生态区域以外的区域统一划分到非生态区域中。

（一）生态区域的生态建设型村镇建设用地再开发路径研究

1. 生态修复型生态整治路径研究

（1）生态修复型生态整治范围的划定。

根据上述生态区域的划分及生态修复型生态整治模式的内涵，生态修
复型生态整治的范围主要是生态区域内的非生态用地区域，主要包括工业
用地、居住用地、商服用地和基础设施用地等建设用地类型。

（2）生态修复型生态整治评判指标体系。

根据上述生态修复型生态整治范围的划定准则，结合生态修复型生态
整治模式的内涵，构建生态修复型生态整治评判指标体系。

表 8 - 2　　生态区域的生态修复型生态整治评判表

整治目标	指标	条件性质
修复生态区域完成拆	是否完整的位于生态区域内	约束性
迁的建设用地，提高	是否属于已拆迁工业用地、居住用地、商服用地等	约束性
生态服务功能	是否能够通过生态修复转变为生态用地	约束性

（3）生态修复型生态整治路径的具体实施。

按照上述整治范围的划定和整治评判指标体系的要求，生态修复型生
态整治的路径具体实施措施包括以下几方面内容：

针对生态区域内已经完成拆迁的工业用地、居住用地和商服用地等建
设用地，通过现场调查和环境监测数据分析地块当前土壤的受污染状况，
科学评定其是否可以通过生态修复手段转变为生态用地。如果可以转变为
生态用地，根据生态区域的具体生态保护功能进行具体生态用地种类的选

择，可以是林地、园地、人工草地等；反之，可以将该区域作为生态区域配套设施用地处理，但必须做环境风险评估，方可用以进行生态区域维护工作之用。

2. 生态质量提高型生态整治

（1）生态质量提高型生态整治范围的划定。

根据上述生态区域的划分以及生态质量提高型生态整治模式的内涵，主要从以下几方面来划定生态质量提高型生态整治的范围：按照生态区域的内容，结合绿地规划、生态建设规划、重要生态功能保护区划、基本生态网络规划和生态控制线规划等相关规划，整治的范围与生态区域的范围基本一致。

（2）生态质量提高型生态整治的评判指标体系。

在生态质量提高型生态整治中，其整治的对象主要是生态用地，结合上述生态区域的生态质量提高型生态整治范围的划定及生态质量提高型生态整治的内涵，构建了以下生态区域的生态质量提高型生态整治评判指标体系。

表8-3　生态区域的生态质量提高型生态整治评判指标体系

整治目标	指标	条件性质
维护生态区域生物多样性，提高生态区域生态质量	是否属于生态用地区域	约束性
	区域内生态质量状况是否良好	约束性
	整治后是否会提高区域的生态环境质量	约束性
	整治工程是否会影响到原有生态环境	约束性
	是否维护区域内生物多样性	约束性
	是否具有良好的生态景观连通性	一般约束性

（3）生态质量提高型村镇建设用地再开发路径的具体措施。

按照上述整治范围的划定和整治评判指标体系的要求，生态质量提高型生态整治的路径具体实施措施包括以下几方面内容：该整治模式是对生态网络空间内现有生物量、绿当量、生态服务价值和生态景观质量低、环境质量不满足环境功能要求的生态用地进行整治，提高生态景观的连通性。通过林木种植和保护，发展立体化的绿化工程，提高全区的林木覆盖率，完善绿色生态廊道，提高水体及周边生态环境质量和生态服务功能（包括防洪排费、居民休闲等）。通过生态区域内的生态质量提高型生态整治，使得生态区域内生态用地的生态服务价值和景观连通性显著提高，生物多样性得到有效保护。

（二）非生态区域的生态建设型村镇建设用地再开发路径研究

1. 景观改善型生态整治路径研究

（1）景观改善型生态整治范围的划定。

根据上述生态区域的划分及景观改善型生态整治的内涵，主要从以下几方面来划定景观创建型生态整治的范围：在非生态区域内，存在于居住社区、商服中心等区域内或周边的零星分布的生态用地区域。这部分生态用地主要作为区域内公共绿地空间而存在，起到一定的美化绿化作用，因为规模较小，大多作为该区域的配套用地。

（2）景观改善型生态整治的评判指标体系。

在景观改善型生态整治中，其整治的对象主要是非生态区域的生态用地，结合上述生态区域的景观改善型生态整治范围的划定及景观改善型生态整治的内涵，构建了以下非生态区域的景观改善型生态整治评判指标体系。

表 8-4　非生态区域的景观改善型生态整治评判指标体系

整治目标	指标	条件性质
修复生态区域完成拆迁的建设用地，提高生态服务功能	区域内生态质量状况是否良好	约束性
	区域内生态质量状况是否良好	约束性
	是否无法满足当前区域对生态景观的需求	约束性
	是否受到一定程度人为的干扰与破坏	一般约束性

（3）景观改善型生态整治路径的具体措施。

按照上述整治范围的划定和整治评判指标体系的要求，景观改善型生态整治的路径具体实施措施包括以下几方面内容：该模式主要是针对现有的非生态区域内的社区、商服中心等生活区内及周边零星分布的生态用地进行的整治，通过上述指标体系的评判，针对区域内的可能受到人为干扰破坏的生态用地进行改善，并定性地分析目前上述区域内存在的一些无法满足人们日常生活休憩娱乐的绿地空间并进行改善。通过上述整治，能够很好地改善上述区域内的一些面积较小的生态景观，为人们提供良好的休憩与娱乐空间。

2. 景观创建型生态整治路径研究

（1）景观创建型生态整治范围的划定。

根据上述生态区域的划分以及景观创建型生态整治模式的内涵，主要从以下几方面来划定景观创建型生态整治的范围：在非生态区域内，按照城市总体规划、绿地规划和生态建设规划等相关规划即将作为生态用地使用的建设用地，包括非生态区域的部分已经完成拆迁的工业用地、居住用地和基础设施用地等。具体可以分为以下几类：①在城镇生活区（主要是以社区为单位）内，规划建设的小型公园、绿地空间等；②在产业园区内，规划建设的绿化隔离带（将生产区与生活区隔开）；③在交通干道沿线，规划建设的绿化带。

（2）景观创建型生态整治的评判指标体系。

根据上述景观创建型生态整治范围的划定内容和整治要求，可以构建非生态区域的景观创建型生态整治的评判指标体系，该体系主要是围绕是否属于规划建设的绿化空间、公园和绿化带等角度来加以评判。

表 8 - 5　非生态区域的景观创建型生态整治的评判指标体系

整治目标	指标	条件性质
建设绿色家园,美化区域容貌,改善人居环境	是否属于已拆迁工业用地、居住用地、商服用地等建设用地	约束性
	是否可以整治后改为生态用地	约束性
	生态环境保护现状如何	约束性
	是否属于规划建设的绿化空间或者公园	一般约束性
	是否属于产业园区中规划建设的绿化隔离带	一般约束性
	是否属于绿地规划中建设的道路绿化带	一般约束性
	是否属于河道整治中建设的沿河道绿化带	一般约束性

（3）景观创建型生态整治路径的具体实施。

按照上述整治范围的划定和整治评判指标体系的要求，景观创建型生态整治的路径具体实施措施包括以下几方面内容：针对非生态区域的已完成拆迁的工业用地、居住用地和商服用地等建设用地，运用相关生态修复技术，使其能够整治后改为生态用地开发利用，绿化、美化区域容貌，改善区域人居环境。结合现有的城市总体规划、城市绿地规划和生态建设规划等，按照划定的非生态区域进行叠图分析，圈定现有的整治范围。通过公园、草坪等生态载体的建设，配合上述生态整治，构建完善的生态网络体系，维护全区生态安全，提升全区的生态功能。

第五节　广州市"三旧"改造规划编制管理的做法与经验

一、广州市"三旧"改造的政策解读

（一）"三旧"的内涵及对象

根据政策，"三旧"指旧城镇、旧厂房和旧村庄。改造范围为符合"第二次土地调查"的现状低效使用的建设用地①。为了统一改造，符合土地利用总体规划和城市总体规划的"三地"②（非建设用地）也纳入改造范围。改革开放以来，珠三角许多村镇工业区是建设在农用地的基础上，没有合法的用地手续。纳入改造范围的用地可以通过政策完善用地手续，因此改造范围的确定实质是产权③的界定。

产权清晰是交易的前提，明晰的权属有利于土地产权调整和价值分配。但是，产权的界定也需要成本，如果成本太高，产权的界定则无法实现。因此，制度经济学认为政府应通过行政法律机构，将产权界定的权力分配给最能有效运用它们的人，从而实现产权交易的低成本、高效率。由于城市建设活动均需要通过规划部门"一书两证"的许可才能实施，因此产权的确定交给规划系统可以实现低成本、高效率。

（二）"三旧"改造的利益格局

"三旧"改造是再城市化过程，增长方式是集约发展，保持适度人口。在用地功能转换、产业转型和人口转移的过程中必然牵涉原用地业主的权益，因此原土地业主是"三旧"改造主体的重要组成部分。为激励用地业主参与地块改造，"三旧"政策调整了利益格局，主要体现在：

（1）明确了土地使用者的利益，没有合法用地手续的建设用地可以完善用地手续，给土地使用者相当的手续便利和利益动力，同时减少了国家和地方政府的土地出让收益。

---

① 包括：城市市区"退二进三"产业用地；城乡规划确定不再作为工业用途的厂房（厂区）用地；国家产业政策规定的禁止类、淘汰类产业的原厂房用地；不符合安全生产和环保要求的厂房用地；布局散乱、条件落后，规划确定改造的城镇（街区）和村庄；列入"万村村镇建设用地再开发"示范工程的村庄等。

② 指符合广东省"三旧"政策规定的边角地、夹心地、插花地等用地，纳入总面积不得超过原"三旧"用地面积的10%，并且单个地块最大面积不超过3亩。

③ 我国实行土地的社会主义公有制，土地产权归国家所有，单位或者个人只能拥有土地的使用权。随着我国物权法的出台，土地所有权和使用权被首次定义为物权，意味着一种长期稳定的财产权利。为与西方理论接轨，此处的"土地使用权"沿用"产权"一说。

（2）政府对土地收益有相当大的让利，土地出让政策具有明显的激励作用。改造地块如采取土地公开出让方式进行融资，所融得资金超过改造成本，超出部分的60%返还给业主，意味着出让收益分流给用地业主。

（3）"三旧"改造中涉及公共基础设施建设的，从土地出让金中安排相应的项目资金给予支持。

（4）符合城市规划、土地利用规划的"三旧"用地可以申请自主改造。自主改造模式使原用地业主可独享土地升值收益。

（5）少量非三旧土地（"三地"）由于享受特殊政策而纳入改造范围得以确权，导致政府在该部分土地的出让收益减少。

（6）工业用地在不改变用途的情况下提高容积率，不增加地价，业权人利益无形中扩大，导致政府土地收益的减少。

（7）农村集体建设用地可申请转为国有土地，按照基准地价的30%缴纳国有土地使用权出让金，低于土地拍卖的成本。

利益格局的调整使业主有机会参与开发，分享开发收益，增加"三旧"改造的资本和支持力量。目前，在我国土地二元制，并由政府掌握土地一级开发市场的体制下，尽管政府在某些"三旧"改造项目中没有直接投入资金，但通过政策对土地流转、土地产权、土地收益进行引导，达到政府主导地块改造的目的。这种制度设计是运用市场手段配合行政手段对土地资源进行配置，是适应市场化经济的有效方式。

然而，制度设计和制度实施是完全不同的两个问题。政策刺激业主自主改造的积极性，也削弱了政府储备用地而统筹城市整体建设的能力。为此，广州市新出台的"三旧"政策加大政府储备用地的力度，位于城市规划"重点功能区"的地块必须由政府收储，不能自行改造。政策在不断的实施过程中逐步完善，凸显规划在土地资源配置方面的作用。

（三）"三旧"改造的程序

"三旧"改造与业主的利益息息相关。"三旧"政策针对不同的对象，规范了"三旧"改造的程序。

对于旧城改造，实行两轮业主意见征询，第一轮征询改造意愿，只有改造户数比例达到90%以上方可启动改造；第二轮征询补偿安置方案，只有签订协议的户数达到2/3，方可实施拆迁。

对于城中村改造，全面改造专项规划、拆迁补偿安置方案和实施计划应充分听取改造范围内村民的意见，经村集体经济组织80%以上成员同意后，由区政府报请市"三旧"改造工作领导小组审议，其中涉及完善征收土地手续的，需在市"三旧"改造工作领导小组审定后，报请省人民政府审批。

程序正义是行政法的标志性原则。尽管2/3业主同意即可启动拆迁也遭到质疑，但其透明、公开的程序仍然体现了政策对业主权益的尊重和保障。另一方面，如果土地个体权益过分强势，城市未来的发展会有很大的阻力，同时与业主的重重协商也会加大土地整合的交易成本，使得"三旧"改造中土地的利用难以根据社会的变化及时调整，可见在明晰业主利益的过程中，限制个体产权为实现社会公共目标也是"三旧"改造政策中必须要考虑的问题。

二、广州市的实践：整体层面构建地"三旧"改造的"1+3+N"规划体系

现有规划体系面向"三旧"改造时存在技术软肋，"三旧"政策对其的挑战恰恰是规划体系自我完善的机会。广州市在"三旧"政策背景下，从整体层面构建了一个基于地方特点的"1+3+N""三旧"改造规划体系（见图8-1），将理论框架层面的规划体系落实在具体实践中。从规划实践的效果来看，这个规划体系基本达到如期目标，较好地引导了"三旧"改造项目的实施。

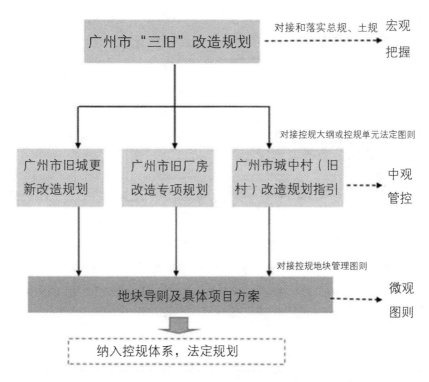

图 8 - 1　广州市"三旧"改造规划体系（来源：《广州市"三旧"改造规划》）

（一）宏观把握（"1"）：对接总规和土规的规模评估与功能容量协调

"1"指《广州市"三旧"改造规划》，该规划侧重改造总体层面原则和策略性问题的解决，重点确定改造目标及规模、用地功能和结构、开发强度以及配套设施等内容。其中，用地功能和结构、开发强度以及配套设施结合上层次规划综合确定，关键是改造规模的评估与分析，各区功能的统筹和容量。

1. 多视觉分析改造规模

总规通过"人口—用地"规模和环境容量的方法来推导预测城市规划，这个方法面临诸多不确定性，使得城市规模的定论对实际配套设施的指导意义薄弱。《广州市"三旧"改造规划》的规模预测分析是多视角的，其中包括城市规模目标视角分析、土地市场供需视角分析、政府财政平衡视角分析、全省政策机遇视角分析和省内多个地市横向对比分析（见图8－2）。这种综合理性分析使未来"三旧"改造用地释放后，保证城市充裕发展空间，避免出现规划控制不断被实际开发突破的尴尬博弈局面。

2. 统筹各区功能与容量

与历史文化名城保护规划、旧城更新规划不同，《广州市"三旧"改造规划》从整体上统筹全市"三旧"资源，不局限于单一目标；不以本地安置、单一项目平衡、经济平衡为目标，而是全市新旧联动进行统筹。

规划通过经济评估，计算不同开发容量下的改造资金缺口。虽然经济平衡不是改造规划的唯一目标，但在经济评估的指导下，可以统筹各区的功能与容量，根据不同更新改造类型制定规划指引，实现精细化管理。

分析视角		改造规模预测/km²	备注
城市规模目标视角		57.5—220	全市的改造规模
土地市场需求供给视角		90—103	市区的改造规模，未含生态退让的规模
财政保障视角	收益不分成	60—110	全市改造规模，未含生态退让的规模
	收益分成	150—275	
政策机遇视角		91—181	全市改造规模，不包含整治型
横向对比	深圳	176	含综合整治，2010—2015年完成90km²
	佛山	166.67	含更新整治，三年完成66.67
建议规模	全市	100—150	保障财政，满足市场需求，符合政策机遇
	市区	90—120	

图8－2 广州市"三旧"改造规模分析（来源：《广州市"三旧"改造规划》）

（二）中观掌控（"3"）：对接控规大纲的中观层面框架性规划

"3"指分别编制的旧城、旧村和旧厂房专项规划，侧重中观层面的规划控制。专项规划对接控规大纲或控规单元法定图则，通过对每一类资源进行研究，落实拟定的改造目标。

1.《广州市旧城更新改造规划纲要》相关

过去对广州旧城的现状缺乏准确定量把握，导致全市缺乏一个能体现宏观思维和统筹微观方案的中观层面的框架性规划。《广州市旧城更新改造规划纲要》重点解决以下几个问题：

（1）旧城的容量与开发规模。

考虑到旧城基础设施的承载能力以及人居环境改善的需要，规划实施减量更新改造，调控人口与开发规模。由于减量更新改造所带来的资金缺口，由新城统筹平衡。如荔湾区旧城与白鹅潭经济区实现联动改造。改造后，保持现状平均毛容积率不变甚至降低。根据这一总量控制，对不同区域制定不同的控制指标要求，如图8-3所示。

（2）旧城功能。

规划对旧城进行详尽的现状调研，并对旧城功能进行专题研究。在分析各区存在问题的基础上，有针对性地实施调整策略，采取"迁、提、转、引"① 等手段，实现功能的提升。

地块类型	土地用途	建议控制指标						备注
		建议净容积率	最大净容积率	毛容积率	建筑净密度	绿地率	高度控制	
一般旧城范围	成片拆除重建地块	居住及商住混合用途	3.0	4.0	≤2.4	≤30%	≥30%	指标参照《广州市城市规划管理技术标准与准则》	建筑高度控制涉及《历史文化名城保护规划》和相关规定中有特殊高度控制区的除外。
		商业金融用途	4.0	5.0	≤3.0	≤45%	≥15%		
		绿地及开放空间	参照本次规划土地利用规划中的公共绿地分布，增设绿地；珠江两岸、河涌两侧、历史城区中轴线两侧应增加公共绿地。						—
		公益性设施	指标参照《广州市城市规划管理技术标准与准则》，用地及建筑配建指标参考在规划评估认定的基础上，可在规定的指标范围内上下浮动25%。						超过25%的限度需要提供充分的规划技术论证。
	零散拆建地块	居住及商住混合用途	—	≤原净容积率	≤原毛容积率	≤原净密度，且≤35%	≥原绿地率，且≥20%	≤所属改造地块范围内的建筑平均高度	建筑功能的改变必须在规划确定转变的地区内转变相应的功能。
		商业金融用途	—	≤原净容积率	≤原毛容积率	≤原净密度，且≤50%	≥原绿地率，且≥15%		
	历史文化保护性整治地块		—	—	≤原毛容积率	≤原密度	≥原绿地率	—	参照《广州市历史文化名城保护规划》及各历史文化街区保护规划进行控制

图8-3 旧城地块控制指标表（来源：《广州市旧城更新改造规划纲要》）

---

① 迁：布匹、服装辅料、水产、医械医药外迁，促进本地产业结构调整；提：成衣、玉器街入室经营，提升档次；转：功能转型，如清平药材市场转型中华养生坊；引：引入休闲娱乐酒店产业，建设特色小吃街、新荔湾休闲区和光复路商业街。

（3）旧城设施配套。

过去规划的思维是"设施调整迁就人口规模"，《广州市旧城更新改造规划纲要》从理念和技术上实现突破。按照"人口与设施匹配"的原则[①]，运用 GIS 技术实现人口与设施双向匹配，维护旧城服务能力与人口容量的适量平衡。

（4）旧城历史文脉的保护。

基于旧城的历史资源分布，坚持红线避让紫线、红线协调特色街道风貌的原则进行旧城区道路的调整。确保旧城空间肌理和整体格局得到最大维护，同时划定"三线"[②]，加强历史文化保护。

2. 广州市旧厂房改造专项规划

旧厂房用地总量大且分布全市，短时间内难以科学合理地确定每块地的用地功能和指标，若不适应市场需求或无法兼顾业权人的改造意愿，出现控规不断调整的局面，也会给改造实施带来难度或出现其他问题。

为此，旧厂房改造专项规划先从总体层面研究改造功能的确定，充分衔接和传承法定规划、专项规划[③]；确定旧厂改造的总体功能和开发总量，对改造强度加以把控，假设不同开发情景对政府财政收支做动态评估，最终选取合理方案，如图 8-4 所示。根据各区的特点，把功能、指标分解到每个区以及改造分区，从中观尺度控制各个分区改造的功能和改造总量，

---

① 规划以宜居城市指标为标准，结合人口分布对旧城中小学、肉菜市场、医疗卫生服务中心、垃圾压缩站、公厕等公共设施服务质量（服务半径＋人口、设施面积）进行评估，对不合理规划公共设施进行调整。

② 三线指"绝对保护区、重点保护区、更新改造区"。

③ a. 总规确定的禁建区进行复绿；超出总规建设用地范围但在生态控制线以外的旧厂房用地，如符合土规也符合"三旧"改造相关政策的用地，原则按照"三旧"进行落实功能；b. 全市十大重点地区范围内的项目落实最新规划成果；c. $54km^2$ 旧城区内的项目，依据《广州市历史文化名城保护规划》和《广州市旧城更新改造规划纲要》确定其功能；d. 现行控规导则及控规整合规划确定为公共服务设施、市政公用设施、道路、绿地等公益性用地的，原则落实已有规划，不做调整；并根据改造开发总量的增加和人口的增加情况依据标准增配公益性设施；e. 现行控规导则及控规整合规划确定的其他经营性用途的，综合进行判定；f. 对高压电网、公交站场、医疗卫生设施等相关专业部门的规划，充分进行协调衔接。

制作改造分区导则，作为改造方案审查和审批的基本依据如图8-5所示。

假设情景		土地类型比例	土地功能比例	平均容积率	财政投入（亿元）	财政收益（亿元）	财政盈余（亿元）
房地产市场微调 征收：经济性用地150万/亩；非建设用地110万/亩（含建筑补偿）住宅出让：4200元/平方米；商业办公综合楼基准地价：1500元/平方米	一、按控规则指标	经营性用地；非经营性用地=40:43:17	商业：住宅：工业=15%：28%：57%（占经营性用地）	商业2.85；住宅2.1；工业1.5	1712	785	-927
	二、调整用地功能比例，其余不调整	经营性用地；非经营性用地=40:43:17	商业：住宅：工业=30.5%：29.5%：40%（占经营性用地）	商业2.85；住宅2.1；工业1.5	1712	1131	-581
	三、调整用地类型和功能比例，其余不调	经营性用地；非经营性用地=41.5:42:16.5	商业：住宅：工业=30.5%：29.5%：40%（占经营性用地）	商业2.85；住宅2.1；工业1.5	1669	1174	-495
	四、全部进行比例与指标调整1	经营性用地；非建设用地=41.5:42:16.5	商业：住宅：工业=30.5%：29.5%：40%（占经营性用地）	商业3.7；住宅3.2；工业2.0	1667	1663	-3
市场稳定 征收：非经营性用地180万/亩；非建设用地120万/亩（含建筑补偿）住宅出让：5500元/平方米；商业办公综合楼基准地价：1600元/平方米	五、全部调整地价和用地指标1	经营性用地；非建设用地=41.5:42:16.5	商业：住宅：工业=30.5%：29.5%：40%（占经营性用地）	商业3.2；住宅3.2；工业2.0	1963	1772	-191
	六、全部调整地价和用地指标2	经营性用地；非建设用地=41.5:42:16.5	商业：住宅：工业=30.5%：29.5%：40%（占经营性用地）	商业3.5；住宅3.2；工业2.0	1963	1920	-43
市场繁荣 征收：非经营性用地200万/亩；非建设用地130万/亩（含建筑补偿）住宅：6500元/平方米；商业办公：1700元/平方米	七、全部调整地价和用地指标	经营性用地；非经营性用地=41.5:42:16.5	商业：住宅：工业=30.5%：29.5%：40%（占经营性用地）	商业3.5；住宅3.2；工业2.0-165	2169	2168	-1
	八、全部调整地价和用地指标	经营性用地；非经营性用地=41.5:42:16.5	商业：住宅：工业=30.5%：29.5%：40%（占经营性用地）	商业3.0；住宅3.2；工业2.0	2169	2004	-165

图8-4 旧厂房改造政府财政收支动态评估（来源：广州市旧厂房改造专项规划）

图8-5 分区导则（来源：广州市旧厂房改造专项规划）

3. 旧村改造规划

旧村改造由于土地和政策等较为复杂，仅编制改造规划指引，通过指引指导各村具体改造方案编制。旧村改造规划采取"一村一策"的策略，具体解决实际问题。

（三）微观指导（"N"）：具体地块改造规划

作为"三旧"改造规划实施的依据，具体地块的改造策略规划对接控规地块管理图则，纳入控规体系，成为法定规划。规划内容和程序包括3个层次（见图8-6）。

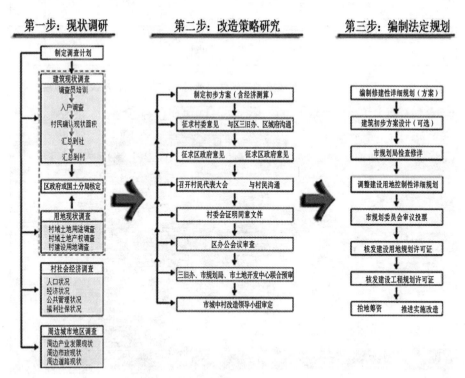

图8-6 广州市城中村改造规划工作流程图

1. 现状调研

现状调研是理解项目的开始，调查的内容包括土地资源、建筑物及历史文化遗产、社会经济状况等。由于"三旧"改造涉及建筑现状调查、入户调查、土地用途调查、土地产权调查、人口经济状况和集体物业收益等大量基础数据的调查，在实际工作中，会委托专业调研公司进行数据的收集与统计，提供工作效率。

2. 改造策略研究

包括改造思路和策略、土地利用规划、总平面初步方案、相关配套设施规划、历史文化保护专章、土地整理论证专章（城中村）、融资及资金使用计划、控规调整专章、交通评估和经济测算等内容。规划方案阶段，组织村民/居民参与方案讨论，并召开村民/居民代表大会对方案进行表决。

在具体地块成本经济测算中，广州市制定了一套可以比较的标准经济测算规则①，引入有资质的房地产评估公司对融资地价、集体物业保有量等核心经济数据进行评估和分析，确定建设用地、融资拍卖土地的合理开发规模和强度。

对于城中村改造，确定"三旧"改造范围是改造策略研究的核心，也是利益围绕的焦点所在。由于我国存在集体土地和国有土地两种土地所有制，土规及城市规划在基础底图的选择和用地分类标准上也存在差异，因此，旧村改造必须进行土地整理专章的论证。土地整理衔接土规的用地分

---

① 包括以下10项核心指标：a. 确定保留不拆的建筑面积及核定修缮费用，纳入改造成本；b. 确定现有住宅的拆迁面积及复建面积，确定临时租金补贴标准和无证建筑补贴标准，纳入改造成本；c. 确定可以给予的住宅指标权益面积，自筹资金建设；d. 确定住商的面积，纳入改造成本；e. 确定村集体物业拆迁面积及复建面积，核算拆除成本，计算改造期内集体收入补贴标准，纳入改造成本；f. 核定可以支持集体经济发展的规划物业面积，自筹资金建设；g. 计算住宅和物业1:1拆建部分的改造资金，纳入改造成本；h. 计算村民住宅小区的公建配套面积（约占住宅建筑总量的6%）的建设资金，纳入改造成本；i. 计算基础设施建设费用，纳入改造成本；j. 不可预见成本。

类，落实"三旧"的土地产权政策，是规划体系的技术创新①。

3. 编制法定规划

控规调整文件经批准则自动覆盖控规。控规调整包括用地功能和强度、市政、公服和交通调整方案的论证。

三、广州市的经验与启示

（一）规划编制体系把握核心价值观

广州市"三旧"改造规划体系的建构，不仅是为改造而改造，而是将改造与城市发展相结合；也不只追求改造经济利益平衡，而是以实现社会、经济、环境综合效益共赢为目标。因此，规划编制体系的核心价值观是：经济平衡与空间协调互动。

纵观广州市的"1+3+N"改造规划体系，不同目的、不同技术手段的经济评估贯彻始终。宏观层面的经济评估核心是确定全市"三旧"改造的规模，采取不同角度进行分析和比较；中观层面经济评估假设不同开发情景对政府财政收支做动态评估，最终选取合理的开发强度方案，核心是考虑基础设施的承载能力以及人居环境改善的需要。微观层面的经济评估为地块的开发提供直接指引，确定地块复建量、融资建筑量、集体物业面积和地块容积率等核心指标。

在财务平衡与空间协调互动中，各类"三旧"目标侧重点不一样，旧

---

① 土地整理包括以下几个部分：a. 土地利用现状情况：将集体用地和国土用地按照土规的用地分类进行整理，并统计手续完善用地及历史用地；b. 土地利用总体规划情况：核实改造范围是否符合土规。将改造范围内的用地按照土规的用地分类进行整理；c. 办理农用地专用手续：核查需要办理农用地转用手续的土地，并明确是否纳入土地利用年度计划指标；d. 三地：对纳入改造范围的"三地"说明情况并附图标明位置及面积；e. 用地手续办理情况：根据"三旧"政策，统计符合确权手续的历史用地；f. 留用地情况：根据市房管局核定的数据，理清历史留用地指标；g. 上盖建筑物情况：将住宅、集体物业等各类建筑面积分类统计，注明合法与否；h. 土地处置方式：附图标明改造后国有土地、集体土地的位置及面积。

城以保护历史文化遗产为基本前提，以提升城市服务功能和改善人居环境为首要目标；旧厂房以提升土地使用效率、促进产业调整和转型升级、完善城市服务功能为主要目标；旧村庄以改善人居环境和提升土地使用效率为主要改造方向。

由于广州市的"三旧"改造规划体系整体建构在统一的价值取向上，在针对具体对象时采取差异化手段，较好地实现了多规协调、区域平衡、新旧联动、分区控制、疏密有致的规划目标。

（二）规划过程体现公共政策的基本属性

在当前我国社会正处于转型期，城市迅猛发展，城市日趋复杂化，社会多种利益格局初步形成。在社会趋向于高度异质化的背景下，传统的单一的"技术理性"已无法应对复杂的"三旧"改造利益格局。"三旧"改造作为规划体系的一部分，意味着其应从公共政策的角度，以价值理性为导向关注改造的决策机制及权力运行，关注每一个与之相关的参与者的利益。

广州市"三旧"改造规划的编制注重对既有产权利益格局进行保护，经济测算与评估充分考虑各方权益，在追求城市利益最大化的同时保护市民的财产权，从传统技术导向走向价值导向，是实现社会、经济和环境协调发展，维护社会公正的选择。编制过程充分听取业主的意见，推动公众参与，充分保障其知情权，从而实现编制的科学化与民主化。

由于我国控规编制的技术和程序尚未完善，涉及地块核心指标调整依然缺乏科学的审批和决策机制，这些困难也是造成"三旧"改造项目难以审批的原因之一[①]。同时，规划师与委托方之间的契约关系，使"三旧"范围的确定、改造成本的测算、控规的调整等政府行为夹杂了经济利益的成分。因此"三旧"改造项目存在规划成果过于迁就业主要求的问题，规划师在此过程中也陷入了角色模糊。

---

① 截至 2012 年年底，实际审批的改造项目共 158 个，总用地面积约 16.86 平方千米，不到申请用地的 10%，仅占"三旧"用地的 4.22%。

（三） 规划技术的支撑是规划过程的重要组成部分

"三旧"改造数据信息量大，规划编制以 GIS 数据平台为基础，将"三旧"图斑的标图建库信息，结合 2006 年地类现状调查和广州市二次国土调研的成果，形成内部 GIS 信息系统，可在该系统查询"三旧"改造地块的图斑信息以及地类信息，全面掌握"三旧"改造用地的总体情况，为编制"三旧"改造年度实施计划和详细规划提供基础数据。

由于规划和国土分属两个系统，改造地块的规划许可、用地权属、规划用途等规划信息需在另外的规划 GIS 平台查询，两个平台的信息不能互享共用从而对规划工作的编制带来一定影响。其次，由于"三旧"改造涉及确权、赔偿等经济利益问题，地块内部建筑物的建基范围、建筑面积、合法产权面积、违法建筑面积等信息虽然通过调查公司取得基础数据，但数据录入平台的各方面条件有待完善。这些不足随着数据平台的技术发展以及未来"三规合一"的进展，将会取得改善，为规划提供完备的技术支撑。

第六节 对建设用地再开发专项规划的相关建议

一、协调多方利益，体现双向的"互动、协商型"规划

规划是对空间资源的再调配过程，建设用地再开发过程中，涉及政府、居民和开发商等不同利益主体，因此，建立多方利益主体参与的规划体制至关重要。在建设用地再开发专项规划编制过程中，可建立城市规划委员会、规划咨询平台、规划信息系统，用规划公示、规划听证会等形式，加强公众参与；规划技术文件中，要对相关利益主体的利益进行分析，综合多方的意愿，通过规划听证会和方案比选，提供公平、合理的利益平衡方案，以体现规划的公共政策属性；重视建立地方规划编制、决策和管理的制度，明确规划委员会制度、公众参与制度，在"市场—行政—公众"之间形成制衡的权力体系以保证城市的有序发展。

二、多部门协调，增强规划的科学性和可操作性

建设用地再开发专项规划一般可由城市规划主管部门牵头编制，但规划的实施涉及多个部门，需要部门联动。因此，规划编制过程中要加强部门协调，在规划编制前，可成立建设用地再开发专项规划的专业部门，由城市规划主管部门联合其他相关部门共同组成，负责规划的编制、审批、实施和组织保障。

三、加强环境容量和公共设施供给容量研究，引导城市发展

建设用地再开发专项规划作为完善总体规划层面的专项规划，应当加强环境容量和公共设施供给容量研究，在公共设施和环境承载能力上进行严格控制，弱化人口规模、商业设施开发规模的研究，引导城市开发，弥补总体规划的不足。

四、刚性和弹性相结合，加强弹性指标研究

我国目前的规划体系中，总体层面的规划以弹性的内容为主，以应对未来的诸多不确定性，详细规划以控制性内容为主，便于规划管理。建设用地再开发专项规划介于总体规划和详细规划之间，但以总体层面为主，直接指导改造地块的控规编制。因此，建设用地再开发专项规划应体现刚性和弹性相结合，以弹性研究为主，在用地性质、地块强度等方面体现灵活性。

五、组织编制年度实施报告，实行滚动编制机制

建设用地再开发专项规划是以总规为依据的，其编制年限同总规保持一致，但由于年限过长，不利于动态实施管理。因此，专项规划应与总规和近规协调编制年度实施报告，加强规划实施的跟踪与反馈。在此基础上，建设用地再开发专项规划应与总规修编期限保持一致，建立 5 年滚动编制机制。

第九章　村镇建设用地再开发公共决策和实施监管政策研究

第一节　决策主体确立与利益均衡

一、村镇建设用地再开发的参与主体

在经济发展新常态的背景下，经济结构的不断优化升级要求土地利用方式由粗放式发展向节约集约化发展转变，以此转变土地利用方式，提高土地利用效率和效益，土地的供给方式也从以增量扩张为主转为盘活存量与做优增量并举，建设用地再开发利用将成为常态化。

我国村镇建设用地总量是城市建设用地总量的 4.6 倍，同时村镇建设用地效率低下、存量开发潜力巨大，村镇建设用地再开发作为建设用地再开发的组成部分，是盘活存量土地的重要手段。村镇建设用地再开发是指针对村、乡、镇地域范围内已经转用为村庄（集镇）、乡（镇）建设用地的土地等地类范围，在综合运用工程、经济、技术与生物等措施对现有较低收益甚至零收益的地块、地段乃至区域进行建设改造、环境整治、功能拓展与升级，从而获取综合效益的过程。

村镇建设用地再开发会带来巨大的经济和生态效益，如何分配再开发所带来的效益，首先需明确村镇建设用地再开发的参与主体，才能进行各方之间的利益均衡。村镇建设用地再开发的参与主体主要是村集体、村集体经济组织成员、政府和开发商。每个参与主体在村镇建设用地再开发过程中参与的方式有所不同，利益均衡的侧重点也各有差异。

（一）农村集体经济组织

农村集体经济组织（以下简称村集体），是指对土地拥有所有权的经济组织。村集体既不同于企业法人，又不同于社会团体，也不同于行政机关，自有其独特的政治性质和法律性质。它是除国家以外对土地拥有所有权的唯一组织。

村集体的主要职能是对本村村民集体所有的资产进行管理和经营，并为集体经济组织成员提供基本的生活保障和必要的社会保障，以及实施社会公共服务。村集体既是村镇建设用地的代表和真正的经营管理者，代表村民土地利益，又是政府土地政策推行的实施代表，受其行政干预。

村集体作为自治组织，被排除在我国政府体制层级和财政核算单位之外，收入支出未列入一般性财政预算，也无固定税种收入，同时作为基层组织又需承担计划生育，维护稳定和基本建设等诸多事权，尤其是在农业税费减免后，其运转及事权完成所需的经费，只有完全依赖对村镇集体资产的控制；而且由于村经济发展速度超过村集体经济收入增长速度，村集体在社会管理方面面临巨大压力。因此村镇建设用地再开发的利益主体中村集体是必不可少的。

村集体为寻求更大的利益，对村镇建设用地转型升级的强烈的意愿和改造需求，推动了村镇建设用地的再开发。村集体作为村镇建设用地的所有权拥有者，在村镇建设用地再开发过程中，以提供改造升级主体的方式直接参与到村镇建设用地再开发中来。在村镇建设用地再开发过程中，村集体起到了反馈基层村民对再开发的需求的作用，村集体代表了基层村民的利益需求，并为村民提出的利益需求提供了一个平台，为村民进行村镇建设用地再开发进行公共决策的基础平台，村集体的意见及建议对村镇建设用地再开发的升级改造和未来规划可以产生举足轻重的影响。

（二）村集体经济组织成员

村集体经济组织成员是户籍和居住在行政村内，且生存保障、就业渠道依赖于集体土地的公民，它是一个法律概念。村民和集体经济组织成员是包含关系，集体经济组织成员是村民的一部分，村民不一定是集体经济组织成员，集体经济组织成员一定是村民。集体经济组织成员除应享有和承担村民的权利义务外，还享有对集体土地的承包经营权、参加集体生产、参与集体收益分配和土地征用补偿等权利，并承担农田水利设施建设及村级范围内的"一事一议"筹资筹劳等义务。

村集体经济成员参与集体收益分配和土地征用补偿等权利，揭示了村集体经济成员是村镇建设用地的实际权利人，因此村镇建设用地再开发和成员的自身利益息息相关。随着经济的发展，城乡居民的人均年收入水平在1990—2012年均呈逐年增长趋势，农民人均纯收入有较大提高，但同期城乡居民之间的收入差距呈不断扩大的趋势。城乡居民绝对收入差距由1990年490元上升到2012年19 993元。随着城乡居民收入差距的加大，使得村集体经济成员增收的愿望强烈，他们的直接利益诉求是期望获得更多的收益，另一个利益诉求则是基础设施和社会保障进一步完善，目前由于农村并无其他增收渠道，因此村集体成员期望从村镇建设用地再开发中获益。

村集体经济组织成员作为村集体最基层成员，在村镇建设用地再开发过程中起到提供意见和建议的作用，作为村镇建设用地再开发过程的最直接体验者，村集体经济成员的意见和建议将对再开发进程产生最直接的影响。基层的村集体经济成员通过集体讨论和民主表决参与村镇建设用地再开发公共决策。

村集体经济组织成员和村集体经济组织在村镇建设用地再开发过程中，其根本的利益大体上是一致的，都是为了追求更好的经济效益和社会资源效益，但村集体经济成员相对于村集体而言，同时会注重于改造后的环境效益，部分成员注重的自身的经济效益与集体经济效益有所冲突。村集体经济组织成员和村集体之间的利益存在着统一对立的关系。

（三）政府

政府是指国家的立法机关、行政机关和司法机关等公共机关的总合，代表着社会公共权力。政府可以被看成是制定和实施公共决策，实现有序统治的机构，它泛指各类国家公共权力机关，包括一切依法享有制定法律、执行和贯彻法律，以及解释和应用法律的公共权力机构，即通常所谓的立法机构、行政机构和司法机构。

在村镇建设用地再开发过程中，政府部门主要是通过行使其行政机关的职能，作为行政机关，主要关注其管辖区域的自身利益，主要是发展区域经济和出政绩的愿望，也存在提高财政收入的压力和动力。政府也是一个独立的行为主体，在现阶段可以看作理性的"经济人"，倾向于通过降低经济发展成本实现利益最大化，即以低成本推进工业化和城市化。在现行的法律框架及征地制度下，政府作为利益协调者，同时也是土地市场的监管者和资源配置的操作者，常常以低成本征地，高价格出让土地，从而获取征地补偿和国有土地使用权出让给开发商之间的价差利益。土地出让金收益已成为政府的主要财政收入来源，全国土地出让金收入在地方财政所占的比重从 2001 年的 16.6% 上升到 2007 年的 50.7%。作为政策执行主体的政府，如果不能在村镇建设用地再开发这块"蛋糕"中分得一块，那么它对村镇用地建设再开发，推进城乡统一的建设用地市场普遍积极性不高。

在现今村镇建设用地再开发过程中，政府放弃了以往城镇开发以政府为主导的征地开发方式，而是引入了开发商与改造地块的基层村民进行直接沟通，由开发商和村集体直接主导村镇建设用地再开发进程，政府转变自身角色，由以前的开发改造的主导者向现今的指导者和监督者转变在指导再开发的过程中。

相对于村集体经济及其成员在再开发改造过程中注重的是改造期间带来的直接经济效益和开发商注重用最低的开发改造成本获取最大的经济效益，政府更加注重再开发过程后带来的经济推动和产业转型升级带来的后期长远的经济效益。在再开发过程中，政府要协调再开发参与主体各方的利益矛盾和冲突，保障再开发进程的顺利进行。

（四）开发商

开发商是村镇建设用地再开发的主要推动者。作为市场主体，对经济利益的追求是企业的基本价值取向。土地作为一种特殊商品，其自然供给弹性有限，经济供给弹性也很小。随着经济社会发展和人口持续增加，对土地的需求增大，供需矛盾增加，土地价格呈上涨趋势。我国法律规定，除兴办村镇企业、村民建设住宅或乡（镇）村公共设施和公益事业建设经依法批准使用集体所有的土地以外，其他任何单位和个人进行建设，需要使用土地的，必须依法申请使用国有土地。对于商业、旅游、娱乐和商品住宅等各类经营性用地及工业用地，必须以招标、拍卖或者挂牌方式出让。开发商通过招拍挂取得土地后，还需办理立项、规划等多项手续，周期长、成本高。尤其对于中小企业来说，用地成本高昂、资源紧张等原因，使得中小企业的创业与发展空间不足，致使部分企业寻找价格低廉的村镇建设用地进行生产经营，以降低成本，缩小建设周期。使用村镇建设用地成本远远低于国有土地，因此市场的需求推动了村镇建设用地再开发。

开发商通过拍卖、通过由政府出让的村镇建设用地参与到村镇建设用地再开发中来。在政府的监督和引导下，开发商直接主导村镇建设用地再开发过程。在再开发过程中，开发商将和村集体之间相互协调进行再开发地块的拆迁、赔偿、安置、规划和重建等升级改造工作，并共同解决改造升级遇到的各种问题。

开发商作为再开发项目的第一承担人，主要是通过实施开发过程而获得利润。开发商在再开发过程中尽量地减少开发过程中拆迁和安置的成本以追求实施开发过程中的利益最大化，所以开发商与村集体经济组织，以及组织中的成员之间具有利益上的冲突。

二、村镇建设用地再开发的决策主体与现实缺陷

不同主体代表着不同的利益获得者，同时主体亦须考虑全局利益，因此主体之间存在着不同的矛盾以及各自存在缺陷。

（一）政府与村集体的利益矛盾

政府与村集体的利益目标不同，在再开发中存在利益矛盾。由于法律限制，集体土地并不能入市交易，只能通过入股、联营等形式兴办企业，

并需通过批准，极大地限制了村集体经济的发展。而且，长期以来，政府
垄断了土地一级市场，通过较低的征地费用征收集体土地进行一级开发，
招拍挂后土地带来的增值收益，村集体并不能分享。同时政府在政策上也
向城市建设倾斜，村镇集体建设用地指标较少，有些村镇甚至没有新增集
体建设用地指标。此外，部分村镇政府受利益驱动，以低租金从村集体手
中获取土地进行开发，以镇政府名义再对外签订租赁合同，租金溢价部分
并不分给村集体，致使村民集体利益受到损害。利益失衡促使村集体想方
设法获取更多的利益，要么采取利用自有集体建设用地建设产业设施招商
引资，或将已亏损的村镇企业改制承包，要么冒着违法建设的风险占用农
用地搞开发。村集体在政府严格限制集体建设用地总量增加、保护耕地不
减少、不断加大违法查处力度同获取再开发利益方面与政府进行博弈。

（二）政府与村民的利益矛盾

当前，政府在土地方面与村民的利益关系非常复杂，村民对收入渴求
的短视推动了政府对土地财政的依赖，同时村民对社会保障体系的忧虑也
促进了村镇建设用地再开发。

一方面，在政府推进城市化进程中，政府作为经营土地的主体会考虑
成本问题。由于实行招拍挂制度后，征地拆迁主要由政府主导，为节约征
地成本，部分区县政府控制土地补偿费上涨，村民一次性拿到的补偿费并
不多。此外，多数村民并没有利用资金创造更多价值的意识，因此拿到手
的土地补偿费很快就花光了，生活窘迫的屡见不鲜，有的还到政府上访要
求补助。近些年，随着征地规模的增加，失地村民数量的增多，引发的社
会矛盾也逐年增多，涉及征地的信访居高不下。

另一方面，村民对增加收入的渴求，使其逐渐意识到单纯靠农业生产
已不能改变收入水平低下的现状，靠政府征地补偿致富也不是一条很好的
出路。在社会保障水平不高、种地不如"种房子"的现实情况下，村民必
然要将增收致富的途径放到村镇建设用地再开发上来。如大兴区黄村镇狼
垡二村，成立股份合作社，村民手中的承包地交由合作社统一经营，对土
地开发后进行租赁或入股再开发，实现了村民股权分红和就业双收益。

（三）政府与开发商的利益矛盾

开发商一般情况下会依靠政府的支持，开发商也会为政府带来一定税收收益。但由于村镇土地再开发大多是自发行为，私下交易，政府一般不参与，租地企业为追求经济效益，往往与政府在保护环境、节约和集约利用土地的目标相违背，由此引发政府土地管理部门和开发商在土地使用上的矛盾。而且村镇土地再开发属于私下再开发，未取得合法的用地手续，因此兴办企业的其他相关手续很难获得政府部门批准，有被查处的风险。此外，一旦企业经营不善，出现不能交纳租金或直接转租等原因，与村民产生矛盾时，政府会被迫介入矛盾调解，导致社会成本和财政负担增加。

（四）村集体与村民的利益矛盾

在村镇建设用地再开发中，村集体与村民的利益既有统一也有对立，是一对矛盾的统一体。既是利益相关，又是利益博弈。

从利益相关角度看，长期的村集体主导与管理使村民对村集体存在依赖，同时在对外进行再开发时，没有村集体的组织参与，零散的土地单个再开发不能形成规模效应，外来企业大多不愿意直接面对分散的村民，因此村民和村集体会形成利益共同体，助推集体土地再开发。

从利益博弈角度看，在第二轮土地承包经营权确权时，并不是所有的村都进行了确权确地到户，部分村将土地承包经营权量化成股份，将股份确定给村民，由村集体统一经营土地，也会以村集体名义统一对外进行再开发，村民只能被动地等待村集体进行分红。对于土地已确权确地到户的，为获取更多的收益，部分村集体招商引资搞开发，采取将村民承包土地集中再开发到村集体，然后再以村集体名义对外租赁经营的方式，有的村集体以此谋取差价，部分再开发过程还存在寻租行为，再开发土地价格低廉。这些行为损害了村民利益，引发村民与村集体的矛盾。

（五）村集体与开发商的利益矛盾

村集体与开发商在规避法律方面存在一致性，但村集体增收要求与开发商的逐利性存在矛盾冲突。

村集体通过集体建设用地再开发，很快获得再开发收益，而开发商通过此种方式，节约了拿地成本，并可以迅速开展生产，双方在规避法律方面达成一致。然而，在开发商追求利润最大化的同时也会和村集体产生冲突。如有的企业经营不善，不能按时交付租金，致使集体经济组织的收益受到影响。或者集体经济组织早期签订的租赁合同租金较低，往往没有租金递增的约定，有的甚至没有约定租赁年限或租赁年限超过 50 年。低租金往往导致资源浪费，村集体利益受损。随着经济发展、基础设施的逐步完善，以及投资环境的改善，村镇建设用地周边的租金上涨，然而已外租的土地租金水平仍未得到提高，再开发收入十分有限，经济发展受到限制，容易引发村集体和开发商的矛盾，甚至会导致村集体拒绝对这些已租让土地进行确权登记发证。另外，产权关系混乱这类问题也会引发村集体与村民、与开发商的利益矛盾。

（六）村民与用地方的利益矛盾

土地再开发也常引发村民与用地方的利益矛盾。主要表现为：早期签订的合同租金低、年限长，租金没有递增，与企业的收益以及近期签订的其他土地再开发合同相比，价格甚至极低，村民不能获取预期收益。另一方面，有的高能耗、高污染企业获批国有土地困难，转而通过再开发获取集体土地建厂，排放不达标，污染环境，造成农村生活、生产环境恶化。一些参与再开发的企业大多属于中小型企业，有一些甚至是小作坊，资金不足、技术含量低、竞争力差，有的企业因经营不善倒闭，或者改变土地用途，或者转租导致产权关系混乱，致使村民利益受损。这些原因常会引起村民不满，诱发村民与开发商的矛盾，有些地方出现过村民围堵企业、撕毁合同的极端现象，导致社会矛盾激化。

综上所述，由于村镇建设用地再开发间不同决策主体的利益不断变化，与不断规避法律的现象频发等现实问题，容易增加主体间的矛盾，致使决策的不合理与不全面，因此需要对村镇建设用地再开发的决策问题进行深入探讨。

三、利益均衡下的公共选择与决策

村镇建设用地再开发过程中出现的各种利益冲突，显示现有土地制度的不合理，反过来也会成为土地制度改革的推动力。中央已提出要建立城乡统一的建设用地市场，村镇建设用地可以入市再开发，土地制度改革势在必行。在土地制度改革中，政府是决策者，也是管理者，应承担协调各方利益的职责。如果再开发过程中利益严重失衡，损害了村民利益，将会引发政府执政危机，导致政治经济风险。

（一）完善村集体的市场主体地位

通过法律明确村镇集体土地的产权主体和权能，完善村集体市场主体地位。加快农村集体建设用地确权登记发证工作，切实保障村民集体的利益。修改相关法律法规，为村镇建设用地再开发的行政审批、金融融资和司法判定等提供法律依据，避免各地出台的政策与法律相抵触，破坏法律的严肃性。按照市场机制来进行村镇建设用地再开发，村集体直接作为再开发方与开发商方签订合同，保护村集体的利益，促进农村经济的发展，使村民享受城镇化、工业化带来的益处。

（二）明确政府职能

明确政府的职能，是指政府要转变角色，退出隐形占有权，向村集体和村民还权赋能，在村镇建设用地再开发中，政府只能作为再开发活动的管理者和服务者，行使管理和服务职能，绝不能越俎代庖，代行产权人的职能。由政府搭建村镇建设用地再开发市场交易平台，为再开发双方提供再开发土地信息，规范再开发行为，保障双方合法权益。明确村镇建设用地再开发的必要条件、制定再开发程序、规范再开发合同。建立村镇房地产定级估价体系，制定村镇基础地价，指导村镇建设用地合理再开发。

（三）协调主体之间的再开发利益分配

建立收益分配及使用制度，确定再开发的收益分配比例，政府可酌情从土地收益中抽取部分，用于统筹乡域经济发展，改善环境。完善和创新集体资产积累的管理办法，规范分配和使用集体土地收益，保障村民的合法权益。修改并完善有关的税收政策，使集体土地入市再开发和国有土地出转让需缴纳税种相同，通过税收调整利益分配，政府不参与土地再开发带来的直接收益，作为宏观经济的调控者和社会事务的管理者，可通过税收形式分享土地再开发收益。

第二节　开发决策的评估机制与标准

一、开发决策的依据

（一）实地调研

通过对村镇建设用地实地调研的方法，搜集相关数据并经过系统处理，得到村镇建设用地的实际应用情况，如经济收益、生产效益，以及环境状况等具体指标，以此作为村镇建设用地再开发的决策依据之一。

（二）空间决策支持系统

作为空间决策支持系统，在村镇建设用地再开发决策过程中，集中解决了村镇建设用地是否适宜再开发、村镇建设用地如何再开发、村镇建设用地再开发预期效果如何3个关键问题，为村镇建设用地再开发的决策提供准确、可靠的依据，以及稳健的实施方向。实现村镇建设用地再开发相关的各种空间、非空间数据的一体化管理，以及建立适合村镇建设用地再开发实际情况的指标体系，利用相关评价模型，对建设用地再开发进行适宜性评价和效果预评估，同时提供交互式、可视化的三维规划设计，通过对数据的分析、评价、模拟和预测等最终实现对村镇建设用地进行辅助决策。

（三） 政策响应

为响应国家"三旧"改造的政策，为了贯彻中央提出的"统筹城乡发展、构建和谐社会"的战略方针。迫切需要以村镇区域作为横向载体，以土地资源利用作为纵向支撑，促进村镇建设用地再开发技术应用集成与示范关键技术研究的示范推广，对村镇空间、土地利用、社会发展、产业经济和资源生态保护等进行整合规划和有效引导，缓解建设用地需求旺盛与土地供应不足的尖锐矛盾。

二、开发决策的评估机制与标准

村镇建设用地再开发的开发决策评估机制与标准由村镇建设用地再开发空间决策技术进行支撑。

村镇建设用地再开发空间决策技术从村镇建设用地节约集约利用程度评价和土地开发适宜性评价两方面入手，以 Gengraphic Information Systems（以下简称 GIS）技术为支撑，提出一套村镇建设用地再开发适宜性评价指标体系，选用单指标量化—多指标综合法作为评价方法，德尔菲法作为权重确定方法，构建基于 GIS 的村镇建设用地再开发适宜性评价指标体系。

（一） 村镇建设用地再开发适宜性评价指标体系

1. 指标体系框架

村镇建设用地再开发适宜性评价指标体系框架是一个包含目标层、因素层、准则层和指标层的四阶递阶层次结构。目标层表示该指标体系的最终目标，即村镇建设用地再开发适宜性评价。因素层是反映目标层的两大重要因素，即村镇建设用地节约集约利用程度和土地开发适宜性。准则层是因素层的进一步分解。指标层是准则层的指标体现。指标体系框架如图 9 - 1 所示。

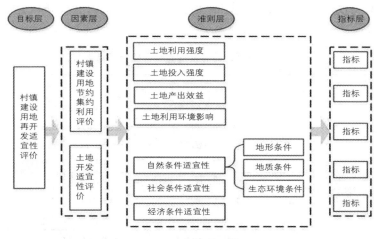

图 9 - 1   指标体系框架

2. 指标选取的原则

（1）系统性与全面性原则。

所选指标应全面涵盖村镇建设用地节约集约利用评价和土地开发适宜性评价的各个方面。

（2）代表性原则。

不同指标之间可能存在语义信息上的重复，因此，在指标筛选过程中，应选择代表性较强、公认度较高的指标。

（3）定性与定量相结合的原则。

定量指标能够精确度量评价主体的特征，定性指标能够在一定程度上反映人与评价主体之间的关系，而村镇建设用地再开发是一项人类活动。因此，在指标选取时，应既有定量指标又有定性指标。

（4）普适性原则。

评价区域地理位置和再开发利用类型的不同，都会导致评价指标体系的差异。因此，在进行指标选取时，应尽量考虑各种区域因素和再开发类型的差异，确保指标体系的普适性。

3. 村镇建设用地再开发适宜性评价指标体系

基于村镇建设用地再开发的原则、步骤和方法，构建村镇建设用地再开发适宜性评价指标体系，见表 9 - 1。

表 9 - 1 村镇建设用地再开发适宜性评价指标体系（续）

目标层	因素层	准则层	指标层	指标描述
村镇建设用地再开发适宜性评价	村镇建设用地节约集约利用程度	土地利用强度	建设用地人口密度	总人口数/建设用地面积
			建设用地比例	建设用地面积/土地总面积
			综合建筑容积率	建筑总面积/建筑基底总面积
			未利用地面积比例	未利用地面积/土地总面积
		土地投入水平	建设用地地均固定资产投资	年固定资产投资额/建设用地面积
			地均从业人员	从业人员总数/土地总面积
			地均基础设施投入	基础设施投入额/土地总面积
		土地产出效益	单位面积 GDP 产出	GDP/土地总面积
			地均财政收入	财政收入/土地总面积
		土地利用环境影响	单位 GDP 能耗	能耗总量/GDP
			单位 GDP 水耗	用水总量/GDP
			生活污水集中处理率	生活污水集中处理量/总的排放量
	土地开发适宜性	自然条件适宜性	坡度	根据 DEM，利用 ArcGIS 软件计算
			地基承载力	根据评价区土壤特性确定
			地质灾害频发率	50 年内地质灾害发生次数/50
			植被覆盖率	村镇植被覆盖面积/土地总面积
			空气质量状况	反映评价区域环境宜居程度
			水环境状况	
		社会条件适宜性	路网密度	村镇道路网总长度/土地总面积
			距建成区距离	评价区域距离建成区中心的距离
		经济条件适宜性	农业用地转为建设用地的转用成本	反映土地开发的经济成本
			集体土地流转成本	
			集体土地转为国有的征收成本	
			拆迁安置成本	
			农业用地转为建设用地的转用成本	

注：该指标体系具有较强的普适性，在具体案例中可根据研究区域的实际情况进行适当增减调整。

（二）基于 GIS 的村镇建设用地再开发适宜性评价方法

常用的多指标综合评价方法包括模糊综合评价法、灰色关联分析法和单指标量化—多指标综合法等，不同方法有各自的优缺点。村镇建设用地再开发空间决策技术基于科学合理、简单易操作的原则，选取单指标量化—多指标综合法（SI－MI）作为村镇建设用地再开发适宜性评价方法。

1. 评价模型

为了表述的方便，引入适宜度的概念。采用加权平均法计算指标体系综合适宜度（SD），计算公式：

$$SD = \sum_{i=1}^{a} W_i \times SSD_i \tag{9-1}$$

式中，SSDi 表示第 i 个指标的适宜度，

Wi 表示第 i 个指标的权重，

a 表示指标数目。

（1）单指标量化。

本文对定量指标和定性指标分别采用不同的量化方法。

定量指标采用分段线性隶属度函数法进行量化。首先将评价指标分为正向指标和逆向指标两大类，然后确定各指标的特征值：最差值（a）、较差值（b）、及格值（c）、较优值（d）、最优值（e），最后采用相应的计算公式计算指标适宜度（SSD）。式（9-2）、（9-3）分别为正向、逆向指标的量化公式。

$$SSD_i = \begin{cases} 0, & x_i \leqslant a_i \\ 0.3\left(\frac{x_i - a_i}{b_i - c_i}\right), & a_i < x_i \leqslant b_i \\ 0.3 + 0.3\left(\frac{x_i - b_i}{c_i - d_i}\right), & b_i < x_i \leqslant c_i \\ 0.6 + 0.2\left(\frac{x_i - c_i}{d_i - c_i}\right), & c_i < x_i \leqslant d_i \\ 0.8 + 0.2\left(\frac{x_i - d_i}{e_i - d_i}\right), & d_i < x_i \leqslant e_i \\ 1, & x_i > e_i \end{cases} \tag{9-2}$$

$$SSD_i = \begin{cases} 1, & x_i \leq e_i \\ 0.8 + 0.2\left(\frac{d_i - x_i}{d_i - e_i}\right), & e_i < x_i \leq d_i \\ 0.6 + 0.2\left(\frac{c_i - x_i}{c_i - d_i}\right), & d_i < x_i \leq c_i \\ 0.3 + 0.3\left(\frac{b_i - x_i}{b_i - c_i}\right), & c_i < x_i \leq b_i \\ 0.3\left(\frac{a_i - x_i}{a_i - b_i}\right), & a_i < x_i \leq b_i \\ 0, & x_i > a_i \end{cases} \qquad (9\text{--}3)$$

（2）定性指标量化。

定性指标采用专家打分法进行量化。首先将指标分解为若干小项，采用百分制制作打分表，将打分表发给本领域的若干家进行打分，然后对返回的打分表进行对比分析，剔除差异显著的打分表，最后计算剩余打分表中各指标得分均值并除以 100，作为该指标的 SSD。

2. 权重确定

在多指标综合评价研究中，指标权重的合理性对评价结果的科学性具有重要影响。常用的指标权重确定方法可分为主观赋权法和客观赋权法两大类，每类方法有各自的优缺点和适用范围。本文根据科学合理、简单易操作的原则，选取主观赋权法中的德尔菲法作为村镇建设用地再开发适宜性评价的权重确定方法，为了弱化甚至消除主观因素的影响，采用多个专家共同决策然后求平均值的方法。

3. 图层叠加

当评价区域面积较大，区域内地区的地形地貌、社会经济发展状况存在较大差异时，在适宜性评价之前，需要根据研究区的具体情况进行分区。对每个分区首先计算指标适宜度，然后采用 ArcGIS 10.1 软件，以指标适宜度为属性值，建立各评价因子图层。

在此基础上，结合各评价因子的权重，利用 ArcGIS 10.1 的叠加分析功能，对各评价因子图层进行加权叠加处理，计算最终评价结果。

根据指标体系综合适宜度（SD）的取值，将村镇建设用地再开发适宜程度划分为非常不适宜、不适宜、基本适宜和非常适宜 4 个等级，见表 9 - 2。

表 9 - 2　村镇建设用地再开发适宜性等级划分表

SD 取值范围	适宜性等级
(0.0,0.3)	非常不适宜
(0.3,0.6)	不适宜
(0.6,0.8)	基本适宜
(0.8,1.0)	非常适宜

三、佛山市广佛智城案例的评估分析

（一）数据收集和计算

由于广佛国际商贸城中心区 2 号地块仅 208 亩（1 亩 ≈ 666.7 平方米），地块内地形地貌异质性较小，所以在本研究中不再对其进行分区。

数据收集以 GIS 技术为支撑，以地形图、DEM 数字高程模型、土地利用现状图为基础数据，辅助实地调研数据，进行指标计算。例如，建设用地比例、综合建筑容积率、建设用地地均固定资产投资等指标，以广佛国际商贸城中心区 1:500 的地形图（见图 9 - 2）为基础数据，采用 ArcGIS 10.1 计算广佛国际商贸城中心区 2 号地块的建设用地面积，结合实地调研得到的土地总面积、建筑面积和年固定资产投资额等数据，采用相应的计算公式进行指标计算；路网密度和坡度等指标，直接根据地形图和 DEM 数字高程模型高程，采用 ArcGIS 10.1 软件进行提取和计算。

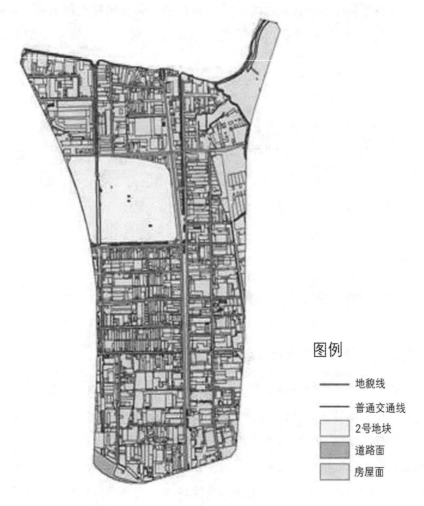

图例

——— 地貌线

——— 普通交通线

▢ 2号地块

▨ 道路面

▢ 房屋面

图 9 - 2　广佛国际商贸城中心区 1 : 500 地形图

（二）指标体系的构建

根据数据收集的情况和研究区的实际情况，在前文构建的村镇建设用地再开发适宜性评价指标体系的基础上，选取相应指标，构建广佛国际商贸城中心区 2 号地块再开发适宜性评价指标体系，见表 9 - 3。

表9-3　广佛国际商贸城中心区2号地块再开发适宜性评价指标体系

目标层	因素层	准则层	指标层	指标属性
村镇建设用地再开发适宜性评价(X)	村镇建设用地节约集约利用程度(X1)	土地利用强度	建设用地人口密度(X11)	定量(-)
			建设用地比例(X12)	定量(-)
			综合建筑容积率(X13)	定量(-)
		土地投入水平	建设用地地均固定资产投资(X14)	定量(-)
			地均从业人员(X15)	定量(-)
		土地产出效益	单位面积GDP产出(X16)	定量(-)
			地均财政收入(X17)	定量(-)
	土地开发适宜性(X2)	自然条件适宜性	地形条件	坡度(X21)	定量(-)
			地质条件	地质灾害频发率(X22)	定性(-)
			生态环境条件	空气质量状况(X23)	定性(+)
				水环境状况(X24)	定性(+)
		社会条件适宜性	路网密度(X25)	定量(+)
			距建成区距离(X26)	定量(+)

注:"+"表示指标为正向指标,"-"表示指标为逆向指标。假设村镇建设用地节约集约利用程度越大,越不适宜再开发;土地开发适宜性越大,越适宜再开发。

(三) 适宜性评价

1. 指标特征值确定

"村镇建设用地节约集约利用程度"因素层各指标的量化,通过评价区域与所属行政区相应指标对比分析确定其适宜程度,认为评价区域指标超过所属行政区相应指标值越多,其节约集约利用程度越大,但其再开发的适宜性越小。因此,本文采用缩放南海区指标值的方法,确定广佛国际商贸城中心区2号地块相应指标的特征值。"土地开发适宜性"因素层各指标的特征值,参考相关文献,并结合广佛国际商贸城中心区2号地块的具体情况进行确定。

2. 单项指标化及权重确定

在指标特征值确定的基础上，采用式（9-2）、式（9-3）计算定量指标的指标适宜度。制作定性指标专家打分表，进行定性指标的量化，并计算其指标适宜度。采用德尔菲法确定各指标的权重。各指标适宜度和权重见表9-4。

表9-4　广佛国际商贸城中心区2号地块再开发适宜性
评价指标适宜度和权重

	X11	X12	X13	X14	X15	X16	X17	X21	X22	X23	X24	X25	X26
SSD	0.00	0.00	0.98	1.00	0.00	1.00	1.00	1.00	0.94	0.73	0.55	0.87	0.65
指标权重	0.083	0.065	0.082	0.081	0.059	0.082	0.077	0.071	0.078	0.075	0.075	0.086	0.086

3. 图层叠加及分析

采用 ArcGIS 10.1 软件，建立各评价因子图层，将各指标适宜度作为该图层的属性值，最后对各因子图层进行加权叠加，确定广佛国际商贸城中心区2号地块再开发的综合适宜程度。叠加后地块最终的属性值，即指标体系综合适宜度，为0.69，处于"基本适宜"的等级，与实际情况相符。究其原因，主要在于两方面：一方面是改造前的广佛国际商贸城中心区2号地块布局散乱，产出效益较低，土地资源浪费严重，非常符合再开发的先决条件；另一方面是广佛国际商贸城中心区2号地块毗邻"广佛黄金走廊"，位于广州市和佛山市中间地带，交通便利，具有明显的区位优势，且地形、地质、生态环境总体较好，具备良好的土地资源开发基础。

四、实施完成后的跟踪与评估机制（再开发后评估）

（一）实施完成后的跟踪与评估机制指标体系构建原则

借鉴土地集约利用评价指标构建的原则与财政支出村镇建设用地再开

发后评估评价指标体系构建原则，本文以客观性、易操作性、系统性与相关性为原则，构建项目实施完成后的跟踪与评估机制指标体系。

（1）客观性原则：客观性原则是指所构建的村镇建设用地再开发后评估体系内的各指标能够真实客观地反映该区域再开发后的实际情况。为了令村镇建设用地再开发后评估结果更加客观，避免过多的主观性评价，要求在设计指标体系的过程中除必须采用定性描述的指标之外，尽可能地使用定量化的方法描述指标，减少使用过多定性指标以衡量再开发水平，对于定性指标也要给出可以做出客观判断的标准。

（2）易操作性原则：村镇建设用地再开发后评估设计的指标体系主要为了评价某区域建设用地的再开发效果服务，为及时反映各村镇建设用地再开发的效果和目标实现程度。评估结果应在相对较短的时间范围内完成，指标体系并非越大越好，指标也非越多越好。因此，要求评价指标所需要的数据必须在现行条件下能够快速收集，评价指标体系应能向现有统计指标靠拢，原则上利用统计、城建和土管等相关部门已有的各种统计报表资料。同时，所收集的资料应清晰明确，具有可比性与可测性，便于计算。采用简单可行的评价方法，使一般的专业技术人员及管理人员容易掌握，为未来同类的后评估工作提供共性便利。

（3）系统性原则：村镇建设用地再开发本身是一个复杂的大系统，包括乡政府、再开发企业、村民、社会效益、经济效益和生态效益等要素，建设材料、再开发资金、人力、技术和管理等因素，导致村镇建设用地再开发后评估工作也是一个工作量大、耗费时间长、牵涉人员多的系统性工程，这就需要整个评价体系具有系统性，能从整体上、全局上宏观的反映村镇建设用地再开发的综合效益。

（4）相关性原则：由于村镇建设用地再开发涵盖的内容不尽相同，在后评估工作中不可能使用单一的指标体系囊括建设用地再开发的方方面面。为了弥补这一缺点，力图从整体上、全局上把握村镇建设用地再开发的评估水平，在整个指标体系当中，除了一些基础性的指标之外，对于不同评估方向的评估内容必须设计不同的指标，使之能够反应再开发项目事前、事中、事后的全过程。这就要求入选的指标必须与再开发后评估的目的相关与全面准确，而且要求其相关性尽可能地强，以建立综合的多层次评价体系来体现其全面准确性，这样才能更好地展现后评估的效果。

（二）实施完成后的跟踪与评估机制指标体系构建

本评估的使用对象设定为以村民、村干部为主，行业部门为副。因此在评估指标的构建上应当更加注重村民、村干部对于村镇建设用地再开发项目的诉求，行业部门在土地管理方面的期望效果。在结合指标体系设计的可操作性原则，围绕村镇建设用地再开发希望达到的目标，研究设计村镇建设用地再开发后评估指标体系包括三大目标层，即目标实施状况目标层、土地管理状况层及开发效益状况层（经济效益、社会效益及生态效益）。

表9-5　村镇建设用地再开发后评估指标体系

目标层	指标层	方向	简要说明
目标实施状况	建筑产权合规	正向	针对村镇用地上无合法手续建筑较多的现状而设置，即期望改造项目范围内所有建筑产权合法，由此引导完善用地手续和建筑报建手续
	建筑密度控制	正向	针对村镇用地上建筑密度过高或者过低情况而设置，前者导致环境恶化，后者导致利用低效。因此，再开发后理想结果为规划值，即本指标理想值为100%
	公建配套完备	正向	针对村镇用地上公共配套不足的问题而设置。再开发后理想值为规划值。不同区域的开发强度不一样，公建配套规划值要求也不一样，实际再开发效果应当与此规划值比较，即本指标理想值为100%
	基础设施完备	正向	针对村镇用地基础设施不足的问题而设置。再开发后理想值为规划值。不同区域的基础设施完善程度要求不同，实际再开发效果应当与此规划值比较，即本指标理想值为100%
	再开发方案通过	正向	针对村镇用地再开发可能涉及众多权利主体的问题而设置。再开发的理想值是再开发方案得到所有权利主体同意通过，由此引导再开发过程更多地吸收权利主体意见，争取获得权利主体的认可和支持

续表

目标层	指标层	方向	简要说明
目标实施状况	补偿动迁落实	正向	针对村镇用地再开发过程补偿动迁的难点问题而设置。再开发的理想值是所有权利主体都签订补偿动迁协议并得到履行，由此引导改造过程中对权利主体给予适当、合理的补偿
	投资完成比例	正向	针对村镇用地再开发投资额大、风险高、容易出现"半拉子工程"的问题而设置。再开发后的理想值是计划投资额得到全部落实。对于实际投资额超过计划投资额的，视为完成计划投资额
土地管理状况	土地利用合规	正向	针对村镇范围存在手续不完善的历史用地问题而设置。再开发后的理想值是项目范围内的历史用地均得以完善用地手续或得到确权，符合用地管理规定。再开发前没有历史用地的，此指标取值为100%
	经营性用地市场配置	正向	针对村镇用地再开发时经营性用地市场化配置不足的问题而设置。再开发后的理想值是项目范围内所有的经营性用地（包括国有土地和集体土地上的）均通过有形土地市场得以市场化配置
开发效益状况	经济效益 物业单价提升	正向	针对村镇用地低效利用的问题而设置。再开发后的理想值是项目范围内经营性用途物业市场价格得到有效提升，再开发前物业单价越低，再开发后物业单价越高，该指标越接近100%
	项目年收入提升	正向	针对村镇用地开发利用总体效益偏低的问题而设置。再开发后的理想值是项目范围内经营性用途物业带来的总收入得到有效提升，再开发前总收入越低，再开发后总收入越高，该指标越接近100%
	社会效益 历史文化保护	正向	针对村镇范围可能存在需保护的历史文化建筑、风貌区及其他附着设施而设置。再开发后的理想值是所有需保护的历史文化对象全部得到有效保护
	宜居状态满意	正向	针对村镇范围内再开发涉及权利人主观感受的问题而设置。再开发后的理想值是经抽样调查的原权利人（尤其是原住民的产权人）对宜居状态全部表示满意或比较满意

目标层	指标层	方向	简要说明
开发效益状况	生态效益	绿化面积达标 正向	针对村镇范围内环境绿化美化不足的问题而设置。再开发后的理想值是达到规划的绿化比例，由此引导再开发项目合理配置绿化比例，在提升土地利用经济效益的同时，改善绿化环境
		"三废"处理提升 正向	针对村镇范围内"三废"（废水、废气、废渣）处理不足的问题而设置。再开发后的理想值是所有废水、废气和废渣都得到有效处理或接入市政"三废"处理系统后得到统一进行处理

村镇建设用地再开发后评估机制分为目标实现、运行规范、土地利用与管理、经济效益、社会效益和生态效益六个方面。

1. 目标实现

目标实现是指依照本规程的规定，对建筑产权来源的合规程度、建筑密度控制程度、公共建设完备程度及基础设施完备程度的目标进行评估，掌握村镇建设用地再开发项目的目标达成状态。

2. 运行规范

运行规范是指通过基础调查研究，依据有关的标准，对特定时间内的村镇建设用地再开发改造方案表决通过、补偿动迁协议签订及固定资产投资完成的运行规范性进行评估的过程。

3. 土地利用与管理

土地利用与管理是指在用地调查和程度评估的基础上，对村镇建设用地再开发后的用地结构、闲置土地变化情况、土地利用合规情况及国有土地市场化情况的评估过程。

4. 经济效益

这指在用地调查和程度评估的基础上，对特定时间点村镇建设用地再开发项目范围内的经济指标评估过程。

5. 社会效益

这指在用地调查和程度评估的基础上，对特定时间点村镇建设用地再开发项目范围内的社会指标评估过程。

6. 生态效益

这指在用地调查和程度评估的基础上，对特定时间点村镇建设用地再开发项目范围内的生态指标评估过程。

根据村镇建设用地再开发的特征和后期效果情况，以两层级、四维度的评估指标体系，以区域、项目点两大层级为基础，从经济、社会、生态、土地节约集约利用，综合对村镇建设用地再开发后的效益进行评估。

（三）村镇建设用地再开发后评估理想值的确定

村镇建设用地再开发后评估标准是指既定的村镇建设用地再开发后评估指标可以达到的理想水平，是评估村镇建设用地项目再开发后的综合效应的预期值，其取值的高低直接影响到现实中对具体项目的评价，也是甄别标准中最为关键的技术要点。其中理想值确定原则应该包括以下五方面：

（1）理想值是村镇建设用地再开发后评估评价指标在评价时点应达到的理想水平。

（2）理想值依照节约集约用地原则，在符合有关法律法规、国家和地方制定的技术标准等要求的前提下，结合各项目的实际确定。

（3）理想值原则上不小于现状值，负向指标应小于现状值。

（4）理想值确定时，保证其测算空间范围与指标现状值空间范围相一致。

（5）采用相关技术标准作为理想值的确定依据时，保证指标理想值与相关技术标准在数据口径等方面相一致。

因此，对于村镇建设用地再开发后评估标准的确定，本文主要是以专家咨询法为主，选择一定数量（10—40 人）熟悉村镇建设用地再开发项目的专家，提供相关材料，咨询确定指标理想值。

（四）村镇建设用地再开发后评估指标权重确定的思路

指标权重是该指标对村镇建设用地再开发后评估影响程度的体现。反映村镇建设用地再开发后评估情况的影响因素很多，但这些因素的影响程度并不相同，只有通过因素权重的科学确定才能揭示各指标的差异。一般而言，指标权重的确定要满足下列要求：

（1）权重值的大小与因素对村镇建设用地再开发后评估的影响程度成正比。权重值越大，因素对村镇建设用地再开发后评估的影响越大。

（2）各因素权重值在 0—100 或 0—1 之间赋值，各因素的权重值之和必须分别等于 100 或 1。

村镇建设用地再开发后评估指标运算过程就是要紧密围绕评价体系、评价方法和评价标准值等，采取一定的计分原则和数据处理手段，把分层的评价指标体系转化为评价分数，并根据评价分数结果给出村镇建设用地再开发实施后评估的"定性和定量相结合""总体和层次相结合"的评价结论。因此，结合以上各种赋权方法的介绍及赋权方法的理论与优缺点分析，在村镇建设用地再开发项目案例库相对不完善的情况下，建议村镇建设用地再开发后评估宜采用德尔菲法作为确定指标权重的方法，以期各指标权重相对科学合理，符合村镇建设用地再开发后评估的实际情况。

（五）村镇建设用地再开发后评估运算公式及权重

村镇建设用地再开发后评估运算公式及权重见表 9－6。

表 9 – 6　村镇建设用地再开发后评估指标体系计算

指标		分指标	参考公式
目标实施状况		建筑产权合规	合规产权建筑面积/所有产权建筑面积
		建筑密度控制	1－［ABS(再开发后建筑密度－规划建筑密度)/规划建筑密度］
		公建配套完备	1－［ABS(再开发后公配建筑面积－规划公配建筑面积)/规划公配建筑面积］
		基础设施完备	1－［ABS(再开发后基础设施面积－规划基础设施面积)/规划基础设施面积］
		再开发方案通过	同意通过再开发方案户数/项目再开发后范围涉及全部户数
			自愿签订补偿协议户数/需动迁全部户数
		补偿动迁落实	(1)IF(实际投资金额＜90%×计划投资金额)，则公式为实际投资金额/(90%×计划投资金额)
		投资完成比例	(2)IF(实际投资金额≥90%×计划投资金额)，则结果输出100%
土地管理状况		土地利用合规	合规用地面积/所有用地面积
		经营性用地市场配置	市场化配置经营性用地面积/项目总用地面积
开发效益状况	经济效益	物业单价提升	1－(再开发前物业单价/再开发后物业单价)
		项目年收入提升	1－(再开发前物业总收入/再开发后物业总收入)
	社会效益	历史文化保护	实际保护历史文化对象数量/再开发前调查需保护历史文化对象数量
		宜居状态满意	调查中原权利人对宜居状态表示满意或比较满意的数量/调查中原权利人总数量
	生态效益	绿化面积达标	1－［ABS(再开发后绿化面积－规划绿化面积)/规划绿化面积］
		"三废"处理提升	(1)IF(再开发前"三废"处理率＜80%，或再开发前三废处理率≥80%且再开发后"三废"处理率＜100%)，则公式为1－(再开发前"三废"处理率/再开发后"三废"处理率)
			(2)IF(再开发前"三废"处理率≥80%，且再开发后"三废"处理率＝100%)，结果输出100%

注：关于投资完成比率的计算说明，预算额±10%以内视为达到预期100%；超过110%视为100%；低于90%，按低于预算的幅度打分。同时，对于绿化面积达标指标，超过110%视为100%。

表9-7　村镇建设用地再开发后评估指标体系权重说明

指标		分指标	方向	理想值/%	指标权重/%	分指标权重/%	指标总权重/%
目标实施状况		建筑产权合规	正向	100	30	20	6.0
		建筑密度控制	正向	100		10	3.0
		公建配套完备	正向	100		15	4.5
		基础设施完备	正向	100		15	4.5
		再开发方案通过	正向	100		20	6.0
		补偿动迁落实	正向	100		10	3.0
		投资完成比例	正向	100		10	3.0
土地管理状况		土地利用合规	正向	100	10	60	6.0
		经营性用地市场配置	正向	100		40	4.0
开发效益状况	经济效益	物业单价提升	正向	100	30	60	18.0
		项目年收入提升	正向	100		40	12.0
	社会效益	历史文化保护	正向	100	15	40	6.0
		宜居状态满意	正向	100		60	9.0
	生态效益	绿化面积达标	正向	100	15	50	7.5
		"三废"处理提升	正向	100		50	7.5

（六）村镇建设用地再开发实施后评估技术的示范

村镇建设用地再开发实施后评估技术选取了广州市、佛山市和无锡市共8个改造项目进行了技术示范。

根据本研究设定的指标体系内容，开展资料收集和实地调研等工作，通过对项目所在地的政府部门（广州市城市更新局、白云区城市更新局、越秀区城市更新局及无锡市国土资源局等）。街道办、投资建设主体、村民、村干部、中介机构（中原地产、方圆地产、宜丰地产等）、出租屋管理中心及房屋租赁所收集数据。

表9-8　村镇建设用地再开发后评估数据结果　　　单位:%

| 指标 | 分指标 | 项目名称 | | | | | | | |
| | | 广州市 | | | | | | 佛山市 | 无锡市 |
		白云汇广场	杨箕村	茶山庄	横沙城中村	文冲石化路以西城中村	林和村	瑚沙国际商品批发中心	荡口古镇
目标实施状况	建筑产权合规	100	100	100	96	96	100	100	86
	建筑密度控制	100	100	100	100	100	100	100	86
	公建配套完备	100	100	100	100	100	100	100	100
	基础设施完备	100	100	100	100	100	100	100	100
	改造方案通过	100	100	100	100	90	100	80	100
	补偿动迁落实	100	100	100	65	90	100	100	100
	投资完成比例	82	100	75	100	100	97.86	100	100
土地管理状况	土地利用合规	100	100	100	100	100	100	100	100
	经营性用地市场配置	100	55	72	100	100	100	100	75
开发效益状况	经济效益 物业单价提升	50	70	19	73	73	75	86.11	57
	项目年收入提升	60	62	64	47	83	26.83	37.50	100
	社会效益 历史文化保护	100	100	100	100	100	100	100	100
	宜居状态满意	100	88	100	93	90	90	100	98
	生态效益 绿化面积达标	100	100	100	100	100	100	100	45
	"三废"处理比例	100	70	40	50	100	100	100	100

依据已研究确定的各指标权重，结合项目指标运算结果得到各村镇建设用地再开发后评估结果，见表9-9。

表9-9　村镇建设用地再开发后评估指标结果　　　单位:%

指标	分指标	项目名称								理想值
		广州市						佛山市	无锡市	
		白云汇广场	杨箕村	茶山庄	横沙城中村	文冲石化路以西城中村	林和村	望沙国际商品批发中心	荡口古镇	
目标实施状况	建筑产权合规	6.00	6.00	6.00	5.78	5.77	6.00	6.00	5.16	6.00
	建筑密度控制	3.00	3.00	3.00	3.00	3.00	3.00	3.00	2.57	3.00
	公建配套完备	4.50	4.50	4.50	4.50	4.50	4.50	4.50	4.50	4.50
	基础设施完备	4.50	4.50	4.50	4.50	4.50	4.50	4.50	4.50	4.50
	再开发方案通过	6.00	6.00	6.00	6.00	5.40	6.00	4.80	5.99	
	补偿动迁落实	3.00	3.00	3.00	1.95	2.70	3.00	3.00	2.99	3.00
	投资完成比例	2.47	3.00	2.25	3.00	3.00	2.94	3.00	3.00	3.00
	分值	29.47	30.00	29.25	28.73	28.87	29.94	28.80	28.71	30.00
土地管理状况	土地利用合规	6.00	6.00	6.00	6.00	6.00	6.00	6.00	6.00	6.00
	经营性用地市场配置	4.00	2.18	2.88	4.00	4.00	4.00	4.00	2.98	4.00
	分值	10.00	8.18	8.88	10.00	10.00	10.00	10.00	8.98	10.00
开发效益状况	经济效益 物业单价提升	9.00	12.60	3.38	13.20	13.09	13.50	15.50	10.21	18.00
	项目年收入提升	7.20	7.40	7.66	5.60	9.93	3.22	4.50	12.00	12.00
	分值	16.20	20.00	11.03	18.80	23.02	16.72	20.00	22.21	30.00
	社会效益 历史文化保护	6.00	6.00	6.00	6.00	6.00	6.00	6.00	6.00	6.00
	宜居状态满意	9.00	7.88	9.00	8.33	8.10	8.10	9.00	8.78	9.00
	分值	15.00	13.88	15.00	14.33	14.10	14.10	15.00	14.78	15.00
	生态效益 绿化面积达标	7.50	7.50	7.50	7.50	7.50	7.50	7.50	3.38	7.50
	"三废"处理提升	7.50	5.25	3.00	3.75	7.50	7.50	7.50	7.50	7.50
	分值	15.00	12.75	10.50	11.25	15.00	15.00	15.00	10.88	15.00
	综合分值	46.20	46.62	36.53	44.37	52.12	45.82	50.00	47.86	60.00
项目综合值		85.67	84.81	74.67	83.11	90.99	85.76	88.80	85.55	100.00

从表9-9中可以看出，选取的村镇建设用地再开发项目综合值较为理

想，大部分超过85%。其中，以理想值为参照，综合值优秀（90%或以上）的项目有1个，即文冲石化路以西城中村（90.99%），可以看出作为广州市第三个大型"城中村"改造项目，也是拆迁量最大的城中村改造项目，文冲石化路以西城中村可以取得优秀的评分值实属不易，其经验可为同类的项目所借鉴。此外，综合值良好（80%—90%）的项目有6个，即白云汇、杨箕村、横沙城中村、林和村、望沙国际商品批发中心及荡口古镇。对于评分良好的项目需要比照在本指标体系分值相对较低的指标，分析分值较低的原因，并强化这类指标，形成二次发展的推力。最后，综合值中等（70%—80%）的项目有1个，但值得注意的是，茶山庄评分较低的原因很大程度是由该项目尚未完全完成村镇建设用地再开发导致的，而不是村镇建设用地项目再开发后的实际运营结果。因此，对于此类项目需要区别是什么原因导致项目的具体指标评分较低，及项目综合值较低的原因，再提出相关的对策。

第三节　开发过程监管机制与管控措施

一、开发过程监管的主要内容

（一）村镇建设用地供应完成状况的监管

（1）主要是通过分析动态掌握获批建设用地尚未开始供地的项目，以督促尽快办理供地手续。

（2）主要是通过分析动态掌握供地范围比获批范围大、面积多的项目，以发现违法供地项目。

（3）主要是通过分析动态掌握获批建设用地已开展了供地工作但尚未全面完成供地的项目，以督促尽快完成供地。

（二）村镇建设用地再开发开工建设的监管

主要内容是对核发建设工程规划许可证的属性数据和空间数据的入库。

（三）村镇建设用地再开发竣工验收的监管

主要内容是对核发建设工程规划验收合格证的属性数据和空间数据的入库。

（四）村镇建设用地再开发建设过程的监管

通过对违章抢建加建、土地侵占、闲置用地的监管，实现了建设用地再开发违规预警智能化。使用者可以更清晰地观察施工现场情况，及时了解并掌握建设用地开发过程中的状态，对发现违法开工、违规建设及相关情况提供可靠依据，显著提高土地管理的效率。

（1）土地侵占、违建行为的监控。土地侵占、违建行为的检测关键点在于对开发现场的建筑物进行视频监控。通过检测脚手架来实现对开发现场的建筑物的检测。

（2）闲置土地的监控。通过研究建设用地再开发现场变化快速检测技术、挖掘机智能视频检测技术、人脸检测技术，综合判断到国土管理部门设定的节点建设用地再开发项目的工地是否开工，从而实现对闲置土地的监控。

（3）通过对现场变化、挖掘机、脚手架和施工人员自动检测，实现了违章抢建加建、土地侵占、闲置用地的监管，以及建设用地再开发违规预警智能化。将建设用地再开发监管由被动变为主动，减少违法用地造成的经济损失和社会问题。

二、程序规范的监管机制

（一）核心信息备案机制

通过制定标准的村镇建设用地再开发监控数据要求，统一收集存储各项建设的数据，并对报件材料的内容、格式、数据完整性和一致性等进行严格规定与要求，保证数据的真实性与可靠性。同时，建立网上并联制度，实现跨部门信息的交换和资源共享，实时掌握报批进度。

（二）科技监管检查机制

为加大查处违法用地力度，确保按规划节约集约利用土地，在建立村镇建设用地长效管理机制的过程中，引入"科技监管"理念，依靠先进的技术手段，充分利用相关信息系统提高土地执法工作效率和建设用地全面、全程监管水平。

（三）数据质量保证体系

为保障备案信息的真实性与准确性，进一步提升监管工作的水平和质量，需要在动态监管过程中融入数据检查步骤。数据检查包含两项内容，即实地抽样监控与仪器监控。

三、现场监控与信息化建设

（一）基于规则知识库的多级业务流转技术

技术内容：华南农业大学在应用示范前已完成村镇建设用地再开发业务规则知识库，以及村镇建设用地再开发业务规则驱动中间件引擎开发工作，可支持监管规则的产生式表示及业务规则知识库管理，同时将村镇建设用地再开发业务规则驱动中间件引擎与工作流技术结合，实现了省市县多级业务流转。

应用过程：依据任务，课题组进行征收、储备、"三旧"改造业务的详细调研，对各业务环节的数据需求、业务流转情况进行总结，形成软件需求分析说明书。系统总体用例图如图9-3所示，需求分析文档中详细给出"三旧"改造、征收、储备等工作人员在系统中的详细流程及数据需求、流转需求。

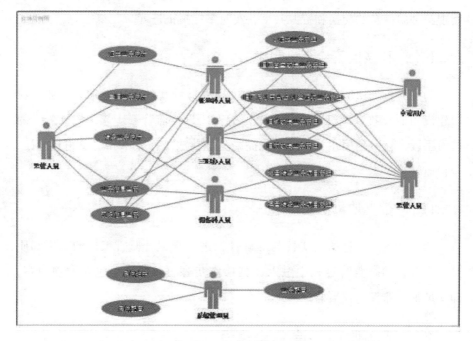

图9-3　系统总体用例图

　　在需求确定后，课题组进行业务系统软件开发工作。完成支撑征收，储备工作的软件，并保留"三旧"改造工作人员在进行地块纳储操作及查询相关的接口，方便完成相关工作。其中在业务流转部分使用本技术，大大提高了开发效率和系统运行效率。图9-4给出征收人员项目管理工作界面，图9-5给出征收完成时项目移交至储备人员时的操作界面。在图9-5选定要移交的项目，系统给出项目概况数据，选择移交附件后点击移交按钮，一键完成项目移交工作。征地业务中需要用到的基础地理服务主要包括项目红线图管理、缓冲分析和规划与现状对比等功能。图9-6和图9-7给出其工作界面。

　　储备项目的管理工作从接征收科室移交的项目资料开始，其工作流程如图9-7所示。储备工作还包括储备指标管理、储备情况统计、项目红线图管理、地理信息数据缓冲分析和对比等内容。其中，基础地图分析工作的界面与征地工作的界面相同（参看图9-6和图9-7）。图9-9给出存量储备项目管理界面，属储备业务的一部分。

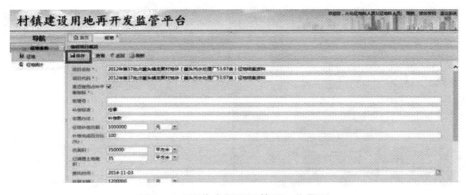

图9-4　征收人员项目管理工作界面

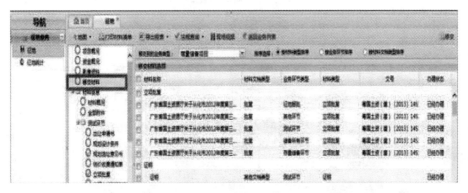

图9-5　征收人员项目移交工作界面

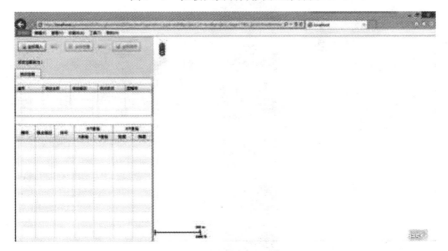

图9-6　项目红线图管理界面

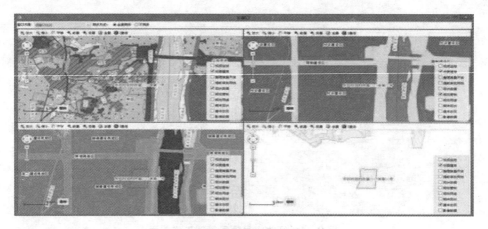

图 9-7　项目规划分析界面

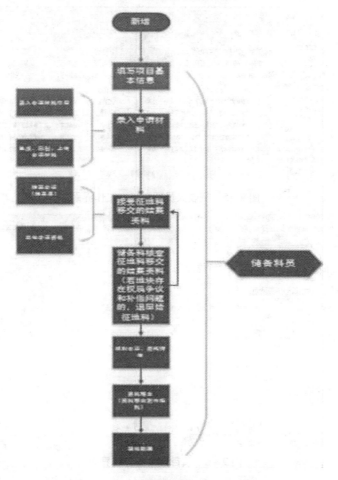

图 9-8　新增储备项目的工作流程

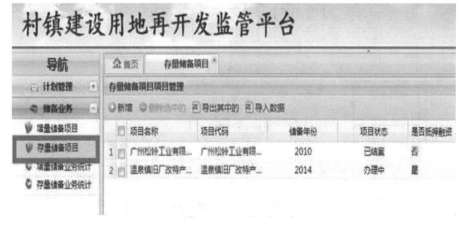

图9-9　储备工作查看存量储备项目工作界面

应用效果：解决了从化国土储备中心征地、储备业务科室业务环节设置，科室内、科室间业务流转的问题。软件开发效率高，系统运行效率也非常高。

（二）建设用地再开发过程智能化违规发现技术示范

技术内容：研究了建设用地再开发过程变化快速检测与智能化违规发现技术，包括：建设用地再开发现场变化检测算法、挖掘机检测算法和建筑物检测算法，在不需要人为干预的情况下，通过对视频中的图像序列进行自动分析，实现建设用地再开发过程中重要时段自动检测及自动全程视频录制，以及违章抢建加建、闲置建设用地、土地侵占告警，提供智能辅助决策功能。从而做到既能完成日常管理，又能在异常情况发生的时候及时做出反应，实现计算机快速自动的建设用地再开发过程变化检测与智能化违规预警。在上述关键技术研究的基础上，开发了建设用地再开发现场智能监控系统。具体技术路线图如图9-10所示。

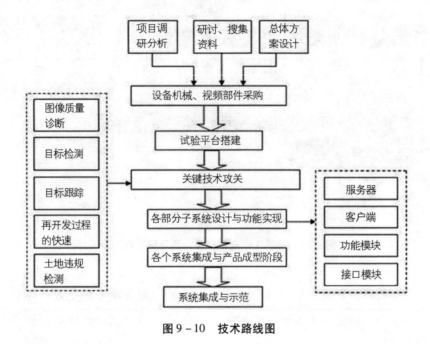

图9-10　技术路线图

应用过程：利用所开发的系统，进行了视频图像质量自动诊断，建设用地再开发过程中重要时段自动检测及自动全程视频录制，以及违章抢建加建、闲置建设用地和土地侵占告警等功能的应用示范。功能模块效果展示：

（1）视频质量诊断算法。智能视频监控系统，可能出现视频图像质量不稳定或恶意破坏和遮挡。

图9-11　视频图像偏色

图 9 - 12　视频图像偏亮

图 9 - 13　视频图像偏暗

　　上述对视频图像进行偏色、偏亮、偏暗，以及雪花噪声干扰检测到的结果图像，并在视频质量诊断测试中，实际出现无信号状态 50 次，出现图像偏色状态 47 次，系统检测出无信号或偏暗状态 49 次，图像偏色状态 48 次，平均检测率为 96%。

（2）实时视频监控。在建设用地再开发现场智能监控系统客户端中，配置监控点设备的 IP 地址、端口号等信息后，就可以进行实时视频监控，效果如图 9 – 14 所示。

图 9 – 14 实时视频监控图

（3）土地侵占、违建行为的监控。土地侵占、违建行为的检测关键点在于对开发现场的建筑物进行视频监控。本系统通过检测脚手架，来实现对开发现场的建筑物的检测，效果如图 9 – 15 所示。

（4）闲置土地的监控。本系统通过研究建设用地再开发现场变化快速检测技术、挖掘机智能视频检测技术和人脸检测技术，综合判断到国土管理部门设定的节点建设用地再开发项目的工地是否开工，从而实现对闲置土地的监控。目前初步完成了建设用地再开发现场变化快速检测、挖掘机智能视频检测及人脸检测，效果如图 9 – 16 和图 9 – 17 所示。

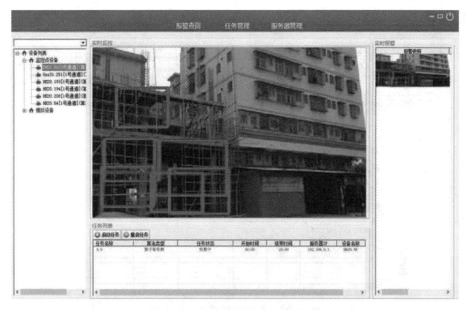

图 9 - 15　开发现场的建筑物检测图

图 9 - 16　建设用地再开发现场变化快速检测图

图 9 – 17　挖掘机智能视频检测图

应用效果：本项目研制的建设用地再开发现场智能视频监控系统，能实现镇建设用地再开发过程变化快速检测和智能化违规发现，不仅省时省力，而且可及时制止违法行为，最大限度地降低违规、违法带来的损失。

（三）建设用地再开发过程变化快速检测技术示范

技术内容：建设用地再开发具有渐变性、周期较长，单纯用巡查、数据上报等常规监控手段很难满足有效实时监管的特点，配合智能视频监控系统的研发工作，基于多模式及多路无线捆绑安全数据接入视频网关的建设用地再开发监控视频数据采集处理技术，开发相应的现场监测硬件设备，采集现场数据，为建设用地再开发过程变化快速监测提供数据来源，合理部署视频、GPS 等信息采集设备，采用压缩编码、图像增强等算法，解决夜间、雨雾天气以及施工现场视频图像清晰度问题。可以真正贴合建设用地再开发现场监测的需求。技术路线如图 9 – 18、图 9 – 19、图 9 – 20 所示。

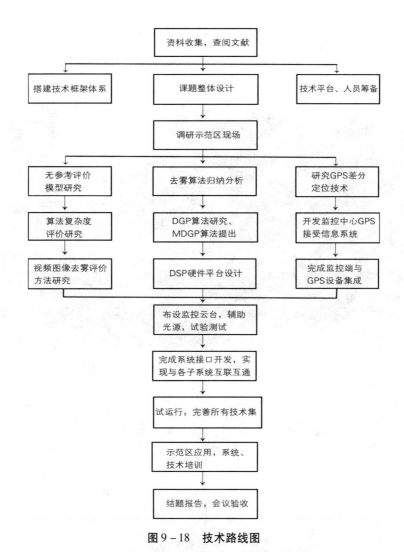

图 9-18　技术路线图

　　应用过程：根据选取的示范点监控区域，进行了视频监测终端的选型、架设、联通和配置，建设专门的视频监控指挥中心，对发现的国土资源领域违法行为进行快速处置。视频监测终端可自动获取地理位置实时定位信息，并与现有国土部门巡查系统无缝融合，国土部门巡查系统实现实时视频监测终端图像信息链接，从而实现国土部门执法人员直接在系统中随时监测试点受监控区域。现场实时视频监测终端硬件由高清摄像头、图像处理模块与 GPS 模块组成。采用固定终端与移动终端相结合的多模式视频监

测方式，固定终端实现大面积场景信息获取，移动终端主要负责特定区域
和盲区的图像采集，以作为固定终端信息获取的补充。装备架设及采集效
果图如图 9-19、图 9-21 所示。

图 9-19　带 CORS 定位系统的 4G 传输无线网关采集数据示意图

图 9-20　现场基站天线

图 9 - 21　高清晰度实时视频监测终端示意图

第十章　村镇建设用地再开发典型案例分析

第一节　猎德村改造模式

一、案例概况

猎德村改造项目位于广东省广州市天河区珠江新城中央商务区。全村常住人口 7 865 人，3 467 户，外来人口 8 000 人。按 2006 年年底计，用地面积 336 304 平方米，另外还有发展经济用地约 23 万 m^2。改造前集体经济总收入约 5 000 万元。2007 年 9 月 29 日，猎德村以 46 亿元拍卖出桥西地块，此次拍卖是以生地熟让的形式，由市政府指定市土地开发中心组织代征、代拍，交地时间为 2010 年 6 月，最终由联合买家富力地产和合景泰富以 46 亿元拍得，随后宣布引入新鸿基集团共同开发。

（a）

（b）

（c）

图 10－1　猎德改造项目区位图

　　2007 年 10 月，作为广州首个旧城改造项目猎德村开始拆迁。猎德村的改造规划，桥东为复建安置区，桥西地块用以拍卖融资，桥西南建设村酒店和村集体物业。整个改造建设工程 3 年，至 2009 年年底基本完成。全体村民 2010 年春节前搬入新居。

二、主要做法

（一）模式

1. 动因

　　改造前的猎德村是广州市"城中村"的典型缩影，原有总建筑面积

68.6 万 m²，都为高密度的农民自建住宅，面积小，质量差，违建问题突出、消防隐患严重、治安环境复杂、卫生条件恶劣。此外，还保留着部分古民居、古祠堂等历史建筑。

同时，因改造地块附近珠江新城的开发建设，带动了周边地块地价攀升，猎德村村民都期望附近地价上涨而带来的增值收益。

为迎接亚运会开幕，规划建设猎德大道横穿猎德村。亚运会基础设施的建设也急需旧城改造改善环境空间。

2. 模式

整体改造，市、区政府主导，以村为实施主体，通过股份制改制成立村经济实体——猎德经济发展有限公司。

3. 方案

猎德村的改造采取由开发商垫资、政府出政策、村委会协助的模式，解决村民拆迁安置和集体物业发展要求，实现改造项目自身经济平衡。改造工程占地面积约 14 万 m²，总建筑面积约 93 万 m²，其中地下室约 23 万 m²。村中建 3 条规划路，共有 37 栋高层住宅建筑，还有会所、祠堂、池塘等配套，告别了以往小楼牵手、道路狭窄的弊病，道路与珠江新城 CBD 规划融为一体。

猎德村的补偿原则是"拆一补一"，以四层为上限，实施阶梯式安置。框架结构房给予每平方米1 000元的材料补偿。如果村民需要增加安置面积，将按照每平方米3 500元的单价购买。临迁安置补助标准根据 2004 年出台的《广州市城市房屋拆迁管理办法》实施，在过渡期限内，被拆迁人自行安排住处的，拆迁人按被拆迁房屋建筑面积每月每平方米 20 元计付临时安置补助费。

根据地理环境条件，以猎德大桥和新光快速路为界，猎德村域被分为桥东、桥西和桥西南三部分，西部地块转化为国有土地，按商业用地进行市场化拍卖，所得土地拍卖款用于支付旧村改造项目资金；东部地块仍保留为集体土地，作为复建安置小区；南部地块也是集体土地，建设五星级酒店等集体物业，作为集体经济支柱。根据 3 家合作公司的规划，3 家公司股权平均各占三分之一，分两期发展，预计发展年期 4—5 年。富力地产负责甲级写字楼和五星级酒店、酒店式公寓部分，合景泰富地产负责公寓部分，新鸿基地产则专注商业部分。

除去 6 万 m^2 用作基础设施用地；其余按照"三三制"原则将整个改造区域划分为安置区、商业区、集体经济发展区（25.7 万 m^2）；51% 用作村民的安置区（13.1 万 m^2），36% 进行拍卖融资（9.3 万 m^2，46 亿元），用于发展商业，拍卖款项将用来满足整村改造资金平衡；另外 13% 则修建一座星级酒店（3.3 万 m^2），支撑集体经济发展。

图 10 - 2　猎德村改造项目总体布局图

（二）运行机制

1. 产权

猎德村在改造过程中，除去部分基础设施用地外，整个改造地块按照"三三制"原则划分为三大地块，分别为安置区、商业区以及集体经济发展区。三个区域之间的土地产权之间各有差异。

（1）改造地块的土地所有权。

改造范围中的西部的商业地块由原来的集体建设用地转化成为国有土地，土地的所有权进行了改变。而改造范围内的东部安置地块和南部的集体经济发展地块仍保留为集体所有。

（2）改造地块使用权。

猎德村在改造过程中，地块的使用权主体分别为开发商、国家和村集体。地块中的西部商业地块由政府将地块使用权进行出让，融资地块的使用权归开发商所有；改造地块中的进行公共设施建设的地块如学校等地块，其使用权归国家所有；改造时用于建设村集体物业的地块，其使用权归猎德村村集体所有。

（3）改造地块的土地发展权。

改造地块中的西部商业地块因转换成为国有土地进行招商引资，该地块的土地发展权归国家所有；而地块中东部的安置区和南部的集体经济发展区仍保留为集体所有，其土地发展权依旧归集体所有。

2. 市场

猎德村改造项目中的桥西商业融资地块通过由市政府指定市土地开发中心组织代、代拍进入土地流通市场。此次土地拍卖主要是以生地熟让的形式进行流转，最后猎德村以 46 亿元将桥西地块拍出。

猎德村改造中，桥西融资地块首先转化为国有用地，随后政府将桥西地块进行拍卖转让，地块进入土地一级市场，开发商将拍卖地块进行融资开发，地块进入土地二级市场。

其他改造地块并没转化成国有土地，而是由村集体与开发商进行协商共同改造，地块直接进入土地一级市场进行流转。

3. 规划

猎德村改造地块位于珠江新城中心商务圈中，结合亚运会期间，猎德大道的规划、珠江新城地区定位，以及珠江新城控制性详细规划。猎德村地块改造规划与珠江新城控制性规划进行衔接，以猎德大道作为中轴，进行规划和地块划分。

4. 决策

猎德村整体改造以市、区政府为指导，以村集体为实施主体。村集体通过股份制改制成立村经济实体——猎德发展有限公司对猎德村改造进行统筹，村民通过召开村民大会对村内的改造事宜进行决定，通过民主决策实现了整村整治的猎德改造模式。改造完成后的成果和经济收益也通过村经济实体——猎德发展有限公司落到实处。

三、改造效果

建成的新猎德村（安置区）减少了居住用地，增加商业、绿地、公益性设施用地；总建设用地 13.1 万 m²，由 37 栋高层住宅、一所九年义务教育学校和一所幼儿园组成，绿地率由改造前的 5 提高到 30，增加绿化面积 1 万多平方米；建筑密度由原来的 60 降低到 28，学校、幼儿园、文化活动中心、卫生服务中心和肉菜市场等公共服务设施严格按相关法规要求的标准配置。

同时，猎德村的经济效益明显提高，村民房屋出租收益从改造前的每月每户 800 元提高到 4 000 元，增长 5 倍；村民自有房屋价值从改造前的 4 000 元/m² 提高到 30 000 元/m²，增长 7 倍多；村集体年收入从改造前 1 亿元提高到 5 亿元，增长 5 倍；村民每年人均分红从改造前的 5 000 元提高到 30 000 元，增长 6 倍。通过村民集中居住，猎德还节约土地 247 亩（1 亩 ≈ 666.7 平方米），节地率达 52%。

（a）   （b）

图 10 - 3　猎德改造效果

第二节　琶洲村改造模式

一、案例概况

琶洲村位于广州市琶洲岛中部珠江南岸，紧邻会展中心，地铁 4 号线与地铁 8 号线在村东南侧交汇，区位条件优越。琶洲村处于广州市中心城区的核心区域，西部是以广州国际会展中心为核心的国际会展区和琶洲塔公园，北部是珠江，改造地块东部及南部分布较大规模的储备用地。

改造地块外围道路中的南部新港东路和西部科韵路都是重要干道，总体上对外交通便利，内部道路断头路多、路宽狭窄、弯曲多变，没能形成连贯的网络体系。村内的经济收入比较单一，主要以集体厂房和村民出租为主，经济来源较单一。改造范围 75.76 万 m^2，改造前总建筑面积约 73 万 m^2，常住村民共约 1 300 户，人口约 5 500 人，总建筑涉及房屋2 308 间，总面积 66.16 万 m^2，毛容积率 0.91，住宅面积 58.62 万 m^2，物业面积 7.54 万 m^2。规划地区内现有小学、幼儿园、居委会、派出所、卫生站和肉菜市场各一所，其他设施较为欠缺，一定程度上未能满足日常生活的需求。

2008 年 8 月，琶洲经济联合社就"城中村"改造设计方案及拆迁补偿安置方案向全体村民公示，并提请表决，取得全村三分之二以上多数社员的同意，两个方案均获得通过。2009 年 6 月，琶洲村城中村改造方案获广州市城中村改造工作领导小组会议原则同意。2009 年 9 月，广州市国土资源和房屋管理局就琶洲村改造项目整体挂牌出让。保利地产以拍卖底价 1.42 亿获得地块改造资格。2009 年 10 月，广州市国土资源和房屋管理局与保利房地产股份有限公司签订了国有建设用地使用权出让合同。

改造后总建筑面积 185 万 m^2，其中村民安置房 52.2 万 m^2，集体物业 26.64 万 m^2，融资住宅 40 万 m^2，融资商业 64.2 万 m^2，规划中小学 1.96 万 m^2，毛容积率 2.44。项目总投资约 170 亿元。

二、主要做法

(一) 模式

1. 动因

海珠区琶洲村附近，由于广交会的辐射影响，已成为广州市国际化程度最高的地方之一，受琶洲会展中心的功能辐射扩展影响，附近基础设施的不断完善，推动了附近地块的地价不断上涨。但是展馆东侧一路之隔的琶洲村，充斥了大量牵手楼，城中村使得琶洲岛相对落后，随着城市的发展。琶洲村存在土地利用不规范、基础设施不完善、生活环境差等问题逐渐暴露出来，与会展中心周边建设的定位不符，制约了村内经济发展。琶洲村改造升级被提上了议程。

图 10-4　琶洲村改造前俯瞰图

2. 模式

采取"整体拆除重建"的全面改造；"政府主导，市场运作，村民自愿，多方共赢"的改造模式。

3. 方案

琶洲村采取"城中村整体拆除重建"的全面改造模式，形成了其独具特色"政府主导，市场运作，村民自愿，多方共赢"的"琶洲模式"，得到了社会各界的认可，更是造福村集体及广大村民的民生实事，取得了良好的经济成效和社会成效。

按照《琶洲村城中村改造房屋拆迁补偿安置协议》（以下简称《协议》）中的条款，开发商将以村民合法产权建筑面积"拆一补一"的原则为村民安排回迁安置房；如村民选择货币补偿的方案，则按 4 500 元/m² 进行补偿。而村民的房屋如果出现超建情况，则按单价 1 000 元/m² 给予材料费补偿。

《协议》还规定，开发商将按每月 20 元/m² 的标准给予村民临时安置补助费，商铺将按每月 30 元/m² 给予临迁费。如果村民在 5 月 30 日之前签约并按时交出房屋的，可以获得 2 万元的奖励；家具家电补偿 1 万元；搬迁费"一出一进"补助 2 000 元；村民签订协议后可预支一年的临迁费。此外，村民房屋的附属物（树木、铁棚、围墙等）都有相应的补偿标准。

琶洲村地块将按照"一轴四区"的功能结构细分，形成以特色商业步行街为主轴，联结滨水居住区、村民安置区、SOHO 办公区和商业办公休闲区四大块，建设成为商贸与休闲汇集的会展东翼、品质与文化兼具的国际高端城区，将呈现出"广州的曼哈顿"这一理想效果。

（二）运行机制

1. 产权

琶洲村改造采取的是"整体拆除重建"的全面改造模式，规划方案将改造地块划分为三块地，分别为村民安置区、融资区和集体物业区。

（1）改造地块的土地所有权。

根据规划方案，琶洲村集体将规划范围内的土地全部转为国有土地，村民户口转变为城市户口。所以改造后地块的土地所有权归国家所有。

（2）改造地块的土地使用权。

广州市国土资源和房屋管理局将琶洲村改造项目挂牌整体出让，保利集团拍得地块，获得整块地块的使用权，保利集团保留了改造地块中滨水居住区、商业区和SOHO办公区的使用权，而剩余地块的使用权，保利集团以划拨的方式将使用权划拨给琶洲村集体。

（3）改造地块的土地发展权。

土地发展权的所有受土地所有权的所有影响。因改造范围内的地块全部转为国有用地，改造完成后，改造地块的土地发展权同样归国家所有。

2. 市场

琶洲村改造通过转化为国有用地，再统一挂牌拍卖进入土地市场。2009年9月，广州市国土资源和房屋管理局就琶洲村改造项目整体挂牌出让。保利地产以拍卖底价1.42亿获得地块改造资格，实质上保利获得了改造地块中滨水居住区和商业区地块使用权，但保利仍需要负责改造地块内全部的拆迁工作。2009年10月，广州市国土资源和房屋管理局与保利房地产股份有限公司签订了国有建设用地使用权出让合同。

在此过程中，琶洲村整体改造地块先通过转化为国有土地进广州市国土资源和房屋管理局将地块进行拍卖转让，改造地块进入土地一级市场，而改造地块中的融资地块通过开发商向社会进行融资开发，进入土地二级市场。

3. 规划

琶洲村在海珠区控制性详细规划中属于 AH0409 地块，地块主要定位为村镇建设用地以及公共设施用地，结合附近琶洲会展中心定位，琶洲村地块将按照"一轴四区"的功能结构细分，形成以特色商业步行街为主轴，联结滨水居住区、村民安置区、SOHO办公区和商业办公休闲区四大块，建设成为商贸与休闲汇集的会展东翼、品质与文化兼具的国际高端城区，将呈现出"广州的曼哈顿"这一理想效果。

图 10 - 5　琶洲村改造范围

4. 决策

琶洲村改造采取"整体拆除重建"的全面改造，由政府进行主导，通过市场运作，村民自愿原则，实现多方共赢。

2008 年 8 月，琶洲经济联合社就"城中村"改造设计方案及拆迁补偿安置方案向全体村民公示，并提请表决，取得全村三分之二以上的社员的同意，两个方案均获得通过。琶洲村的改造通过民主决策提上了议程。

三、改造效果

改造后相关指标"一降四升"：建筑密度由 62% 下降到 18%、绿地率由 4% 提升到 46%、市政用地由 2% 增加到 16%、公建配套面积比例由 0.8% 增加到 6%。

1. 经济成效

改造后琶洲村社将增加 20 万 m^2 的集体经济物业，复建安置地块的 7 000 多个车位也属于村集体，仅此两项，村集体固定资产增值近 50 亿元，保守估计改造后股民人均每年增加约 4.5 万元的分红收入。

改造后村民回迁安置房面积共约 52.2 万 m²，改造前宅基地房屋价值按 5 000元/m² 计算，总资产约 26 亿元，改造后回迁安置房屋价值按21 000元/m² 计算，总资产近 110 亿元，村民个人房屋资产升值超 4 倍。

2. 社会成效

琶洲村改造后，将释放面积超过 800 亩（1 亩≈666.7 平方米）的建设用地，所得土地资源部分用于市政道路、滨江绿化带等市政公配建设、村社物业升级改造、学校等生活配套设施建设。公共服务设施的配套水平大大提高，包括幼儿园、中小学、托儿所、文化室、居民健身场、老人服务站点、社区居委会和肉菜市场等设施一应俱全。

（a）

（b）

图 10-6　琶洲村改造效果图

第三节 马务村改造模式

一、案例概况

马务村隶属于广东省广州市白云区黄石镇，位于广东省广州市白云区，毗邻黄石立交桥。全村户籍人口约有 2 000 人，外来人口约 2 万人，马务村交通区位条件良好，机场高速和国道 G106 从村内贯穿，村子西面毗邻黄石，便利的交通和低廉的房租吸引大批外来工在此扎根。

20 世纪 90 年代，马务村农田逐步被国家征收，到 1997 年马务村的 3 层半村屋已无法满足日益增多的外来工租住需要，村民普遍将楼房"拔"高到 6 层、7 层，马务村的城中村初具规模。2005—2008 年，按照广州的"退二进三"政策，马务村多家污染大的工厂先后撤走，只余下 10 几家由本地村民办的生产工艺品为主的工厂。马务村的外地人多数在市区做白领或打工，只因马务村房租便宜而将其作为栖身之地。

图 10 – 7 马务村改造范围

现阶段马务村的城市更新改造项目主要由两个项目组成。

1. "国际单位"项目概况

该项目是白云创意产业集聚区的主要组成部分，是市 2012 年重点建设项目。国际单位由白云区政府引导、支持广州市至德商业管理有限公司投资改造，将位于原马务村联合工业区、原市皮革工业公司长征皮鞋厂的旧厂区等厂区进行商业改造形成。国际单位文化综合体占地 17.8 万 m²，总建筑面积约 52 万 m²，计划分五期进行开发。现已开发一二期，开发面积 8.42 万 m²，现有建筑面积 18.71 万 m²。现已吸引了大量的企业和商家进驻。

国际单位区位交通良好，机场高速从地块西边经过，距白云国际机场约 15 分钟的车程，距离广州火车站、广东省汽车站、广州市汽车站约 10 分钟车程。广清高速、京珠高速、北二环高速、华南快速干线、机场高速、105 和 106 国道纵横交错。

图 10 - 8 国际单位改造范围

2. "白云汇项目"概况

白云汇广场位于广州市白云新城商圈北部中心的黄石东路 88 号，是白云区重点商业项目，占地总面积 2.6 万 m²，建筑面积近 10 万 m²。马务经济合作社出让的黄石东路 88 号地块紧邻白云新城，是 20 世纪 90 年代初，黄石路扩路征地返还给马务村经济合作社的经济发展留用地，占地面积 2 万多平方米，曾办理建设用地批准书，但未办理集体土地所有权证、使用权证。

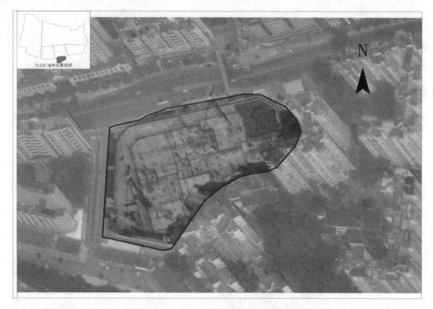

图 10-9　白云汇改造范围

二、主要做法

（一）模式

1. 动因

（1）"国际单位"项目。

国际单位是白云区创意产业集聚区的一个重要组成部分。白云创意产业集聚区是白云区七个重大战略性发展平台之一，已纳入广州市 2013 年重大投资项目计划。

近年来，白云区积极实施创新驱动发展和产业转型升级，逐步加大力度对区域内低端企业进行关停转移，在此基础上引入市场机制，加快推进区域内的旧厂房改造和产业转型升级工作。白云创意产业集聚区就是通过对马务联和工业区、长征皮鞋厂、红菱电器厂和万宝冷机厂等多家国营工厂企业实施产业转移，对原旧厂房进行升级改造建设而成。国际单位便在背景下进行招商引资改造建设。

（2）"白云汇"项目。

集体建设用地再开发、集体建设用地入市试点项目推动。

黄石东路88号地块，为黄石路扩路征地返还给马务经济合作社的经济发展留用地，占地面积2万多平方米，曾办理建设用地批准书，但未办理集体土地所有权证和使用权证。由于缺乏建设资金，最初是以出租的形式进行开发。

2014年年底，国家启动了农村集体建设用地入市改革试点。适逢改造地块进行转租。在区政府的指导下，黄石东路88号地块成为广州第一宗集体建设用地流转项目。

2. 模式

（1）"国际单位"项目。

村集体以租赁的方式进行招商引资，广州市至德商业管理有限公司以20年为期限租下改造地块，并对地块进行改造升级，建设为创意产业聚集区。

（2）"白云汇"项目。

集体建设用地进行土地流转，将土地使用权进行出让。出让方马务村集体按照穗集用〔2015〕第10000001号集体土地使用证，证载使用权面积16 229.62m² 的28.385%的份额出让，出让面积为4 606.78m²。出让年限为40年，出让后的集体建设用地使用权所有权人不改变。

3. 方案

（1）"国际单位"项目。

国际单位创意园为写字楼创意园项目，占地 12.6 万 m²，建筑面积近 40 万 m²，计划分四期开发。

一期为科技创意园，占地面积 2 万 m²，建筑面积 4.2 万 m²；二期为文化创意园，广州文化印记公园，占地 5.6 万 m²，建筑面积 14 万 m²；三期为绿地·时代云都汇，占地 1.7 万 m²，建筑面积 5.9 万 m²；四期还在规划当中。

（2）"白云汇"项目。

村集体将改造地块的部分土地进行使用权出让，出让方式采取"一次性收取土地出让金 + 配建物业"的方式。

改造地块主要划分为出让地块和非出让地块，出让地块面积为 4 606.78m²，占改造地块面积的 28%，主要建设白云汇商业广场；非出让地块主要建设配套的物业设施。

（二）运行机制

1. 产权

马务村改造由两个改造项目组成。两个项目之间的改造规划方案各有异同。

（1）改造地块的土地所有权。

"国际单位"现共分为三期，三期的建设方案虽各有不同，但地块使用权全通过租用进行获得。改造地块内的土地所有权并没有发生转变，地块仍属于村集体所有。

"白云汇"改造项目是广州市第一宗集体建设用地流转的案例，开创了集体土地流转的先例。但是出让地块所有权保持不变，对地块的使用权进行出让，土地所有权仍属村集体所有。

（2）改造地块的土地使用权。

"国际单位"项目地块的使用权由广州市至德商业管理有限公司向马务村村集体租用得来，开发商获得了改造地块的 20 年的使用权，合同结束后，地块的使用权重新归马务村村集体所有。

"白云汇"地块是广州第一宗集体土地进行流转出让的地块，马务村以出让的形式将土地使用权出让 40 年，合同到期后，土地使用权由马务村村集体收回。

（3）改造地块的土地发展权。

由于"国际单位"和"白云汇"两个改造项目，地块的所有权并没有发生转变，所以改造地块的发展权仍归村集体所有。

2. 市场

"国际单位"和"白云汇"改造项目通过不同方式对土地的使用权进行转让。但是两个项目均是将土地使用权进行出让。改造地块进入土地一级市场。

3. 规划

在《白云区商业网点发展规划 2009—2020 年》中明确指出"一轴""两心""五带"的白云区商业发展战略布局。"黄石路商业发展带——以东西走向的黄石东路、黄石西路为依托，未来贯通白云区东西部联系的商业发展带。"马务村则位于黄石路商业发展带的中轴位置，在未来的商业规划和发展中，将会更加突显马务村的商业发展地位。

为配合发展战略布局，马务村的城市更新改造也被逐渐提上了议程，"国际单位"是白云区创意产业集聚区的一个重要组成部分。白云创意产业集聚区是白云区七个重大战略性发展平台之一，已纳入广州市 2013 年重大投资项目计划。

4. 决策

"国际单位"项目，村集体以租赁的方式进行招商引资，由广州市至德商业管理有限公司以 20 年为期限租下改造地块，以开发商作为主导对地块进行改造升级，建设为创意产业聚集区。

"白云汇"项目，村集体将改造地块的部分土地进行使用权出让，出让方式采取"一次性收取土地出让金＋配建物业"的方式，同样以开发商为主导进行改造开发。

两个改造项目村民和村集体并没有参与改造过程，仅仅通过民主决策对地块进行了使用权转让。

三、改造效果

（一）"国际单位"项目

国际单位现已打造为创意写字楼园区，定位为广州文化新地标。项目占地 12.6 万 m^2，建筑面积近 40 万 m^2，计划分四期开发。

一期定位为科技创意园，占地 2 万 m^2，建筑面积 4.2 万 m^2，已吸引了 135 家科技创意型企业进驻，肯德基、必胜客、毛家湾、7 - 11 便利店、七天酒店等知名连锁品牌已进驻，商业气氛十分成熟。二期又称广州城市印记公园，主要引进文化艺术、创意设计、服装、皮具、鞋业和化妆品等知名品牌企业。目前已有 200 多家企业进驻。

（a）   （b）

图 10 - 10   国际单位改造后

广州城市印记公园是根据国务院副总理汪洋同志的构想，集省市各级领导之力建设的主题公园，包括农民工博物馆、产业转型升级展示长廊、团员活动室、城中村原貌街区、生活实景区和大学生创业园等，随着文化名片的落成，省市政府对该地区新型产业，新经济升级将给予更强力的支持。

（a）   （b）

图 10 - 11　国际单位改造后

三期占地面积 1.8 万 m²，规划建筑面积 6 万 m²，是时代地产与绿地强强联合开发的公寓产品，以满足园区白领的不同住宿需求。四期占地3.2 万 m²，规划建筑面积 14 万 m²。

三期、四期是一二期功能的完善、配套的加强以及品质的进一步升级，将成为广州市乃至全国创意文化产业新标杆。

国际单位地块的集体收益的主要来源为地块出租的租金。

（二）"白云汇"项目

根据规划，白云汇广场将打造成一个以"海、陆、空"概念为主题，集购物、餐饮、娱乐、旅游、金融、文化和办公于一体的生态体验式购物中心，成为区域配套、便民惠民的市民聚集中心，白云新城甚至是广州市的又一个标志性建筑。

黄石街马务村马务经济合作社（出让方）在本次集体土地出让中的收益主要由三个方面组成：①出让金收益：一次性收取的 40 年集体土地出让期出让金 450 万元；②资产收益：受让方为马务村配建共计 61 601.6 m² 物业（占总建筑面积的 68%）；③固定收益：作为乙方的支付出让金 + 配建物业给甲方的对价和回报之一，甲方同意将配建物业交由乙方使用经营，但乙方仍应按约定支付甲方配建物业的经营使用费。

(a)   (b)

图 10 - 12　白云汇改造后

第四节　永泰村改造模式

一、案例概况

永泰村位于广州市白云区中南部，东靠白云山、南接陈田花园、西邻白云大道、北连同泰路（华南快速路），交通区位优势明显。改造项目总占地面积92.02hm²（1 380.3 亩），位于陈田永泰连片规划改造区中。永泰村改造区中本地村民4 321 人，外来居住人口约 8 万人，现状建筑物约140 万 m²。经统计，改造范围内共有危旧房约40 万 m²。现状永泰村内主要以出租经济为主，村内缺少第一产业和第二产业的分布，因土地成本过高，工业产业已转移到了地价更为便宜的地段。主要的产业是位于改造范围北部的大型汽车城和贯穿永泰村内部的商业产业。

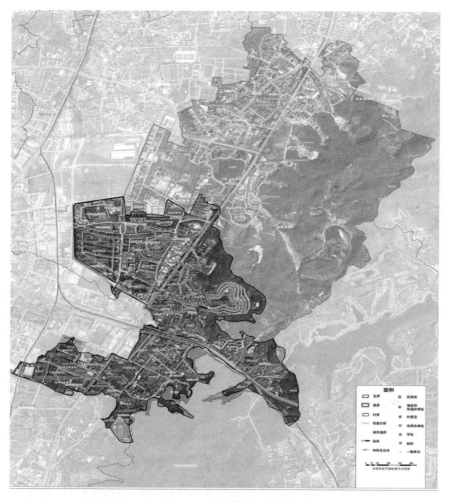

图 10 - 13　永泰村区位图

　　永泰村以"三旧"改造为背景,提出"白云区永泰茶山庄改造项目",
2015 年 4 月 16 号永泰茶山庄危旧房改造项目通过白云区三资管理平台联合
代理招标机构,以公平、公开、公正的方式向社会招标,最终由忠县中博
香山湖置业有限公司投得经营权,大大提升了农村集体土地的经济效应。
村集体以招标所得的资金改造村容、村貌,建设基础设施等方式进行旧城
更新改造。

二、主要做法

（一）模式

1. 动因

永泰村位于陈田永泰连片规划改造片区内，与规划片区定位不协调，为白云区"三旧"的重点项目，村民改造热情高涨，改善居住环境，提升村形象，进而保障经济发展。

近年来，因永泰村的居住环境卫生差，治安问题突出，居住人员的素质参差不齐，加上附近中高端小区的大量兴建，永泰村内的租客开始大量流失，村民的经济收入受到了影响，出租经济逐渐疲软。为改善这一局面，永泰村在"三旧"改造的背景下，提出了永泰茶山庄改造项目，开展旧村居安全隐患整治和集体物业升级改造。

2. 模式

永泰村城中村改造项目为"1＋1＋1"的改造模式。以茶山庄旧厂房改造为抓手，通过永泰经济联合社与该项目的开发商协调获得地块租金，用其中的1.6亿元作为永泰危旧房改造项目和社会管理综合整治项目的经费。

在茶山庄旧厂房改造项目中，永泰村开创性地提出了"合作经营"的开发方式，活化了土地，带动了全村的更新改造项目的发展，对于未来的旧城更新改造项目具有巨大的借鉴和学习意义。

3. 方案

永泰村城中村改造项目共由三个项目组成，其中主导项目为茶山庄旧厂房改造项目，该项目为整个城中村改造提供了资金支持和统筹改造。

永泰茶山庄旧厂房改造地块紧靠白云区南北大动脉——白云大道，区位良好，该项目在2009年便作为"三旧"改造试点，村集体改造意愿强烈。根据规划，项目将改造成一座现代化商业综合体，项目定位为"华南首席家居生活双核 + Mall 体验之都"和"白云山下的垂直森林与城市客厅"，项目于 2016 年年底建成并投入使用。

在茶山庄改造项目中，永泰村探索出一种"活化"土地的方法，就是以合作经营的方式与投资方签订合同，把土地"借"给投资方进行开发建设，村集体定期向投资方收取"保底"租金，到期后该土地上的物业归村集体所有。通过合作经营公开交易的方式，永泰村集体把土地"租借"的时间延长至 40 年，这样极大调动投资方的积极性，推动了永泰茶山庄旧厂房改造项目的进展。

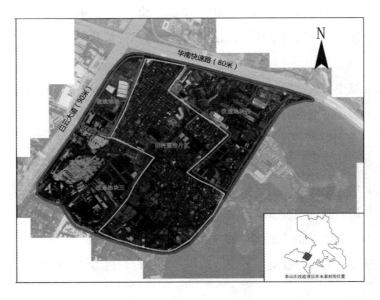

图 10 – 14　永泰村改造地块划分图

永泰危旧房改造项目，位于陈田永泰连片规划改造片区，涉及村民 4 321 人，涉及常住人口 8 万人，现状建筑物约 140 万 m^2。经统计，改造范围内共有危旧房约 40 万 m^2。改造地块内建筑杂乱，功能混乱，与陈田永泰规划片区定位不协调。土地利用粗放，产业形态低端，发展不可持续。基础设施缺乏，公共服务设施不足，居住环境较差。道路狭窄，不畅通，存在消防安全隐患。在政府的主导下，进行连片规划，分片分类分区进行改造，增加基础设施和公共服务设施，改善人居环境。

社会管理综合整治项目。通过实施茶山庄旧厂房改造为抓手，带动城中村安全隐患整治和旧村综合整治，投入近4 000万元，统筹推进消防、用电、管线、燃气、给排水、环境卫生和网格化管理等整治工作，实现城中村面貌的焕然一新。

（二）运行机制

1. 产权

永泰村城中村改造项目主要由三个部分组成，分别是永泰茶山庄旧厂房改造、永泰危旧房改造项目，以及社会管理综合整治项目。

（1）改造地块的土地所有权。

永泰城中村改造项目土地所有权保持不变，仍为村集体所有，将永泰茶山庄旧厂房改造地块使用进行租让，所有权为村集体所有。

（2）改造地块的土地使用权。

永泰村改造中，永泰村集体通过"合作经营"的模式将改造地块中的茶山庄旧厂房地块的使用权租借给开发商使用40年，到期后地块使用权由村集体收回。而其他改造项目的地块使用权一直归村集体所有。

（3）改造地块的土地发展权。

改造地块的所有权决定了改造地块的发展权归村集体所有。

2. 市场

永泰村城中村改造项目中，仅永泰茶山庄旧厂房改造地块通过把使用权进行出让进入土地一级市场。其他改造项目均未进入土地市场进行流转。

3. 规划

永泰村城中村改造项目，位于陈田永泰连片规划改造片区，永泰茶山庄旧厂房改造地块将改造成一座现代化商业综合体，定位为"华南首席家居生活双核＋Mall体验之都"和"白云山下的垂直森林与城市客厅"。

4. 决策

永泰城中村改造通过"1+1+1"的改造模式进行城市更新，通过民主决策，成立村经济实体经济发展有限公司，管理永泰茶山庄旧厂房地块出租资金，统筹"永泰危旧房改造"项目和"社会综合整治"项目。

三、改造效果

在此次改造中，共由三个不同项目组成。所取得的改造效果各有差异。改造后的规划上的改造效果如图 10-15 所示。

图 10-15　永泰改造效果图

（1）永泰茶山庄旧厂房改造地块将改造成一座现代化商业综合体，商业部分由高 7 层南北两部分通过架空连廊连接的商业部分及两栋高 17 层和 18 层的酒店组成。将定位为"华南首席家居生活双核＋Mall 体验之都"和"白云山下的垂直森林与城市客厅"。

（2）永泰危旧房改造项目实施后，改造闲散用地 46hm²，增加村集体经济发展物业 30 万 m²。增加综合医院、小学、变电站和垃圾压缩站等公共服务设施 14 处。新增公共绿地、组团绿地 25 万 m²、绿地率将提升到 35%。打通 14 条消防通道，增加消防设施 15 处，整治住宅 220 栋。

（3）社会管理综合整治项目统筹推进消防、用电、管线、燃气、给排水、环境卫生和网格化管理等整治工作，实现了城中村面貌的焕然一新。

项目改造后的经济效益，主要体现在永泰茶山庄旧厂房改造项目中，项目将旧厂房改造成为一个商业综合体，带来了巨大的经济效益。在改造地块中，厂房仓库用地面积减少至零，增加了商业服务设施用地、基础设施用地，以及公共建筑配套设施用地面积。

（a）   （b）

图 10 - 16   永泰改造效果图

项目的改造极大促进了改造地块内出租经济的发展，经初步预计地块内的出租收入将从之前的 1 700 万/年提升到 4 700 万/年，其中商业用地出租租金中的临街商铺租金、物流业、仓储业租金，以及办公用地租金都有不同程度的上升，带动了永泰出租经济的持续发展。

第五节　林安物流园改造模式

一、案例概况

　　林安物流园由广东林安物流集团创建于 2003 年，位于广州市白云区物流交易重镇太和镇沙太北路，改造地块交通便利，华南快速干线、京珠高速、北二环在此地块的东北侧交汇，改造项目为省、市、区重点扶持物流发展项目及"三旧"改造重点项目，该项目的升级改造对促进经济发展、改善城市环境具有重大意义。

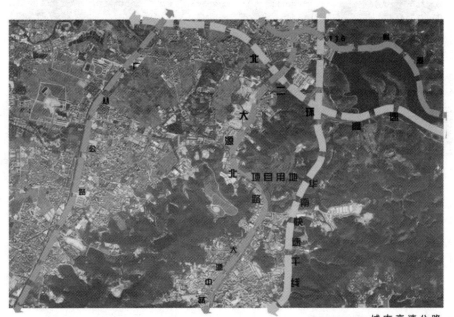

　　城市高速公路
　　城市主干道

图 10 - 17　改造地块交通位置图

图 10 - 18 改造地块现状卫星图

二、主要做法

（一）模式

1. 动因

2009 年，广东省委、省政府从促进节约集约用地出发，提出了加快"三旧"改造的决策部署。广州市委、市政府及时出台"三旧"改造政策，推进城市更新工作。白云区位于广州市都会区和城市副中心的关联点，在城市化的过程中白云区形成数量庞大的旧村庄、旧厂房、旧城镇，积累沉淀了大量低效闲散土地，"三旧"改造对促进社会经济的发展具有重要意义。

林安物流区以此作为园区改造升级的契机，通过建设和发展物流信息化作为林安物流区"三旧"改造的重要途径，推动林安物流园区的可持续发展。

2. 模式

结合白云区"三旧"改造大背景，林安物流提出了自主改造的思路，以走新型城市化道路为指引，对林安物流园进行规划和改建。

3. 方案

林安物流园拟通过建设和发展物流信息化作为林安物流园"三旧"改造的重要途径，创新出"基地+网络"的商业运行模式，大力推进电子商务和物联网，将林安物流园打造成中国物流行业的"阿里巴巴"。

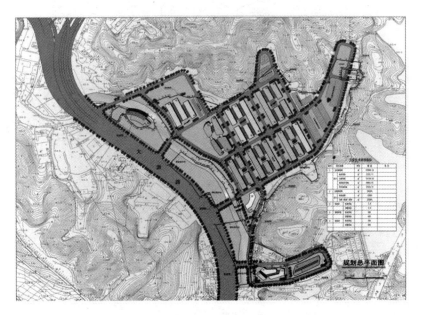

图 10 - 19　改造地块改造平面图

林安物流园改造项目主要由两个部分组成：第一部分是构建现代展贸区、网购中心，规划将原零担区改建成为专业网购服务中心和配送中心，计划为全新的商贸业态 B2B、B2C 网购提供专业储存的物流配送服务，同时改建成"中国特产展贸中心"，为商贸产业发展提供一体化的综合物流服务；第二部分是完善物流区的基础设施建设，提高土地集约利用来完善物流园区建设，将停车场改建为立体停车场，将底层商铺改为高层，将单层仓库改建为立体仓库。同时物流产业与制造业联动模式。

林安物流区"三旧"改造项目总面积为 264 147m²，改造共划分为两种地块进行改造，其中拆旧建新地块占地面积为152 241m²，占改造总面积的 57.63%，其余的 111 906m² 地块进行物流基础设施的升级完善建设。

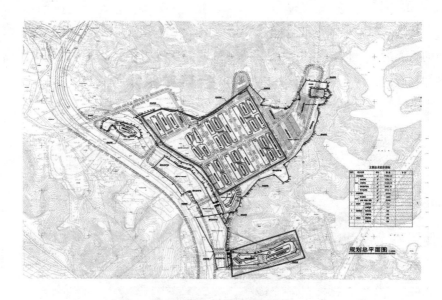

图 10 - 20　改造地块划分图

（二）运行机制

1. 产权

林安物流园改造为广东林安物流集团进行自主改造，所以改造地块内的所有权、使用权，以及发展权保持不变，仍归原所有人所有。

2. 市场

林安物流园改造属于自主改造范畴，改造地块进入土地二级市场进行流转。

3. 规划

林安物流区以"三旧"改造为契机，以建设配送区、仓储区为基础，电子商务基地、物流企业总部中心为重点，将电子商务现代物流园区，商贸服务业有机结合，打造成为代表广东省形象的中国领先的现代物流业名片。

该项目的升级改造对促进经济发展、改善城市环境具有重大意义。

4. 决策

由林安物流集团统筹整个园区的改造，重大决策由集团进行决定。

三、改造效果

通过林安物流园对地块进行自行改造，践行走新型城市化发展之路，将林安物流园打造成为国家级电子商务基地，发展电子商务产业集聚优势，实现"产业集群化、土地节约化"的目标。

林安物流园结合"三旧"改造大背景，对林安物流进行升级改造。计划将林安物流园打造为中国电商 500 强企业办公中心、建设中国公路第三方物流 100 强企业办公中心，结合电商和物流产业，大力发展总部经济。同时配套建设五星级酒店、网络实体展示店和商业中心，建设大型立体仓库和大型立体停车场，将林安物流园建设成为电商物流配套中心和"广货网上行"基地。

(a)

（b）

（c）

图 10 - 21　改造效果图

第六节　东华里改造模式

一、案例概况

祖庙东华里片区位于禅城区老城区中部，总占地面积 63.9hm²，居民 9 635 户，3 万多人，片区内共有各级文物保护单位 22 处，其中佛山祖庙和东华里古建筑群为国家级文物保护单位，简氏别墅为省级文物保护单位。该片区是佛山文物古迹最密集，规模最大，传统风貌保存较完整的历史文化街区。

祖庙东华里片区改造是佛山市禅城区"三旧"改造的"龙头项目""世纪工程"。2007 年 11 月，祖庙东华里片区旧城改造国有土地使用权挂牌出让成交，项目的国有土地使用权由瑞安房地产有限公司旗下的 8 间公司以人

民币 75.1 亿元的成交价联合竞买取得。根据实施要求，改造主体将在统一
规划下对片区内部分建筑拆除重建，对文保建筑和历史建筑进行修葺加固，
采取"修旧如旧"的方式妥善加以保护和利用，恢复传统历史文化街区的
风貌。

图 10 - 22　改造前鸟瞰图

　　在市委、市政府的大力支持下，区委、区政府高度重视，精心组织，
提出"倾全区之力，超常规运作"的思路，力求达到科学规划、和谐拆迁、
多方共赢的改造效果。目前房屋动迁、房屋拆除和安置房建设进入收尾阶
段，片区改造项目一期"岭南天地"建设初见成效。

二、主要做法

（一）模式

1. 动因

由于相应的建设管理措施与发展目标不明确，长时间缺乏整体合理的建设规划，长期近似"冻结式"保护，导致了本地区更新滞后。外加 20 世纪八九十年代大量新建建筑在体量与风格上都未能与片区历史风貌相协调，对传统风貌造成了一定程度的损害。同时，由于旧城改造工作推进较为缓慢，规划区内大量建筑年久失修，已经成为危房，市政基础设施常年得不到维修与完善，严重地影响了该地区居民生活质量的改善与提高，以及社会经济的进一步发展。地区发展缺乏活力，影响了城市环境形象的提升。

2. 模式

引入社会力量，采取部分拆除重建、部分"修旧如旧"恢复历史文化街区风貌实施改造。

3. 方案

根据改造片区的目标定位，地块规划结构主要划分为三个部分，以祖庙东华里为公共生活核心，形成西商东居的总体格局。商业设施主要集中布置在规划区西侧，东侧以居住功能为主，以祖庙—简氏别墅—东华里三处文物为核心形成规划区的公共活动中心，保护规划区内的文物建筑、历史建筑、街巷和街区的传统风貌，发掘其潜在的物质与非物质的历史文化价值，使其成为本区发展有文化特色、具有吸引力的"核心"。

图 10 - 23   东华里改造片区范围

（二）运行机制

1. 产权

佛山市东华里改造通过引入社会力量，采取部分拆除重建、部分"修旧如旧"恢复历史文化街区风貌实施改造。

（1）改造地块的土地所有权。

东华里旧城改造前，属于佛山市禅城区范围，因此地块所有权为国家所有，属于国有土地范畴。

（2）改造地块的土地使用权。

东华里旧城更新项目的国有土地使用权由瑞安房地产有限公司旗下的 8 间公司以人民币 75.1 亿元的成交价联合竞买取得。

（3）改造地块的土地发展权。

东华里改造范围属于国有土地范畴，决定了该地块内的发展权同样归国家所有。

2. 市场

东华里旧城改造是在服从城市规划、土地管理的前提下，通过协议引进社会力量，由政府将土地使用权出让给使用者，政府负责拆迁工作。实现净地出让，属于土地一级市场范畴。

3. 规划

结合佛山市禅城区控制性详细规划和东华里的项目定位，以祖庙东华里为公共生活核心，形成西商东居的总体格局。以祖庙—简氏别墅—东华里三处文物为核心形成规划区的公共活动中心，保护规划区内的文物建筑、历史建筑、街巷和街区的传统风貌，发掘其潜在的物质与非物质的历史文化价值，使之成为本区发展有文化特色、具有吸引力的"核心"。

4. 决策

政府通过科学决策，向公众公示等方式，提出最优的改造方案，区委、区政府高度重视，精心组织，提出"倾全区之力，超常规运作"的思路，力求达到科学规划、和谐拆迁、多方共赢的改造效果。

三、改造效果

1. 经济效益

按照总体规划，祖庙东华里片区改造项目净用地面积 51.7 万 m^2，总建筑面积 150 万 m^2，投资超过 250 亿元，分五期开发建设，于 2016 年基本建成。

祖庙东华里片区整体改造完成后，将极大地带动周边区域的经济发展，促进商业、旅游、文化创意产业、餐饮和旅店业等第三产业的提升，巩固和提高祖庙东华里传统商圈的商业价值。

2. 社会效益

改造前，片区内分布着住宅、工厂和商场等，是佛山市区中心主要的生活、生产区域。改造后该片区将打造成融合岭南民俗文化，具有禅城时代特色和现代商业文明，辐射珠三角，影响华南地区集文化、旅游、商业、休闲、居住为一体的综合性街区，成为佛山市的城市中心和城市标志。

为实现"多方共赢，民赢为主"的目标，在市委、市政府的支持下，区委、区政府将兆祥路南侧普君地块、佛山公园西侧地块，以及丝绸大街北侧地块确定为本次改造工程的安置用地。丝绸大街地块主要用于安置直管公房的居民，兆祥路南侧普君地块和佛山公园西侧地块主要用于安置私产和单位产房的居民。目前3个地块已全面进入交楼阶段，其中普君新城已于2017年年底率先完成交楼工作。余下的佛山公园安置小区，丝绸大街安置小区也计划在2018年5月起开始分批向拆迁户分批交楼。通过拆迁安置，安置住户摆脱了过去脏、乱、差的居住环境，生活质量得到了明显提升，生活配套设施进一步完善。

图 10-24 东华里改造后鸟瞰图

3. 环境效益

改造前，片区房屋低矮破旧，杂乱无章，文保单位年久失修，毁损情况严重，乱搭、乱建的违章建筑也是随处可见。影响市容环境，也存在很多治安隐患。改造后，片区环境面貌得到了根本性的改变，形成了居住环境优美，基础设施完善，交通便利，文化氛围浓郁的新型城市中心区。

4. 文化效益

以祖庙—简氏别墅—东华里三处文物为核心形成规划区的公共活动中

心，保护规划区的文物建筑、历史建筑、街巷和街区的传统风貌，发掘其潜在的物质与非物质的历史文化价值，使其成为最具岭南文化特色和影响力的核心。

图10-25　东华里改造后鸟瞰图

第七节　广佛商贸城改造模式

一、案例概况

　　广佛国际商贸城中心区是佛山市南海区"三旧"改造重点项目之一，位于大沥镇被誉为"广佛黄金走廊"的321国道北侧，属于城市高速发展后形成的"城中村"，规划范围西至桂和路边，东至桂澜路北延线边，北至大范河河堤边，南至广佛路边，区位及交通优势十分突出。区域现状面积约1 837亩，扣除市政规划路和河涌后，可开发土地约1 562亩，分属沥东、联滘、沥中、雅瑶和平地五个居委会的15个村民小组所有。

　　该项目的改造模式为"镇政府征用及租赁居委会农村集体土地，统一规划开发"。具体就是大沥镇政府组建项目公司——广佛商贸城发展有限公司，统一开发中心区内土地，自行承担开发风险。

政府征收为国有的 200 亩土地中现有 6 块共约 139 亩土地已成功挂牌出让，成交金额共 22 334.8 万元，落户的项目单位包括南海铝材协会、中盈地产有限公司、广东坚美铝材、广东华昌铝厂有限公司、广东伟业铝厂有限公司，以及由佛山华鸿铜业有限公司和广东金一百有限公司联合成立的佛山市百鸿房地产开发有限公司。6 个项目中，除中盈地产地块将建造五星级酒店外，其余 5 个项目均计划建造高级写字楼，以有色金属交易中心为企业据点，将具大沥特色的有色金属行业做大、做强。目前，南海铝型材行业协会、华昌、伟业、坚美和沥王五家企业正共同联合打造面积超 30 万 m^2 的企业总部大楼。

图 10 - 26　改造现状

广佛国际商贸城中心区引进了"广佛智城"项目，佛山市广佛智城商业地产投资有限公司致力打造占地约 394 亩，总投资额约 25 亿元（已投资 5 亿元），总建筑面积达 80 万 m^2 的大规模全功能都市商业综合体，以生态环保、低碳为设计原则，致力于传承岭南商业文化历史，开启新型商业文明未来，构建以"开发、包容、变革、创新、进取"为内涵的"新十三行"文化。工程一期的商业项目部分已经封顶。

2011年12月20日，位于广佛国际商贸城中心区岭南路以西的地块，面积约256亩的城镇住宅兼容批发零售用地，由保利华南实业有限公司、佛山南海恒城置业发展有限公司和广东华志达科技投资有限公司竞得，成交价为17.78亿元。

二、主要做法

（一）模式

1. 动因

该片区是废旧塑料加工行业最为集中的地方，共有企业（店铺）1 000多家。辖区内绝大部分土地以集体出租收取租金的经营模式为主，租户主要从事回收废旧塑料及有色金属的企业和加工场居多，建筑物多为简易厂房甚至露天堆场，存在严重污染环境、无证照违法生产经营、厂容厂貌脏乱差、城市服务功能欠缺、单位用地产出效益低下等问题，曾被国外和中央媒体曝光。对该区域进行全面整治改造势在必行。

2007年，南海区和大沥镇两级政府下决心取缔废旧塑料加工行业，高标准、高起点对该片区实施"三旧"改造，全力打造产业集聚高地、城市建设标杆、环境改造典范和文化生活样板。

2. 模式

该项目的改造模式为"镇政府征用及租赁居委会农村集体土地，统一规划开发"。由大沥镇政府组建项目公司——广佛商贸城发展有限公司，统一开发中心区内土地，自行承担开发风险。

3. 方 案

改造地块规划定位为广佛国际商贸城的核心区域，以商务、办公为主，包括商业用地（公寓）、办公用地、旅店业用地和公园、道路广场用地、河流水域用地，其中办公用地所占比例最大，为 36.2%。此外还确定该项目采用高强度开发，容积率将在 4.0 以上。

整个片区将分为"一心三区"。"一心"是片区的中心绿地，"三区"分别是商务办公区、配套区和旅店业用地区。其中，中心绿地公园面积为 7 777.8m²，绿地覆盖面积将达 80%。由于该片区是广佛国际商贸城的启动区域，也是核心区域，将采用高强度开发。但也注重绿化，紧靠广佛路的地块，绿地率要按照 35% 控制。整个中心规划了近 5 000 个停车位。

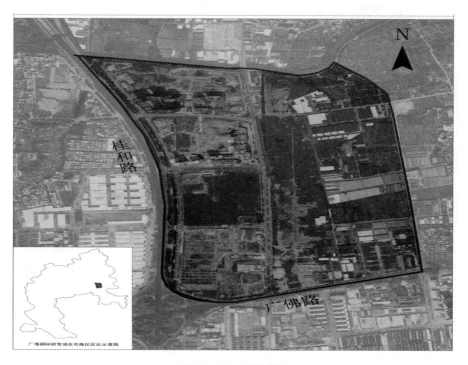

图 10 - 27   改造范围

（二）运行机制

1. 产权

项目的改造模式为"镇政府征用及租赁居委会农村集体土地，统一规划开发"。具体即大沥镇政府组建项目公司——广佛商贸城发展有限公司，统一开发中心区内土地，自行承担开发风险。

（1）改造地块的土地所有权。

改造地块内的地块分属沥东、联滘、沥中、雅瑶和平地五个居委会的15个村民小组所有。土地所有权归各村集体所有。

改造地块中政府征收了200亩土地，转化为国有土地，地块所有权属于国家。

（2）改造地块的土地使用权。

镇政府通过租用的方式获得了整个项目地块40年的使用权，随后镇政府将改造地块中的地块分别租给不同的开发商企业，各开发商最终获得了改造地块内各地块的使用权。

（3）改造地块的土地发展权。

被政府征收的200亩土地发展权属于国家，其余改造地块因所有权没有发生转变，发展权仍属于原有村集体。

2. 市场

该项目的改造模式为"镇政府征用及租赁居委会农村集体土地，统一规划开发"。具体就是大沥镇政府组建项目公司——广佛商贸城发展有限公司，统一开发中心区内土地，自行承担开发风险。改造地块主要通过一级市场进行流转。

3. 规划

改造地块规划定位为广佛国际商贸城的核心区域，以商务、办公为主，包括商业用地（公寓）、办公用地、旅店业用地和公园、道路广场用地、河流水域用地。

整个片区将分为"一心三区","一心"是片区的中心绿地,"三区"分别是商务办公区、配套区和旅店业用地区。

4. 决策

地块改造主要通过大沥镇政府组建项目公司——广佛商贸城发展有限公司进行决策。

三、改造效果

1. 经济效益

项目改造前,中心区内各村组通过土地出租确保集体收入。启动改造后,实行镇政府统一租赁开发,土地整体开发价值提高,不仅确保了各村土地租金收入保持原有水平并略有增长,而且各村的租金每三年将在上一期的租金基础上递增10%。

2. 社会效益

中心区的定位确立为"大沥的商贸中心区、广佛国际商贸城的中心服务区、南海城市中心区的北部重要节点",并将其未来的产业定位为第三产业。

中心区的改造作为市、区、镇"三旧"改造重点工程之一,助推了南海区大沥镇"一脊两翼,东改西拓,强三优二"发展战略,实现了高起点、高标准规划和定位。

通过"三旧"改造,建立一个具有全国影响力的有色金属交易中心或有色金属交易市场;发展酒店服务、商务办公服务、金融保险,以及其他中介服务等的商务配套行业;重点发展商贸物流、金融保险、总部大楼、会展中介和星级酒店等优质项目。

3. 环境效益

改造后片区布局开放，成为自然、舒适、丰富、功能完善、环境优美的向全体市民开放的"城市大花园"。

建成以影视、时尚、文化为主题，包括专业展馆展示、室外展示、文化和时尚活动在内的文化主题公园，显著地改善了市民的生活、休闲环境。

图 10－28　改造效果

第十一章　结语

第一节　主要结论

一、村镇建设用地再开发是珠三角地区的必然选择

从珠江三角洲发展历程情况及"三旧"改造实践来看，由于早期的"乡镇村企业齐发展、六个轮子一起转""香港前店，珠三角后厂"的发展模式，无序扩张、分散低效、环境恶化、产业低端和产权模糊等问题非常严重。进入新常态，规模倒逼、产业升级倒逼和环境容量倒逼等，村镇建设用地再开发已经趋于常态化，存量开发利用成为村镇经济发达地区且工业化、城市化达到一定阶段后的主要发展空间。

二、村镇建设用地再开发具有自身特征

村镇建设用地再开发具有自身特征：村镇建设用地再开发涉及利益关系复杂；开发成本高，社会融资与政府收储矛盾难以均衡；涉及面广，审批程序复杂；受市场环境与政策调控影响较大。与新增建设用地开发相比，在土地占有（产权）关系、土地开发模式、土地处置和土地收益分配等方面都有很大差异性。

三、广东省"三旧"改造政策是新时代土地制度的巨大创新

主要表现在：一是存量开发时代释放制度红利的典范；二是解决珠三角地区历史遗留问题的有效途径；三是创新"三边地"整合归宗与统一开发的路径；四是多元化的实施模式和实施方式（主体）；五是供地方式更加灵活。

四、规划聚焦：片区策划和更新单元规划层级

随着整个珠三角地区城市更新实践的推进，连片推进改造已成为政府的共识。推进连片改造，品质提升是重点，这对规划的要求就更高。一方面需要进一步完善规划体系，建立相互衔接的规划层级，并逐步强调规划单元对城市更新的引导和区域经济平衡；另一方面是注重产业引入，在更新单元中凸显产业引入和更新策略内容，充分体现规划的可实施性和综合效益性，这样片区策划和更新单元规划的作用就会更加重要。

五、难点聚焦：增值收益分配及处置问题

集体建设用地再开发必然伴随着土地使用性质及用途的变更，过程中会产生巨大的利益冲突和增值收益分配。这些利益博弈及增值性收益如何在国家、集体经济组织和集体建设用地使用者之间合理分配，就成了集体建设用地再开发的核心问题。要想明确集体建设用地再开发的增值收益归属，就必须要有一种产权安排，这种产权安排就是土地发展权。

六、矛盾调处：建立公共决策机制，减少社会矛盾

村镇建设用地再开发既是政府推进发展的实务性工作，同时也是居民提升生活品质的现实诉求，但最终还是尊重市场规律。因此，对于具体项目的推进，必须要建立相应的公共决策机制，如村集体表决、园区企业联合会等，充分尊重产权主体的意愿。

第二节　相关建议

一、"以需定供"完善政策体系，推动建设用地再开发

（一）全面认识新增与存量建设用地差异

由于我国城乡二元土地制度的存在，建设用地再开发过程中产生了差别化的利益关系，尤其是对于农村集体存量建设用地再开发而言，涉及的利益关系异常复杂。因此，存量建设用地再开发政策体系的完善，首先必须清晰地认识新增与存量建设用地再开发的差异。总体来说，需区分四个维度：一是土地占有关系的差异。新增建设用地开发过程伴随着强制性的土地所有权的转移，而存量建设用地开发过程通常不涉及土地所有权的变化，即便发生土地所有权的让渡，也是产权主体的自由决策。二是土地开发利用形式的差异。新增建设用地从根本上改变土地用途性质，无须考虑布局调整；而存量建设用地开发中用途转换的形式多样，既有保留不变，也有摒弃重建，还有部分转变，且可能涉及布局调整。三是土地处置方式的差异。新增建设用地的处置权通常为政府掌握，可采用划拨、协议、招拍挂等方式出让，存量建设用地的处置权通常为现使用权或所有权主体掌握，在合法的范围内可以赠送、转让、置换、出租、抵押，但在再开发过程中受规划管制。四是土地收益分配的差异。新增建设用地的收益主要来自用途变更带来的增值收益，通常为政府独享，而存量建设用地的收益来源于土地利用效率的提升和用途的转变，主要归土地使用者享有，同时也与原土地所有者、土地开发者及政府共同分享。

（二）明确村镇建设用地再开发的政策需求

首先，认清土地产权实现与保护现状，构建城乡统一的产权制度体系。在城乡二元土地制度下，由于农村集体土地产权主体虚置，村民自治模式

弱化，村集体权力强化及道德风险的存在，农村集体土地产权权益的实现与保护严重缺失，因此，村镇建设用地再开发政策必须以产权尊重为前提，不断强化土地使用权的用益物权属性，构建平等的产权制度体系。其次，建立统一规范的建设用地市场体系。由于产权的不对等，城乡土地市场存在明显的产权歧视，从而割裂了城乡土地市场，导致土地市场中价格机制失灵，农村集体建设用地的产权价值难以公平实现。因此，在村镇建设用地再开发过程中，必须建立统一规范的建设用地市场体系，打破政府单一供地模式，鼓励土地使用权人积极参与再开发过程，实现村镇建设用地再开发过程的市场主导机制。再次，完善规划体系和实施管理措施。建设用地再开发是一项复杂的系统工程，需要一个全面、系统的综合性规划及规划管理政策体系支撑，然而现行的规划体系却比较繁杂、功能错位、权力重叠、衔接不畅，这就需要全新的规划理念和多规融合方案，促使用地重心从单一的外延扩张转向存量挖潜来寻找发展空间。同时，转变治理结构，将更多的权利和运作模式推向市场，由市场选择最优的建设用地再开发模式，而政府职能重心应转为搭建平台、规划编制、项目监管以及绩效评估。最后，完善配套保障措施。市场的价格机制是建设用地再开发实现的根本，合理的收益分配机制是能否实现市场交易的重要媒介，而现有的收益分配机制仍然模糊，缺乏细则，且农村集体建设用地再开发和有偿使用仍是空白，拆迁补偿和土地价格评估标准缺失，无据可依，因此，亟须制定可供操作的集体建设用地再开发收益分配细则和有偿使用标准，以及财政支持、税收减免和社会保障等多方面配套政策。

二、以土地发展权的确立为重点，完善土地产权政策体系

在村镇建设用地再开发过程中，所涉及的首要问题就是集体土地产权问题。村镇建设用地再开发必然引起附加在集体土地产权上的各种权力主体进行权力重构和产权博弈，在重构转换中分享产权利益，改变利益分配

格局。而我国长期实行的城乡二元土地制度以及由此带来的集体土地产权制度的缺陷，如产权主体代表缺位，产权权能缺失等问题，都是当前村镇建设用地再开发面临的产权困境。如何赋予集体土地和国有土地同等的权能，完善集体土地产权政策体系，是村镇建设用地再开发产权政策的关键。

（一）完善集体土地产权体系

1. 明确集体土地所有权主体代表

我国集体土地所有权主体代表存在虚位和缺位的问题。我国集体土地所有权主体有三级，即乡镇农民集体、村农民集体和村民小组农民集体。随着全国农村集体土地所有权登记发证工作的逐步完成，属于村集体、村民小组和乡镇农民集体所有的建设用地，在实地上是比较清楚的，集体建设用地所有权主体逐渐明了。当前集体土地所有权主体的问题主要是以下两个方面：①代表农村集体对土地进行经营、管理的主体存在着多重规定，主要包括村集体经济组织、乡镇集体经济组织、村民委员会、村民小组、村农业生产合作社农业集体经济组织，这些经营者、管理者都还是概念，具体对象不确定；②这些组织的经营、管理的角色也逐渐淡化，而且随着工业化、城市化的发展，部分经营、管理农村集体土地的组织甚至退出了历史舞台。集体土地所有权主体代表的虚位和缺位，使得集体建设用地缺乏明确的人格化代表，在建设用地再开发过程中就会出现主体不明确，开发混乱，集体土地财产得不到有效保护等问题。

在全面完成集体土地所有权的确权、登记工作的基础上，解决集体土地产权主体的缺位和虚位问题，明确所有权主体的代表。具体来说，要加强集体经济组织的建设，形成一些能真正代表农民利益的组织，如积极发展农村经济合作社、农村股份经济合作社和农民专业合作社等经济社会性组织，由该组织作为集体土地所有权主体的代表，代表该组织的全体农民行使集体土地的所有权。

2. 明晰集体土地使用权主体

我国集体建设用地使用权主体不清晰、混乱。我国农村集体土地使用制度从一开始就没有明确提出"有偿使用"，农村宅基地、乡（镇）村企业用地长期无偿使用。而且按照现行法律，集体建设用地的使用权使用及流转都被限制在集体经济组织内部以及破产、兼并等狭小的范围内。但是，现实既存在安徽省、广东省等地出台地方法规试行集体建设用地市场化流转，也存在大量的自发、隐形流转，出现流转局面混乱，使用权属不清晰的局面。20 世纪 80 年代末 90 年代初，我国原国家土地管理局就致力于推进农村集体土地确权登记发证工作，但这项工作一直进展缓慢。在村镇建设用地再开发中，由于集体建设用地使用权主体不清晰、混乱，缺乏集体建设用地的确权、登记，给开发改造带来很大的困扰，尤其是在拆迁补偿中，不仅容易产生补偿纠纷，而且增加了改造项目的运行成本，降低了运行效率和效果。

抓紧完成包括宅基地在内的农村集体建设用地使用权的确权工作，以及房屋等建筑物的登记发证工作。通过发放统一的、具有法律效力的土地证书及房屋等建筑物产权证书，明确赋予农民及其他集体建设用地使用权人完整的物权，消除使用权人对土地及房屋归属的不安全感，也为农民及其他使用权人行使土地权利提供法律保障。

3. 完善集体土地的权能

赋予集体土地发展权能。完整的土地所有权应包括占有、使用、收益和处分的权利，而我国集体所有的土地在使用、收益和处分等方面受国家法律的限制。一方面，按照现行法律，集体建设用地的使用权及流转被限制在集体经济组织内部及企业破产、兼并等狭小的范围；另一方面，虽然我国法律没有明确规定土地的发展权，但现行法律规范却隐含着土地发展权归国家所有，集体土地发展权被法律无偿国有化。国家通过土地用途管制、禁止农村建设用地流转和土地征收等手段控制着农村集体土地的发展权，享有农村集体土地发展权的收益。集体建设用地再开发过程中，集体建设用地发展权权能的缺失，导致农民集体和农民作为再开发主体地位的缺失，获取再开发过程中土地增值收益的权利被排斥或剥夺，无法获得合理的补偿。农民集体和农民为了获取发展权收益，可能还会出现一些不合作、甚至是抗争的行为，导致再开发陷入混乱、失控状态。

对集体建设用地产权权能进行重新设定，赋予农村集体土地发展权。在强化政府宏观调控的前提下，放宽集体建设用地使用权主体和用途的限制，允许集体建设用地使用权依法通过出让、租赁、作价出资或入股等方式有偿流转；在土地使用年期内，允许将集体建设用地使用权转让、出租、抵押；在符合土地利用总体规划和城乡建设规划的前提下，允许集体建设用地使用者可以自己、也可以与他人合作等方式，对集体建设用地进行再开发。

（二）确立集体建设用地发展权

1. 集体建设用地再开发的焦点是土地发展权的配置

（1）明确集体建设用地发展权的内涵。目前国际上关于土地发展权的定义是比较统一的，也是西方国家一种比较普遍的权利形态，而土地发展权在我国目前还仅限于理论界，在实践以及法律文件中并没有明确的界定。土地发展权一般是指土地在利用上进行再发展的权利，包括在空间上向纵深方向发展，以及在使用时变更土地用途之权。土地发展权强调的是土地再发展的权利，以及土地用途的变更和集约度的提高。因此，集体建设用地发展权可以定义为，是指农村集体建设用地在利用上进行再发展的权利，土地所有权人或土地使用权人通过改变现有集体建设用地用途（建设用地类型内改变用途），增强土地利用强度，提高土地利用集约程度，并从中获取土地发展权收益的权利。

（2）集体建设用地发展权的安排是再开发产权政策的焦点。集体建设用地再开发必然伴随着土地使用性质（用途）的变更，土地利用集约度的提高以及对土地增加投入，这些过程都会产生巨大的发展性利益及增值收益；而这些发展性利益及增值性收益如何在国家、集体经济组织和集体建设用地使用者之间合理分配，就成了集体建设用地再开发的核心问题。要想明确集体建设用地再开发的增值收益归属，就必须要有一种产权安排，这种产权安排就是土地发展权。

2. 集体建设用地发展权初次配置属于集体建设用地所有人

土地发展权作为财产权平等保护的要求。土地发展权是一项可与所有权相分离的财产权。作为财产权就应受到国家法律的保护。从目前来看，对于国有土地的发展权归属国家毫无疑义。那么，我国土地分为国家所有和集体所有两种形式，而且在法律上，国家所有财产和集体所有财产是平等的。既然国有土地发展权归属于国家，那么，农民集体作为集体建设用地的所有者也应自然享有集体建设用地的发展权，否则便与物权平等保护原则相违背。基于产权的原则，集体建设用地发展权的初次分配应该是其财产的所有者，即集体经济组织。

集体建设用地使用制度改革的要求。从集体建设用地使用制度改革的方向和路径来看，从最初的自发、违规流转，发展到试点改革，再到允许地方法规出台，说明农民集体的发展权主体地位正在逐步显现。如《广东省集体建设用地使用权流转管理办法》，实质上是把农民集体作为农村集体建设用地的发展权的主体，保证农民集体在不丧失土地所有权的前提下，获得因土地性质改变而产生的利益，即农地发展权收益。将集体建设用地发展权赋予农民集体是集体建设用地使用制度改革的要求，必将对集体建设用地使用制度的改革和完善起到巨大的推动作用。

建设城乡统一的建设用地市场的要求。城乡统一的建设用地市场要求农村集体经济组织拥有完整的产权，并自由行使包括发展权在内的土地权利，与城市国有建设用地"同地""同价""同权"，进行市场化流转。集体建设用地市场化流转，不仅可以发挥市场机制在集体建设用地的配置中的基础性作用，提高集体建设用地的配置效率和利用效率；而且有助于农民集体和农民以土地权益分享工业化、城市化成果。将集体建设用地发展权赋予农民集体是城乡统一建设用地市场建设的要求；反过来，也必将极大地促进城乡统一的建设用地市场的形成。

3. 确立可转移的集体建设用地发展权

集体建设用地的初始发展权属于农村集体经济组织，如果由于合同，或是因破产、兼并等原因，或是因地方政策（如广东省、安徽省等地建设用地流转管理办法）取得了集体建设用地使用权，那么集体建设用地使用权人作为土地的用益物权人，就应该拥有集体建设用地的发展权。如果国家出于公共利益的需要对集体建设用地进行征收，则土地发展权随之转移。第一阶段是征收阶段，在国家对农村集体经济组织和农民进行补偿之后，集体建设用地的所有权和使用权发生变更，归国家所有，土地发展权也应归属国家，但这个阶段国家对农村集体补偿要考虑到发展权的补偿。第二个阶段是土地征收后，当国有土地使用权人通过出让、转让等方式取得国有土地的使用权后，随着出让、转让合同的建立，由于合同关系同样表现为物权属性，因此国有土地的用益物权人随着合同转为国有土地使用权人，发展权由于自身的物权属性同样依附于国有土地使用权人。

（三）完善土地征收制度

1. 明确集体建设用地再开发中公共利益的边界

集体建设用地再开发中，国有化土地征收的目的超出了公共利益的范畴。我国《宪法》和《物权法》以及《土地管理法》都对土地征收做了明确的法律规定：国家为了公共利益的需要，可以依照法律规定及程序对土地实行征收并给予补偿。但公共利益包括哪些内容没有明确，公共利益的内涵和外延都很模糊，造成人们在意识上存在很大"偏差"。现实表明，在集体建设用地再开发中，政府征收的土地只有一部分用于"公共利益"的需要，大部分则用于商业等目的，国有化土地征收的目的已经远远走出了公共利益的范畴，甚至成为政府部门以及房地产开发商等利益集团滥用"公共利益"谋求私利的理由，明显与现行法律相悖。

明确集体建设用地再开发中公共利益的边界。在集体建设用地再开发中，除因基础设施、公共设施、"旧城"改造及大型公益性项目，可以采取政府依法征收外，其余用于经营性开发的项目，不得采取政府收储的方式。同时建立公开、公平、公正及高效的土地征收管理体制和程序，加强对征地过程的监督，充分保证被征地集体和农民的知情权、参与权和申诉权。

2. 完善征地补偿标准

集体建设用地再开发中，国有化征收补偿标准缺失。我国《土地管理法》并未对征收集体建设用地的补偿标准做出明确的规定，只提出"征收耕地以外的其他土地，由省、自治区、直辖市参照征收耕地的补偿标准制定具体的规定。"同样，集体建设用地上房屋、厂房等建筑物和构筑物的补偿标准也缺乏规定。国家法定的补偿标准的缺失，导致各地补偿标准不统一，甚至是同一地区同一项目补偿标准不统一。

完善征地补偿标准。对于集体建设用地上建筑物与构筑物的补偿办法和补偿标准，可以参照《城市房屋拆迁管理条例》，制定出统一的集体建设用地上房屋等拆迁管理办法和补偿标准。另外，征地补偿中还要充分考虑对集体建设用地发展权的补偿，在继续对土地发展权价值及价格评估的理论和实践研究的基础上，探索发展权价值在国家和集体经济组织之间合理分配的方式及比例，确保征地中农民和集体经济组织的发展权益得到保护。

3. 推广广东省国有化征收制度之外的政策创新

国有化土地征收审批程序比较复杂。按照《土地管理法》等规定，集体建设用地只能通过征收的办法转变为国有建设用地，并且通过招拍挂出让后才能进行工业及经营性用地开发。这样的规定，即使农村集体经济组织和农民对征收没有意见，也需要按照征地程序逐级报批省人民政府或国务院审批，程序复杂，耗时较长，影响了各方的积极性；而且限制了集体经济组织对集体建设用地的开发权利，影响集体经济组织参与再开发的积极性。

广东省"申请转为国有"的政策创新。广东省《关于推进"三旧"改造促进节约集约用地的若干意见》明确提出，土地利用总体规划确定的城市建设用地规模范围内的旧村庄改造，原农村集体经济组织可以申请将村庄建设用地征为国有，报省人民政府批准，其中，确定为农村集体经济组织使用的，交由农村集体经济组织自行改造或与有关单位合作开发建设。农村集体经济组织申请将集体建设用地征为国有的，可简化征收程序，不需办理确认、告知、听证和社保等手续，既达到了简化审批程序的目的，而且充分保护了集体经济组织的土地权益，增加了集体经济组织和农民获取再开发土地增值收益的途径，开辟了征地制度之外的国有化新途径。

（四）实现国有土地和集体土地产权平等

1. 在国家法律中将国有和集体土地产权对等

在《中华人民共和国宪法》《中华人民共和国土地管理法》《物权法》中将国有和集体土地产权对等起来，弱化所有权的属性，突出使用权的平等交易和权能；将产权设置和用途管制分开，实现集体土地和国有土地同等的保护。

2. 赋予农村集体土地发展权

集体建设用地再开发中，土地产权制度的重大变革就是要"还权于民"，土地不仅仅是农民的财产，更要尊重依附于土地上的发展权，使农民可以利用土地参与工业化、城市化的进程，分享城市化土地的增值收益。首先通过《宪法》对土地发展权做出一般性的规定，然后由《土地管理法》及相关的土地管理的法规，《物权法》等从不同侧重点对集体建设用地的发展权做具体详细的规定，包括明确界定集体建设用地发展权的主体是农村集体经济组织，并明确规定集体建设用地发展权的实现方式等。

三、以市场功能为导向，完善土地市场体系

市场和政府是资源配置的有效手段，除为公共利益和基础设施建设等政府收储外，集体建设用地再开发的本质是市场机制作用下市场主体追求增值收益而采取的一系列行为活动。如何进一步完善土地市场体系，促进

存量建设用地再开发，是集体建设用地再开发市场制度的焦点。

（一）进一步梳理土地市场体系

现行土地市场体系和运行的总体制度框架主要是以新增建设用地为主要对象，通过政府征收、收储，然后进行出让、转让等一系列的市场行为和活动。改革开放40年，市场及政府的双重失灵导致建设用地无序扩张和低效利用。随着我国经济发展进入新常态，存量建设用地挖潜和再开发将同样成为建设用地供给的重要组成部分，其市场行为同样要纳入土地市场体系。同时，随着城乡统一建设用地市场的逐步形成，集体建设用地的出让、转让等市场行为也将逐步融入统一土地市场体系。必须进一步梳理市场体系，根据现有市场层级和村镇建设用地再开发的属性，进行类型划分，分别制定市场运作的制度规范，完善市场功能。

（二）规范和完善政府统一收储制度，完善一级土地市场

1. 明确政府统一收储改造的范围及土地出让方式

建设用地再开发一级市场包括两个环节：一个是征收市场，另一个是一级土地出让市场。征收市场是为了城市基础设施和公共设施建设或实施城市规划进行旧城区改建需要使用土地的，由政府依法征收或者收回。收购土地使用权之后，纳入土地储备。出让市场是政府收储后通过招拍挂的一级土地出让市场，将国有土地使用权让渡给土地的使用者。

在公共利益的范围内，各地根据实际情况拟定政府统一收储的范围要求或项目清单，或土地产权人要求政府统一收储的，由政府统一按照市场价格进行收储、补偿和安置。在此基础上，明确收储土地的出让方式，要求收储土地出让必须以招拍挂方式进行公开市场交易。

2. 将经营性集体建设用地出让纳入一级市场

在认真总结广东省、江苏省和安徽省等各试点地区集体建设用地流转实践的基础上，出台政策、法规等确立经营性集体建设用地一级流转市场

的范围、条件、形式、程序以及管理等市场运作规则。同时，参照《城镇国有土地使用权出让和转让暂行条例》，在一级流转程序、价格形成和流转期限等方面做出相应的规定。最终实现将经营性集体建设用地出让行为纳入统一的建设用地市场，并且按照一级市场出让方式规范集体建设用地出让行为。

（三）强化土地使用权人的主体权利，激发二、三级市场活力

土地二、三级市场具有经营和消费的性质，是土地使用权在不同经济成分的用地单位或个人之间进行的横向转让，表现为土地开发经营者与使用者之间进行交易的市场，体现的是土地使用者之间的关系，是"横向土地市场"。村镇建设用地再开发中涉及土地二、三级市场的改造主体主要是土地使用权人。

除政府统一收储外，鼓励土地使用权人以自主改造、合作开发和转让等多种方式推进建设用地再开发，激发建设用地再开发市场活力。设立土地开发权或者发展权作为政府审核条件，在符合规划、建设和环境等一系列条件下，允许土地产权人自主开展相关改造工作，并将土地使用权人自主改造和合作开发等形式进行改造的纳入土地二级市场，对其转让行为和交易形式进行规范。

（四）允许社会力量以多种形式参与再开发

由于存量建设用地再开发耗资大、时间长，需要社会力量参与，也是市场化改革的必然趋势和方向。建议存量建设用地再开发过程中，无论是政府统一收储，还是土地产权人自行改造、合作开发和转让等，可以将拆迁安置与土地使用权捆绑作为交易标的，采取"毛地"交易方式；改造面积大小和宗地出让面积依据"三旧"改造专项规划确定；原国有土地使用权人自行改造或与市场主体合作改造的，可以协议方式交易土地使用权。

（五）制定适合地方改造实际的存量用地再开发价格评价标准
和补偿机制

除政府收储出让行为，其他土地产权人自主改造、合作开发，以及转让开发等都属于二级市场范畴，交易价格和标准都可根据市场情况自行拟定。建议在存量建设用地再开发中，根据各地实际情况，制定及公布实施存量建设用地再开发中的涉及土地价格标准和管理办法。

四、以规划衔接为核心，加强建设用地再开发规划实施管理

（一）协调多方利益，体现双向的"互动、协商型"规划

规划是对空间资源的再调配过程，建设用地再开发过程中，涉及政府、居民和开发商等不同利益主体，因此，建立多方利益主体参与的规划体制至关重要。在建设用地再开发专项规划编制过程中，可建立城市规划委员会、规划咨询平台、规划信息系统、规划公示和规划听证会等形式，加强公众参与；规划技术文件中，要对相关利益主体的利益进行分析，综合多方的意愿，通过规划听证会和方案比选，提供公平、合理的利益平衡方案，以体现规划的公共政策属性；重视建立地方规划编制、决策和管理的制度，明确规划委员会制度、公众参与制度，在"市场—行政—公众"之间形成制衡的权力体系以保证城市的有序发展。

（二）多部门协调，增强规划的科学性和可操作性

建设用地再开发专项规划一般可由城市规划主管部门牵头编制，但规划的实施涉及多个部门，需要部门联动。因此，规划编制过程中要加强部门协调，在规划编制前，可成立建设用地再开发专项规划的专业部门，由城市规划主管部门联合其他相关部门共同组成，负责规划的编制、审批、

实施和组织保障。

（三）加强环境容量和公共设施供给容量研究，引导城市发展

建设用地再开发专项规划作为完善总体规划层面的专项规划，应当加强环境容量和公共设施供给容量研究，在公共设施和环境承载能力上进行严格控制，弱化人口规模、商业设施开发规模的研究，引导城市开发，弥补总体规划的不足。

（四）刚性和弹性相结合，加强弹性指标研究

我国目前的规划体系中，总体层面的规划以弹性的内容为主，以应对未来的诸多不确定性，详细规划以控制性内容为主，便于规划管理。建设用地再开发专项规划介于总体规划和详细规划之间，但以总体层面为主，直接指导改造地块的控规编制。因此，建设用地再开发专项规划应体现刚性和弹性相结合，以弹性研究为主，在用地性质、地块强度等方面体现灵活性。

（五）组织编制年度实施报告，实行滚动编制机制

建设用地再开发专项规划是以总规为依据的，其编制年限同总规保持一致，但由于年限过长，不利于动态实施管理。因此，专项规划应与总规和近规协调编制年度实施报告，加强规划实施的跟踪与反馈。在此基础上，建设用地再开发专项规划应与总规修编期限保持一致，建立 5 年滚动编制机制。

（六）强化片区策划及更新单元规划的产业引导和产业策划功能

珠三角地区城市更新及湾区建设，重点还是在产业的转型升级，实现土地再开发与产业的转型升级互动，必须在更新单元上进行统筹考虑。建议在更新单元规划中凸显产业引入和更新策略内容，更加体现规划的可实施性和综合效益性。

参考文献

1. 白秋霞：《对我国农村土地产权与土地改革的经济学思考》，《职大学报》2005 年第 3 期，第 85 – 87 页。

2. 包亚均：《论城市土地批租价格》，《社会科学战线》1993 年第 2 期，第 76 页。

3. 北京天则经济研究所《中国土地问题课题组》（主持人：张曙光）：《城市化背景下土地产权的实施和保护》，《管理世界》2007 年第 12 期，第 31 – 47 页。

4. 蔡昉：《拨开经济悲观论的雾霾》，《求是》2014 年第 14 期。

5. 曾学文、施发启、赵少钦等：《中国市场化指数的测度与评价：1978—2008 年》，《中国延安干部学院学报》2010 年第 4 期，第 47 – 60 页。

6. 常建新、姚慧琴、李丹丹：《经济增长率及其来源分析方法的新改进——加入地区权重的索洛增长核算模型及中国的实证》，《西部论坛》2012 年第 22 卷第 1 期，第 67 – 73 页。

7. 陈晨、赵民、刘宏：《珠三角"三旧"改造中的土地利益格局重构及其运作机制——以佛山市"三旧"改造经验为例》，《中国名城》2013 年。

8. 陈进：《城市土地集约利用水平测试及其效率研究》，广东工业大学，2011 年。

9. 陈旺松、吴建钦、姚逸舟：《农村集体非农建设用地入市流转模式探讨》，《经济研究》2010 年。

10. 陈燕、李健健：《中国城乡建设用地市场一体化研究》，博士学位论文，福建师范大学，2012 年。

11. 陈玉福、谢庆恒、刘彦随：《中国建设用地规模变化及其影响因素》，《地理科学进展》2012 年第 31 卷第 8 期，第 1050 – 1054 页。

12. 淡恒：《农村集体建设用地管理初探》，硕士学位论文，清华大学，2010 年。

13. 丁关良、周菊香：《对完善农村集体土地所有权制度的法律思考》，《中国农村济》2000 年第 11 期，第 59 – 65 页。

14. 丁声源：《重庆市土地利用变化及驱动力研究》，硕士学位论文，西南大学，2007年。

15. 杜官印、蔡运龙：《1997—2007年中国建设用地在经济增长中的利用效率》，《地理科学进展》2010年第29卷第6期，第693－700页。

16. 樊纲、王小鲁、朱恒鹏著：《中国市场化指数——各地区市场化相对进程2011年报告》，经济科学出版社2011年版。

17. 丰雷、魏丽、蒋妍：《论土地要素对中国经济增长的贡献》，《中国土地科学》2008年第22卷第12期，第4－10页。

18. 冯路养：《清远市"三旧"改造中的政府角色研究》，硕士学位论文，华南理工大学，2012年。

19. 傅小徐：《基于DEA模型的江西省土地利用效率研究》，硕士学位论文，江西师范大学，2010年。

20. 高圣平、刘守英：《集体建设用地进入市场：现实与法律困境》，《管理世界》2007年第3期。

21. 高艳梅、李景刚、张效军：《城市改造与城市土地利用效益变化研究——以佛山市禅城区"三旧"改造为例》，《生态经济》2013年。

22. 关晓光：《不同宪政秩序下的转轨路径与转轨绩效》，《财经研究》2006年第1期，第57－62页。

23. 郭紫薇、钟凯：《我国农村土地产权制度的多元改革模式》，《国土资源》2006年第1期，第29－31页。

24. 何炼成、何林：《我国现阶段农地制度探析》，《当代经济科学》2004年第3期。

25. 胡鞍钢、王磊：《社会转型风险的衡量方法与经验研究（1993—2004年)》，《管理世界》2006年第6期，第46－54页。

26. 胡德平、马俊驹、杨春禧：《论集体所有权制度改革的目标》，《吉林大学社会科学学报》2007年第3期，第134页。

27. 黄爱学：《我国农村土地权利制度的立法思考》，《甘肃社会科学》2008年第2期，第24页。

28. 黄德辉：《农村建设用地管理与"二次开发"》，《中国土地》2013年第3期。

29. 黄国强：《佛山市"三旧"改造的探讨》，《科协论坛（下半月)》2009年第2期，第123页。

30. 黄韬：《中国农地集体产权制度研究》，西南财经大学出版社，2010年版。

31. 姜贤求：《转型期的中国宏观调控体系研究——从韩国实践中得到的启示》，博士学位论文，中国社会科学院，2002 年。

32. 蒋省三、刘守英、李青等：《土地制度改革与国民经济成长》，《管理世界》2007 年第 9 期，第 1 - 9 页。

33. 康雄华：《农村集体土地产权制度与土地使用权流转研究》，硕士学位论文，华中科技大学，2006 年。

34. 赖寿华、吴军：《速度与效益：新型城市化背景下广州"三旧"改造政策探讨》，《规划师》2013 年第 5 期，第 36 - 41 页。

35. 雷霆、胡月明、王兵、王腾飞：《"三旧"改造实施评价的指标体系构建》，《安徽农业科学》2012 年。

36. 李国鹏：《郑州市环境友好型土地利用评价研究》，硕士学位论文，四川农业大学，2009 年。

37. 李洪春、吕春光：《对村镇建设用地管理的若干思考》，《科技信息》2003 年。

38. 李景刚等：《我国城乡二元经济结构与一体化土地市场制度改革及政策建议》，《农业现代化研究》2011 年第 32 期，第 3 页。

39. 李楠、朱道林：《村镇建设用地节约集约利用自然效果评价》，《中国农业大学学报》2012 年第 3 期，第 163 - 170 页。

40. 李汝贤：《完善集体所有制：农地产权制度比较现实的选择》，《山西大学学报（哲学社会科学版）》2003 年第 2 期。

41. 李小军、吕嘉欣：《广东"三旧"改造面临的挑战及政策创新研究》，《现代城市研究》2012 年第 9 期，第 63 - 70 页。

42. 李效顺、曲福田等：《中国建设用地增量时空配置分析—基于耕地资源损失计量反演下的考察》，《中国农村经济》2009 年第 4 期，第 1 - 16 页。

43. 李效顺、张绍良、汪应宏：《中国经济转型阶段建设用地增长极限计量研究》，《自然资源学报》2011 年第 26 卷第 7 期，第 1085 - 1095 页。

44. 李效顺：《基于耕地资源损失视角的建设用地增量配置研究》，博士学位论文，南京农业大学，2010 年。

45. 李亚男：《京津冀典型区县建设用地节约集约利用与节地模式研究》，硕士学位论文，中国地质大学，2017 年。

46. 李志：《广东省"三旧"改造中的土地利用问题研究》，《现代城市研究》2013 年第 12 期，第 68 - 71 页。

47. 林坚、李尧:《北京市农村居民点用地整理潜力研究》,《中国土地科学》2007年第21卷。

48. 刘璐祯、周为吉:《广州市"三旧"改造的利与弊分析》,《国土资源情报》2016年第3期,第50-56页。

49. 刘守英:《政府垄断土地一级市场真的一本万利吗》,《中国改革》2005年第7期,第22-25页。

50. 刘守英:《中国的二元土地权利制度与土地市场残缺——对现行政策、法律与地方创新的回顾与评论》,《经济研究参考》2008年第31期,第2-12页。

51. 刘向南、许丹艳:《城乡统筹发展背景下的集体建设用地规划管理研究》,《城市发展研究》2010年第17卷第9期。

52. 欧名豪:《土地利用总量规划控制中的城乡建设用地规模》,《华中农业大学学报》2000年第38卷4期。

53. 钱忠好、牟燕:《中国土地市场化水平:测度及分析》,《管理世界》2012年第7期,第67-75,95页。

54. 曲福田、高艳梅、姜海等:《我国土地管理政策:理论命题与机制转变》,《管理世界》2005年第4期,第40-47页。

55. 任萃颖:《吉林省县域经济转型发展研究》,博士学位论文,东北师范大学,2016年。

56. 邵艇:《二元土地市场、城乡收入差距与城市结构体系的研究》,博士学位论文,复旦大学,2010年10月。

57. 石晓平、曲福田:《经济转型期的政府职能与土地市场发育》,《公共管理学报》2005年第1期,第73-77页。

58. 史晋川:《论经济发展方式及其转变——理论、历史、现实》,《浙江社会科学》2010年第4期,第12-17页。

59. 孙景宇:《开放体系下的转型经济研究》,《南开经济研究》2005年第3期,第12-19页。

60. 孙鹏、徐银波:《我国集体建设用地流转态势与走向判断》,《重庆社会科学》2011年第203卷第10期。

61. 谭荣、曲福田:《中国农地非农化与农地资源保护:从两难到双赢》,《管理世界》2006年第12期,第50-66页。

62. 田光明、宁晓峰、臧俊梅:《广东"三旧"改造实施机制与国际比较》,《广东土地科学》2014年。

63. 王德平：《经济发展方式转变与科技创新研究》，博士学位论文，西南财经大学，2009年。

64. 王灵芝、严明、刘惠清：《吉林省经济转型中土地利用变化的机制分析》，《东北师大学报（自然科学版）》2011年第43卷第4期，第147－153页。

65. 王明：《经济转型过程中宽城区土地利用方式变化研究》，硕士学位论文，东北师范大学，2012年。

66. 吴福象、朱蕾：《技术进步、结构转换与区域经济增长——基于全国、广东和江苏投入—产出表数据的实证研究》，《上海经济研究》2014年第1期，第18－28页。

67. 谢惠芳：《土地用途转换与土地集约利用研究》，硕士学位论文，西南大学，2007年。

68. 邢新海：《经济转型期政府土地供应参与宏观调控》，硕士学位论文，清华大学，2007年。

69. 许实、王庆日、谭永忠等：《中国土地市场化程度的时空差异特征研究》，《中国土地科学》2012年第26卷第12期，第27－34页。

70. 杨志荣：《土地供给政策参与宏观调控的理论与实证研究》，博士学位论文，浙江大学，2008年。

71. 叶红玲：《关于广东"三旧"改造的调查与思考》，《国土资源》2012年第6期，第38－41页。

72. 张得银：《流通业对珠三角区域经济转型的作用机制研究》，博士学位论文，深圳大学，2016年。

73. 张虹鸥、叶玉瑶、杨丽娟：《广东30年建设用地增长对经济发展的贡献》，《经济地理》2008年第28卷第6期，第904－908页。

74. 张丽：《株洲市清水塘工业废弃地环境友好型植物景观设计研究》，博士学位论文，中南林业科技大学，2014年。

75. 张晏：《对1.2亿亩建设用地缺口，民革中央呼吁——关键是推进集体建设用地流转》，《中国国土资源报》2008年第03－10卷第4期。

76. 张怡然、邱道持、李艳：《农村集体建设用地集约利用面临的挑战与对策——以渝东北11区县为例》，《中国农业通报》2010年第26卷第15期，第437－441页。

77. 章小的：《中国经济波动的原因及其货币政策调节》，硕士学位论文，浙江大学，2001年。

78. 赵红光、阎维杰：《中国转型期的特点及其对有组织科技活动的影响》，《中国软科学》2001 年第 11 期，第 85—89 页。

79. 赵晓波：《中国全要素土地利用效率计量分析》，博士学位论文，辽宁大学，2013 年。

80. 郑文博等：《当前中国土地市场发展状况及趋势分析》，《湖南大学学报（社会科学版）》2007 年第 3 期，第 81—85 页。

81. 郑云峰：《建立城乡统一建设用地市场的研究》，硕士学位论文，福建师范大学，2011 年。

82. 周建春：《小城镇土地制度与政策研究》，北京：中国社会科学出版社，2007 年，第 48 页。

83. 周裕丰、郑巧凤：《广东"三旧"改造的前前后后》，《中国土地》2010 年第 11 期，第 45—49 页。

84. 朱熹平、陈英：《我国旧城改造中的产权问题研究》，《当代经济科学》2009 年。

85. 朱一中、杨倩楠、肖映泽：《"三旧"改造政策实施的问题与反思——以广东省佛山市禅城区为例》，《国土资源科技管理》2018 年第 2 期，第 127—136 页。

86. 朱玉碧、李航：《农村建设用地整理运作及制度创新研究——以重庆市为例》，西南大学，2012 年。

87. 诸培新、曲福田：《耕地资源非农化配置的经济学分析》，《中国土地科学》2002 年第 16 卷第 5 期，第 14—17 页。

88. Alchian, A. A. Some Economics of Property, RAND P - 2316, Santa Monica, Calif: RAND Corporation, 1961：54—55.

89. R. H. Coase：The problem social cost, Journal of Law and Economics, Vol. 3, (Oct. 1960).

后　记

2008年，国土资源部（现自然资源部，下同）和广东省政府合作共建节约集约用地试点示范省，在全省范围内开展旧城镇、旧厂房、旧村庄（简称"三旧"）改造工作，逐步探索形成了"三旧"改造创新举措。为进一步梳理、总结及提升广东省"三旧"改造的经验和做法，为广东省"三旧"改造工作提供技术和政策支撑，在国土资源部科技司的组织和指导下，广东省土地开发储备局（现广东省土地开发整治中心）联合北京大学、南京大学、中山大学、华南农业大学、广州大学、广州市土地利用规划编制中心、佛山市国土资源信息中心、无锡市国土资源交易中心等16家高校、事业单位、企业等机构共同开展"十二五"国家科技支撑计划项目"村镇建设用地再开发关键技术研究与示范"（编号：2013BAJ13B00）的申报和实施工作。项目从2009年谋划到2013年立项实施，于2016年顺利结题，历经7个年头。本书为政策研究专题成果的整理。

"三旧"改造政策是对现有土地管理制度体系的重要突破和创新，也是以土地利用方式改变助推经济转型升级的重要举措。2016年，该项政策已上升为国家政策，在全国进行推广。本研究工作完成受到科学技术部、国土资源部、广东省国土资源厅、广州市国土资源和规划委员会、佛山市国土资源和城乡规划局、无锡市国土资源局、广州市白云区城市更新局（现广州市白云区城市更新改造工作办公室）等单位大力支持和帮助，特别是在课题研究实施中，广东省国土资源厅专门成立由厅长任组长的项目实施领导小组指导项目实施，保障了项目顺利实施和完成。研究工作推进中还有诸多领导和专家学者给予指导和智力支持，在此不一一列举，作者谨代表项目组致以诚挚的感谢。

　　低效建设用地再开发是新时代的必然趋势，也是中国经济转型发展的重要内容，目前该领域的理论架构、技术方法、政策体系等方面的研究还处于深入探索和不断完善的阶段，尚未形成完整体系，希望本研究成果的出版能够起到抛砖引玉的作用。同时，也因为该领域很多问题尚在探索和研究阶段，书中未免有内容和观点等存在异议，需要进一步研究探讨，敬请广大读者多多批评指正，也欢迎大家与作者交流探讨。

作者

2018 年 6 月 17 日

责任编辑:姜　玮

图书在版编目(CIP)数据

中国村镇建设用地再开发:政策探索与广东实践/宁晓锋,田光明,
　臧俊梅 著. —北京:人民出版社,2018.8
ISBN 978－7－01－019890－3

Ⅰ.①中…　Ⅱ.①宁…②田…③臧…　Ⅲ.①城乡建设-土地开发-研究-
　中国　Ⅳ.①F299.232

中国版本图书馆 CIP 数据核字(2018)第 228912 号

中国村镇建设用地再开发:政策探索与广东实践
ZHONGGUO CUNZHEN JIANSHE YONGDI ZAIKAIFA
ZHENGCE TANSUO YU GUANGDONG SHIJIAN

宁晓锋　田光明　臧俊梅　著

人民出版社 出版发行
(100706　北京市东城区隆福寺街 99 号)

山东鸿君杰文化发展有限公司印刷　新华书店经销

2018 年 8 月第 1 版　2018 年 8 月北京第 1 次印刷
开本:710 毫米×1000 毫米 1/16　印张:23.25
字数:345 千字

ISBN 978－7－01－019890－3　定价:80.00 元

邮购地址 100706　北京市东城区隆福寺街 99 号
人民东方图书销售中心　电话 (010)65250042　65289539